まなざしとしての社会福祉

としての

Three Perspectives on Social Welfare and Social Work

石倉　康次
Yasuji　Ishikura

北大路書房

　　社会福祉は私達にとってなくてはならないもの
　　社会福祉は人と社会とその歩みを理解する通路

　本書はこのことを考える手引きになるようつくりました。書名を「社会福祉のまなざし」ではなく「まなざしとしての社会福祉」とし，立ち止まり，その意味を考えてしまう表現にした意図もそこにあります。

　かつて日本は豊かで平等で助け合い精神に満ちた社会だと多くの人が信じていた時代がありました。その時代には社会福祉を学ぶのは奇特な心優しい人と思われていました。しかし，今や分断とヘイトスピーチ，貧困と孤立が私たちに身近な現象となっています。国や経済界の有力者達からは再分配ではなく自助と助け合いが強調される時代となりました。社会福祉は多くの人にとってなくてはならない時代となっているのに，国や企業の社会福祉に対する責任は後退して行っているかのようです。

　どうしてこんなことになってしまったのか。でもその一方で，この社会の歪みによって犠牲となった人たちも，それを自らの苦しみと受け止める人たちと連帯し，社会に眼を向け変えていこうとする動きも広がって来ています。

　そんな現代を生きる私たちが自らと社会との関わりを理解し，問題解決の手がかりを自己と社会との関わりの中に見いだしていく作業が必要です。社会福祉は，この作業を進める確実な通路であることを示したいと願って，この書をまとめました。

　その意図はどのくらい達成されているかは，本書を読み進められる読者の皆さんの判断に委ねたいと思います。

石倉　康次

第2部　社会問題と社会福祉

序章 ....

社会福祉のまなざし

　社会福祉は私たちが貧困や障害などのハンディをもった時にその生活を社会的に支え，また高齢や育児など生活上に遭遇することがハンディにつながるのを予防するために提供される所得保障や相談支援サービスなどの社会的資源を指しています。この所得保障や相談支援サービスは支援し支援される人同士の相互作用過程として展開されます。この過程を「相互作用過程」と表現したのは，支援する側からの一方向的な援助過程ではなく，支援する専門職の側も自らの支援実践がどのように受け止められ問題の解決につながっているのか否かを，被援助者と共に見極めながら遂行されていく過程であるからです。さらに，支援を必要とする問題を生み出す社会構造的要因やそれを覆い隠す社会的な価値規範に挑戦していく共同の実践主体となっていく過程でもあります。そのような相互作用過程において支援しケアする側に求められるまなざしとして，「蟻の眼」「鳥の眼」「見えないものを見る力」の三つが不可分一体のものとして必要とされるように思います。

§1 __　人とものの見方についての二つの問い

　まず最初に，二つの問いを出します。

＊一つめの問い

　あなたは直感的判断を重んじますか，それとも，即断はけっしてせずいろんな角度から検討したうえで判断をしようとしますか。たとえば，あなたが自分のために新しい衣服や履き物を買いにお店に行ったときにどのように判断して購入する商品を決めますか。第一印象や直感的判断を重視して購入するものを決めるので，比較的即断することが多いほうですか。それとも，サイズやデザイン，色合い，すでに所持しているものとの比較などいろんな角度から吟味して判断しようとするのでなかなか結論が出ないほうですか。

＊二つめの問い

　あなたは自分はどちらといえば方向音痴の方だと思いますか。それとも方向音痴ではなく，一度行ったところには，まちがいなくたどり着けるし，はじめてのとこ

ろでも地図をたよりにほぼ間違いなく目標にたどり着ける自信がありますか。

　これら二つの問いの答えには四つの組み合わせがあり得ます。しかし，直感的判断を重んじる人には，方向音痴だと言うひとが多く，買い物に行ったときに即断はしない人には方向音痴ではないと言う人が多いように見受けられます。それは，それぞれの回答の組み合わせには関連性や共通性があるからでしょう。そこには，二つの異なる視点があらわれているように思います。

§2＿＿　方向音痴からわかる二つの異なる視点

▶1 ＿＿「蟻の眼」と「鳥の眼」

　方向音痴の人には，目的地に行く道筋を覚えるのに独特の方法があるようです。その方法とは，目的に至る途中の地点ごとの場面記憶を連続的にたどる方法です。ですから，再びそこに行く場合も場面の記憶を順番にたどって目的地に向かいます。この人にとっては，道中で目に入ってくる風景や音や場合によっては雰囲気や匂いも重要な道標になっているようです。他方，方向音痴でない人は，頭に地図を思い浮かべて，自分のいるところと，目的地の方向と道筋を思い浮かべながらゴールに到達すべく進んで行くのです。

　方向音痴の人にとっては，一度行ったところは早く容易に到達することができるのですが，初めて行く道筋で目的に向かう場合がとても苦手なのです。それは，初めて行くところの場面記憶がなく，誰かからの情報をあてに確かめつつ進むしかないからです。他方，方向音痴でない人は，地図を頼りに進むので，初めて行くところでも目的地に到着できる確率が高くなります。ただし，この場合は思い浮かべた地図が誤っていたり，自分の現在地の地図上での判断を誤ると，とんでもないところに到達することはあり得ます。

　私は，どちらが優れているということを言うつもりはありません。ここには二つの視点の違いが現れていることに注目したいのです。方向音痴の人の視点とは，言い方を変えれば，自分の五感を大切にする主観的な熱い視点です。他方，方向音痴ではない人の視点は，自分の位置を外から観察する客観的なクールな視点と言い換えることができそうに思います。前者は行きつ戻りつ，匂いや仲間からの情報を頼りに餌のありかを求めて行列をつくり出して進む「蟻の眼」のように比喩的にとらえられます。そして後者は高みから自分と目標の周囲の環境を観察しながら目標に向かって飛翔していく「鳥の眼」と仮に言い換えさせてもらいます。動物生態学的にはこう単純化するのは誤りでしょうが比喩的に使わせてください。

▶2＿＿「熱いハート」と「クールなヘッド」

　援助を必要とする人（生活に追われ困っている人，手助けをもとめている子どもや若者・高齢者・障害〔近年は，「障がい」と表記することが多いが，本書では，法令用語に従い，「障害」と表記する〕のある人・病に苦しむ人など）にかかわる社会福祉の仕事においては，この両者の視点が必要なのです。まず，必要なのは，援助を必要とする人と直接向き合い，本人の願いと悩み，それでもなお生きようとする意欲を感じ取り共感できる力です。それを五感プラスアルファを意味した六感が必要など言う人もあります。これは優れて主観的な能力であり，「熱いハート」が求められるとも言えます。

　これに加えて，社会福祉実践においては，その人が何を具体的に必要としているのか分析・理解し，何を提供するのが必要なのか，今ある社会資源から何を提供することが適切なのか，そして，本人の意欲を元気づけるためには，どのような手順が必要か展望をもって判断する客観的な視点も必要です。「熱いハート」に加えて「クールなヘッド」も求められるのです。このような力を援助者個人の力量でカバーするのはなかなか困難ですが，チームの力でこれをカバーし発揮できることがのぞまれるのです。

§3＿　「見えるもの」の背後にある「見えないもの」を見る

　援助を必要とする人と関わる社会福祉の現場で必要とされるもう一つは，「見えないものを見る力」です。私たちの感覚を使って「見えるもの」の背後には，感覚によっては「見えないもの」があり，「見えるもの」だけで判断をしてしまうと，問題の質の把握と支援の方向性を誤り主観的には「善意」にもとづく実践であっても逆効果になりかねません。このことを子どもの貧困と認知症の二つの事例で考えてみましょう。

▶1＿＿子どもの貧困の支援課題をどうとらえるか

　まず，こどもの貧困の事例を考えてみましょう。貧困の中で育つ子どもたちの姿から「見えるもの」は，身だしなみが少し気になる，朝寝坊など生活に乱れがある，「学力不振」，体力が弱い，いじめのターゲットにされたり，いじめる側になったりする，不登校がちなどの事象でしょう。ところが，このような，目に「見えること」から原因を推測しそれに向けた対応策を直接引き出そうとする次のような提案があります。

　　・「子どもの学力が低いのも，体力が向上しないのも，子ども自身の責任と言うより

は，保護者の責任によるところが大きい。学力や体力には生活習慣を含めた家庭環境が大きく影響しているから」。

・「『早寝・早起き・朝ごはん』は，心がけ次第で明日からでもできる」「特別なお金がかかるわけでもないだろう。各家庭で意識を変え，できることからコツコツととりくむことが大切」。

・「社会で子どもを守る」という発想も必要である。「夜8時以降の子連れでの飲食店への入店は禁止する」。

　このような提案は有効なのでしょうか。母親が一人で子育てをし，仕事をいくつも掛け持ちをしながら子育てをしていたならどうでしょう。あるいはお母さんがもし病気や障害をかかえていたとしたなら，早寝，早起き，朝ご飯を毎日きっちり励行するのは並大抵ではありません。また夕食の準備ができず夜レストランや食堂に行くこともあるのではないでしょうか。子どもたちの親の仕事と生活の中にある貧困を軽減する支援をせずに，「心がけ」を強調しても親を責め追い詰める行為となります。それではその親は支援者に心を閉ざし，子ども達の親への信頼を傷つけることにもつながりかねません。貧困生活の中で育ち行く子どもの姿の背後にある苦難や，親のくらしや仕事の構造やそれを生み出す社会的な要因は見る眼があれば透けて見えてくるはずです。そしてそれが見えると，共感もでき，親を支援する方法や同じ働くものとしての連帯の方向に思いが至るはずです。そのような想像力が「見えないものを見る力」だと言えるでしょう。

▶2　認知症の高齢者の症状をどうみるか

　認知症のお年寄りの場合はどうでしょう。「見えるもの」としては，自分の年齢を忘れていること，人を疑いやすくなっていること，あるいは怒りっぽくなる，あるいは徘徊する姿がよく指摘されます。このような「見えるもの」に直接反応すると，子どもにもどっている，理性を失っているので，拘束する用具や疲れるまで徘徊できる回廊をつくろうという方策が考案されることになります。今では，このような方法は専門家のあいだでは否定されています。これらの行為の意味を理解するには，脳の損傷からくる機能障害がもたらす症状としてとらえることが必要だと認識されるようになったからです。認知症の人がみせる症状の構造的な理解が必要なことが明らかになって来ました。まず認知症になればだれにも発生する「中核症状」としての記憶障害，見当識障害，言葉や数などの抽象的能力の障害が出てくることを識別すること。そして，そのような中核症状を抱えて生活する本人が環境や周囲の人の対応の仕方に影響されて発する反応としての症状である「周辺症状」（嫉妬妄想・幻覚妄想状態，不眠・抑うつ・不安・焦燥などの精神症状，徘徊・便いじり・収集癖・攻撃

性などの行動障害）が区別される必要があることが明らかにされてきました。そして，この周辺症状は，適切な環境や対応がなされれば薄れていく症状でもあることがわかってきました。「見えるもの」だけを見て判断をしていると，比較的とらわれやすい周辺症状に目を奪われて適切な対応やその時期を逸することが起こります。しかし，適切な環境や対応が必要と言われても，施設利用のために必要に負担金が気になり利用できていなかったりします。あるいは，仕事や生活に追われて，余裕をもって認知症の家族にゆったりと対応できないこともあり得ます。そのことも理解した，社会資源を利用する支援をする必要があり，その認識を持って対応しないと，信頼関係の構築は不可能です。さらには，眼に「見える」周辺症状の背後に薬の不適合や誤えん性肺炎などの疾患が隠れていることもあります。

　そこまで，見極めてアプローチする力がここで言う「見えないものを見る力」なのです。「見えないものを見る眼」とせずに，「見えないものを見る力」としたのには，意味があります。「見えないものを見る」ためには，単に知的能力だけではなく，「見えないもの」を探求しそれを変革しようとする実践的姿勢や連帯と愛の力が必要だと考えるからです。

§4 __ 三つのまなざしを養うことができる社会福祉分野

　私たちは，社会福祉の分野を学ぶことを通して，三つの視点，三つのまなざしを学ぶことができるということを強調したいと思います。一つは，蟻の眼のように地を這いながら，自分の主観的な感覚を研ぎ澄まし，ホットなハートを保ち続けること。二つは，鳥の眼のように，自分の位置と目標との関係を客観的にとらえるクールなヘッドを鍛えること。そのための社会や人間についての「地図」を手に入れることが必要です。三つめには，「見えるものと」「見えないもの」の連関をつかむ「立体的な構造図」を頭脳の中に構築することを意図する連帯と愛の力が必要になると言えます。

　社会福祉の学習と研究と実践を通してこのようなまなざしを手に入れ，磨いて行きましょう。本書はその手がかりを提供することを意図しています。

社会福祉をとらえる
基本的な枠組みを考える

第 1 部では
社会福祉をとらえる
総合的な基礎的な枠組みを
示したいと思います

第01章

福祉的営みの本源性

　国の責任で，社会保障や社会福祉の制度を構築し社会の構成員の生存権を保障する制度は20世紀に生まれました。しかし，貧困者や疫病に苦しむ人や障害を持った人たちを助ける活動や社会的な仕組みはもっと古くからありました。今日でも，国家制度としての社会保障が発展していない国では，宗教団体やNPOやNGOが貧困者や病者や障害をもつ人，被災者などを支援する活動を活発に展開しています。このような福祉的営みは，類的存在としての人間やそれにつながる類人猿の社会の本源性に根差すものだと考えられます。資本主義が生み出す富と貧困の蓄積がもたらす問題にたいして，人間の生存と社会解体の危機への対応として登場した，国家による再分配の仕組みとしての社会保障，社会福祉も，人類社会の本源的な営みとしての福祉的活動の資本主義社会に登場した歴史的な形態としてとらえることができます。貧困や干ばつ，疫病の蔓延とった人々の生存の危機に対処する活動の，時代ごとに現れる様々な歴史的な形態の背後にある，歴史貫通的な「福祉的営み」の本源的な性格を最初に確認しておくことにしましょう。

§1__　ボノボ社会の福祉的営み

　ヒトに最も近いとされる類人猿にボノボがいるのをご存知でしょうか。生物学的分類では，ヒトやゴリラやチンパンジーチンパンジーとともにヒト科ヒト亜科に属す類人猿で，20世紀に発見されました。今も，アフリカ大陸中央部のコンゴ盆地を流れるコンゴ川に囲まれた地域に群れをつくって生息しています。

　顔や動作は，ゴリラやチンパンジーに似ていますが，その生態は古市剛史たちの，ザイールにある熱帯雨林のジャングルでの地道な観察研究によって，高度な能力とともに人と共通した性質もたくさん発見されています。

　ボノボは群れで生活し，約6キロ四方の縄張りの中を群れで移動して暮らし，外敵に群れが襲われないように監視役もいます。食料はボリンゴやバトフェといったジャングルに豊富な天然の果実で，互いに協力してこれを採取し，親子以外の仲間とも分け合って食べるのです。二足歩行ができ，手の親指の関節がヒトと同じで，

▶図1-1 ヒト科の系統図

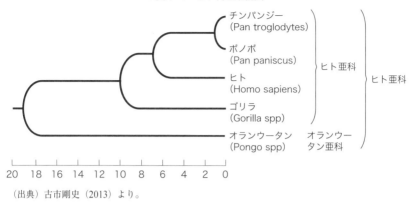

	チンパンジー		
	(Pan troglodytes)		
	ボノボ		
	(Pan paniscus)	ヒト亜科	
	ヒト		ヒト亜科
	(Homo sapiens)		
	ゴリラ		
	(Gorilla spp)		
	オランウータン	オランウー	
	(Pongo spp)	タン亜科	

```
20 18 16 14 12 10  8  6  4  2  0
```

（出典）古市剛史（2013）より。

木の枝やモノを器用につかむことができます。

　メスは大人になれば，生まれ育った群れを離れ別の群れに加わって，そこで子どもをつくり新しい群れの構成員になります。この様にボノボの群れは父系社会なのですが，群れ社会にはオスとメスのそれぞれにリーダーがおり，メスのリーダーの方がより権威があり移動のリーダーシップはメスのリーダーがとります。オスのリーダーはメスのリーダーの息子がなるようです。食べ物をめぐる争いもなく，えさ場ではメス優先のルールが共有され，オスがメスに手を挙げることもありません。また群れでは互いの争いが激しくならないようにスキンシップをして仲直りをします。喧嘩を仲裁し，なだめる役をするボノボが現れることもあります。新しく群れに加わったメスは，最初はぎこちなくてもやがて群れの仲間に加えられ，餌の分配を受けます。また食料の確保において，互いに手にしたものは奪わず，分配するルールが共有されており年老いたボノボも群れ社会の中でくらしてゆけます。ジャングルの中で別の群れに出会ったときは，双方のメスが率先して相手の群れのメンバーと交流をはじめ，群れ同士の争いにはならないそうです。

　子どもたちは，未熟な状態で生まれ，母親のお乳で栄養を得，少し大きくなって歩けるようになると大人のオスに共同で遊んでもらいます。こうして子どものボノボは群れの大人たちによって長い期間かけて育てられます。ボノボの脳は，柔軟性に富んでおり，言葉がなくても，長い子育ての期間に大人たちから様々なことを学び体得してゆきます。また，足を組んでくつろぐ仕方は流行現象として群れ全体にひろがったことから，大人になっても互いに共感し学びあう能力が発達していることが確認されています。このようにボノボの群れ社会には，みんなで子どもを育て，子どもを産むメスが優位で，年老いたボノボも食べ物に困らず生きていけるという，

群れ社会のルールが共有されているのです。これは，まさに福祉的営みの原初形態だと言えます。

　もちろん，ボノボはヒトの直接の先祖ではありません（▶図1-1）。まず620万年から670万年前にヒトがボノボとチンパンジーを含む共通の祖先から分化し，200万年前から250万年前にボノボとチンパンジーが分化し，それぞれが進化を遂げて今日に至っているとされています。しかし，豊かな環境の中で，群れで暮らすボノボにはヒトと共有する特質として福祉的活動をおこなう社会的資質を獲得していったと思えるのです。

§2 __ ヒトの家族・地域社会の昔の姿

　ヒトは，進化の結果地球上における生物界の超越的な覇者となりました。しかし，古代社会の一定の発展段階で，人間社会には貧富の差がひろがり，支配と従属の関係も形成されていきました。人間の経済活動が国境を越えてひろがった資本主義は，20世紀に，他国民を植民地として支配する隷属関係を生み出しました。大国間の覇権競争は，核爆弾という人類と地球を破滅に導く威力をもった兵器を手にするところまで先鋭化してしまいました。第二次世界大戦後も地域紛争は続き貧困と失業や難民を大量に生み出しました。しかし他方で，植民地諸国は独立を実現し，貧困と戦争を防ぐための国家間や国際連合レベルでの平和と貧困救済の仕組みの構築や，NGOなど市民社会レベルでの平和友好や貧困救済活動も進化してきています。現代社会に考察を進める前にヒトの社会の古代的形態とそこにおける福祉的営みにつながる共同性の痕跡を確認しておくことにしましょう。

▶1 ___縄文時代の平和な共同生活と子育て「三内丸山遺跡」（5500年〜4000年前）
　日本列島における，今から5500年前から4000年前までの，1500年間にわたって，多数の人々が集団で定住していた姿を現代に伝えてくれる遺跡として，青森県青森市で発掘された「三内丸山遺跡」があります。この時代には，稲作は始まっていませんでしたが，栗を栽培し常用の食料としていたことがわかっています。ゴミ捨て場からは，魚の骨や貝殻などが出土し，多様な海産物を食料としていたこともわかっています。

　発掘された遺跡の中で，当時の社会の様子を伝えるものとして，二つのことが注目されます（▶図1-2）。一つは集落（都市とも言える）の入り口にある420メートル続くメインストリートの両側に，大人の男女の墓がつくられていたことです。もう一つは，集落の子どもの墓が大人の墓とは別の特定の区域にまとまって作られてい

▶図1-2　三内丸山遺跡の2種類の墓

（出典）三内丸山遺跡「縄文探検マップ」。
https://sannaimaruyama.pref.aomori.jp/wpcontent/uploads/2019/03/tanken_map.pdf

たことです（阿部義平 2001）。二つのことが推定できます。それは村の大人は男女の差がなく村のみんなが毎日通るメインストリートの両側に葬られていたことと，子どもの死者は一箇所に共同で葬っていたことです。ここから，縄文時代の集落では，構成員のすべてがともに生きていくために助け合い，葬る際も共同で行い，死後も共同社会のメンバーが忘れずにいたであろうことが想像されます。このように縄文社会では集落メンバーにより福祉的営みも共同で行っていたことが，おぼろげながら伝わってきます。しかし，縄文時代の社会の様子は文字による記録として残っておらず，遺跡として残された断片から推測していかなければならないので，詳細が明らかになるまでまだまだ時間がかかるでしょう。

▶2 ＿＿＿「合掌造り」で暮らしていた大家族

　縄文時代の私たちの先祖は，共同で食料を確保し子どもたちを共同で慈しみ育てていたであろうことを確認しました。それは，ボノボの群れでの暮らしを彷彿とさせるものです。では，もっと現代に近い時代ではどうだったのでしょうか。このような問いへの解答のヒントを与えてくれるものとして，富山県と岐阜県の県境にある世界遺産にもなった五箇山と白川郷の「合掌造り」の集落が注目されます。

世界遺産になったの
は，伝統的な家屋と，そ
の家屋が集まった集落の
保存活動が評価されたか
らです。社会福祉の歴史
にとって重要なのは家屋
それ自体ではなく，かつ
てそのような家屋に一家
30人くらいの規模の「大
家族」で人々が住み，一
つの集落に多数の大家族
が暮らす形態が20世紀の
初頭まで続いていたと言
う事実です（▶図1-3）。
　30人規模の家族は，現
代日本に多い夫婦と未婚
の子どもにより構成され
る核家族ではなく，一人
の後継ぎが同居して家と
家業を継承して続いてい
く直系家族でもありませ
ん。複数の子ども達が結
婚後も同居して共同で家
業を継承する「複合家族」
に分類されるものです（▶
図1-4）。江馬三枝子が
作成した遠山喜代松家系
図（▶図1-3）には大

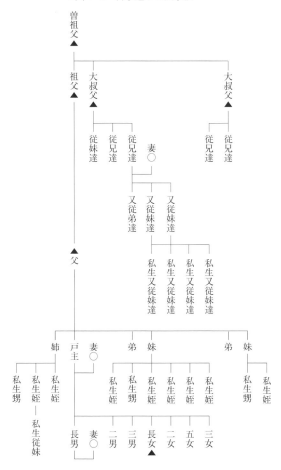

▶図1-3　合掌造りの大家族

（出典）江馬三枝子（1975）24頁。

家族の実態がよく表現されています。図の真ん中下に戸主とありますが，その父，
祖父，曾祖父，そして戸主の長男，孫長男という筋が縦に通っています。同時に，
戸主の左に姉，右に二人の妹が図示されています。この三人の姉妹はそれぞれの子
どもと一緒に同居しています。これら戸主の姉と妹の夫は通い婚のために同居して
おらず，子ども達は「私生」と表現されています。この表現は通い婚の夫との公認
された継続的な関係を誤認させかねないもので旧い表現として解すべきでしょう。
また，戸主の弟も二人右側に単身で図示されています。この図からは弟たちが通い

▶図1-4　家族形態の概念図

家族の形態

Ⅲ　核家族　　　　　Ⅱ　直系家族　　　　　Ⅰ　複合家族

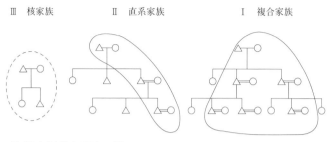

（出典）河村望（1992）57頁。

婚の夫なのか，あるいは未婚のまま戸主の兄に従う存在なのかは，直ちに読み取れません。分家をして新たな戸主となることは許されていないことはわかります。戸主の子どもや戸主の姉妹の子どもからすれば，叔父・叔母・いとこが同居しており，これが大家族の構成メンバーだったわけです。

　合掌造りに住む代々の男性の家長と，家長の姉妹は結婚をしても子どもと共に生まれた家に住み続け，彼女たちの夫は通い婚の婚姻形態をとる。家長の弟たちには分家は許されない。兄弟姉妹は対等ではない，このような生まれの順番や性別によって序列づけられた秩序と規範が大家族を規制していました。この家族の構成員は個人な人格の尊重というよりも，家族の構成員としての一体性と帰属的な役割が優先されました。この合掌造り全盛期に住んでいた人たちの「複合家族の」家族形態（▶図1-3）にはそれ以前の家族史のなかにあったであろう，「家父長制家族」の系譜と，「母系氏族制」の系譜の残滓を見ることが可能です。家父長制家族の系譜は，長男が妻を迎え，代々家長として家を代表すること，家長となる長男と次男以下と地位が不平等であり，財産が分散して小規模となるのを防ぎ，谷間の土地の狭さの制約もあって分家を許さないところに現れています。母系氏族制の系譜は，女は大人になっても生まれた家に留まり，夫が妻のもとに通う「通い婚」の形態をとり，子どもは母親の家で育てられるというところに現れているのです。

　こうして維持される構成員30人規模の家族は，共同で養蚕を営み，火薬の原料である煙硝（塩硝）づくり（▶図1-5），林業，狭い農地での稲作などの生産活動に共同で携わっていました。そして，子どもたちは女たちによって共同でそだてられました。高齢の家長は，大家族をまとめる権威者であり，その生活を家族全員で支えるのは当然の事でした。集落単位では，水利や屋根の葺き替え作業や，消防，冠婚葬祭などの共同の作業が必要に応じて行われていました。大家族の構成員が生活

▶図1-5 五箇山の煙硝作り

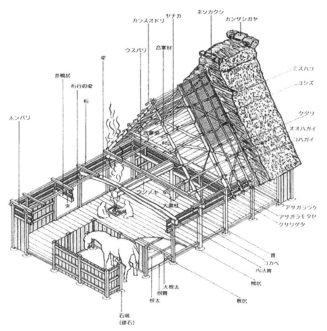

（出典）富山県東砺波郡上平村菅沼五箇山民俗館のホームページより。

していくのに必要な生活物資は，大家族を単位に自給自足したものと交換もしくは
商品として購入したものによってまかなわれ，家族構成員の生活と生命が維持再生
産されていました。集落単位の共同は，秩序に従わないものに対する「村八分」（火
事と葬式以外は手助けしない）という厳しい共同の制裁システムを内包したものでした。

【補足】合掌の建物の床下でなされていた煙硝づくりの説明文を，民族館のホームページよ
り転載しておきます。

　五箇山の合掌づくりの家では藩政時代，黒色火薬の原料である煙硝（えんしょう）が秘密
裡に製造されていました。（加賀藩では「塩硝」の字を 使っていました。）製造された塩硝は
「塩硝の道」とよばれる険しい山道を人力や牛を使って輸送され，全て殿様のお膝元である
金沢へと届けられていたので す。「塩硝の道」は地図にも書き記されない秘密の輸送ルート
であったそうです。五箇山そして白川郷の塩硝づくりは加賀藩が300年間以上にもわたって
行ってきた藩の直轄事業でした。加賀の塩硝は「日本一良質である」とされていたそうです。
人里はなれて外界から隔離された山間の村は，藩が主導する煙硝の密造 には好都合の場所
だったのです。

　この塩硝づくり，山村生活の廃棄物と「発酵」の力をうまく利用したものです。作り方
は次のとおりです。

堆積	いろりの炉端の両側に長さ2間（3.6メートル）， 幅3尺（90センチ），深さ1間（1.8メートル）の溝が 炉端に沿って掘ってある。この溝に原料を入れる。 ① カイコや鶏の糞を混ぜた土壌 ② そば殻やヨモギ・麻の葉を干したり蒸したりしたもの ③ ①の土壌 ④ 人尿 ⑤ 土 の順に何層にも積み重ねて床の間際まで積む。
貯蔵発酵	いろりの熱のもと，4・5年の長い年月をかけて発酵させる。年に1度掘り起こし新しい空気に触れさせ，混ぜ合わせる。①から④を足してまた土をかぶせて埋める。これを繰り返しできたものを「塩硝土」という。
塩硝抽出	「塩硝土」を桶に入れ水をかけ，一昼夜おく。塩硝の水溶液を抜取り塩硝釜で煮詰める。草木灰を加え濾過。濾過液をさらに煮詰めて塩硝を凝縮していく。最後に自然乾燥して結晶を得る。これが「灰汁煮塩硝（あくにえんしょう）」。塩硝は金沢に運ばれ硫黄・木炭と配合され黒色火薬が製造されていた。

　塩硝づくりは堆肥づくりの応用です。堆肥づくりの中に「化学」を見出し，塩硝づくりの手法を完成された先人の知恵は感嘆するに余りあります。他藩の塩硝づくりが「古い家の縁の下から自然発生したものを採集する」というものであったのに対し，加賀藩では「人為的に塩硝を製造していた」のです。

　明治中期（19世紀末）に安価なチリ硝石が輸入されるようになって以来，五箇山で塩硝づくりは消滅しましたが，鉄砲伝来の時代に端を発するといわれる五箇山の塩硝づくりは，加賀藩の発酵産業がいかに発達し，高いレベルにあったかを今に伝える記憶のひとつです。

　合掌づくりの屋根の葺き替えが終わると，古いかやは桑畑の肥料になります。桑はカイコのえさになります。カイコのはいた糸は美しい絹糸となり織物に仕立てられ，カイコの糞（ふん：排泄物のこと）は塩硝づくりに利用されます。

§3 __ 家族や地域社会大変動と社会保障・社会福祉の制度化へ

　「合掌造り」の村で大家族と地域共同体で成立していた社会システムは，20世紀初頭にこの地域に浸透した資本主義経済によって崩壊を始めます。その契機は深い山間の集落での伝統的な生活を支えていた伝統産業の衰退です。安価なチリ硝石の輸入によって，合掌造り家屋の床下で行われていた火薬の原料となる塩硝の生産が衰退をしていきました。工場生産をささえる電気エネルギーを生み出すための電源開発とダム建設により，川を使った材木流しが困難となり流木業が廃業に追い込まれました。道路建設が進んで材木の輸送はトラック輸送に切り替えられていきまし

た。これによって働く場をなくした人々は失業労働者として職をもとめて集落から流出しはじめたのです。大家族や集落内部の不平等な秩序への抵抗感もそれを後押ししたでしょう。大家族の構成員は徐々に転出し、後継ぎだけを残して、家業や土地や墓地を一人の直系の親族が継承する「直系家族」に向かって縮小してゆきました。ダム計画で水没する場合は集団離村し集落ごとなくなる例もありました。直系家族となって家族関係の民主化が自動的に進んだわけではなく、婚姻は、本人同士の意思よりも家産の継承が優先され、家族の嫁の無償の家事・育児の家族内労働が生活の土台を担っていましたが、その発言権は著しく制限されていました。戦後まで女性の参政権の制度化が実現しなかった背景には、直系家族のこのような関係性が底流にあったと考えられます。

　複合家族や直系家族を離れ、都市部に労働者として転出していった人たちは、最初は単身で出ますが、やがてこの労働者家族の家族形態は夫婦と未婚の子どもたちによる「核家族」となります。雇用労働者として得た賃金が現金収入となります。かつてのように自給自足できるものはほとんどなく、家族の生活手段を商品として購入し、それを消費して家族の生活と生命を再生産します。夫婦共働きの核家族においてはじめて、家産の継承や家長の権威に縛られない、夫婦が対等の条件が開けます。しかし、子育てや家事労働が女性の家庭内の無償労働として残存する可能性は残ります。子どもの頃に育った直系家族時代の慣習を引きずっていたり、専業主婦が可能である経済条件である場合にそれは濃厚になります。とはいえ、このような労働者型の生活様式では、賃金を得るために労働力を売って働く人が、病気や怪我、あるいは老いによって仕事を続けられなくなると、収入の途は失われます。これを補うために、しばらくは親族や労働者同士で助け合ったりしても限界があります。そこで、労働組合運動の力を背景に、医療保険や労働災害補償保険、老齢年金などの社会保険制度の整備を国や企業に求める社会運動が広がっていきます。これが社会保障制度成立の原動力となるわけです。

　労働者家族の多くは、核家族で、夫婦のお互いの両親とは別居しています。しかも自分たちの子どもも結婚して家族から出て行き、やがて夫婦だけが残り、片方がなくなれば独居の高齢者となり、やがてその核家族は消滅することになります。この点で、核家族は子ども世代が家を継承する複合家族や直系家族とは根本的に異なるのです。また核家族は、介護や保育などの家事労働が女性の家族構成員に負担が重くなりがちとなり、夫婦共働き家族ほど、そしてまた女性の地位向上を求める人ほど、家事・育児の社会化が切実な要求となっていきます。身寄りのない子ども達や子ども達が居ない高齢者にとっては、頼るべき家族はなく、保護の仕組みを社会的に作り上げられるまでは、地域社会での相互扶助活動や宗教家の慈善活動に委ねられるか、放置されたままとなります。このような、共働き家庭の女性達の母親運

動や保育所づくり運動などの社会運動や身寄りのない子どもたちや高齢者の保護を
にとりくむ宗教者やボランティアによる支援活動を基盤にして，社会福祉サービス
の制度化が求められるようになっていきました。その成果が，保育所や学童保育所，
高齢者福祉施設，児童養護施設として整備されたのです。障害者の共同作業所づく
り運動においても，母親の役割は大きいものでした。このような社会福祉の制度化
を求める社会運動の中で女性は先進的でかつ推進力として役割を果たしましたが，
それは労働者家族の構成員となった女性の，人としての平等の立場と権利の実現を
めざすものでもあったのです。それらの諸活動は「社会福祉の本源的営み」を現実
社会に顕現させる力であったということもできるでしょう。

第02章

主権者に必要な知識としての社会保障理解

　前章では，子どもも女性も老いたものも，みんな社会の構成員として家族や地域社会で共に生きてきたこと，現代の社会保障や社会福祉につながる共同の営みが古くからあったことを確認しました。そして，資本主義経済の下では，家族や地域社会での共同の営みが崩壊し縮小してきたこと，子育てや高齢期の暮らしは社会保障や社会福祉を地方自治体や政府によって社会的な仕組みとして構築されるよう，労働運動や女性運動などの力が強まり少しずつ実現してきたことも確認しました。

　このような社会運動の力が許容されるような民主主義制度をともなった，発達した資本主義諸国では，社会保障・社会福祉は国民の権利として保障されるようになっています。しかし，その歴史を主権者であるはずの私達国民はどの程度自覚しているのでしょうか。未来の主権者となる子ども達や若い世代に主権者が知るべき基本的情報はきちんと伝承されているでしょうか。

　この章ではそのことを確認することにします。

§1 　社会生活で出会うリスクから回復したり回避するための制度を知っていますか？

　私たちが社会生活をしていく中で，様々なリスクに出会います。その時の備えが社会保障や社会福祉の制度として作り上げられてきています。まずそれを確認しておきましょう。

　あなたは次の問いに答えられますか？

　Q1　結婚して子どもが産まれることがわかったときはどこに届けますか？

　Q2　産婦人科医院では出産費用として数十万円くらい請求されることがあります。その費用はどう用意しますか？

Q3　父親だけではなく母親も子どもを育てながら仕事を続けたいとき，仕事時間中の0〜3歳の乳幼児の養育はどうしますか？また乳幼児が風邪など突発的な風邪などをひいても，すぐ勤務を休めないときの養育はどうしますか？

Q4　在職中に交通事故の後遺症や腎臓病・脳梗塞・脳機能障害等によって中途障害をもって生きることを余儀なくされ，就労継続が困難となり日々の生活や生活費に支障が生じたときどうしますか？

Q5　自分，もしくは親が介護を要する状態になったときにどうしますか？

　先の問いに，あなたは難なく答えられたでしょうか。これらの問いにすべて完璧に回答できる人はそう多くはないでしょう。次に，五つの問いへの回答例をあげておきますので確認してみてください。

A1　医療機関で診察を受け，妊娠が確認できたら，居住地の区市役所，もしくは町村役場にできるだけ早く，「妊娠届」を出します。母子手帳の交付をうけ，妊婦健診など母子保健サービスの提供を受けることになります。

A2　妊婦が加入している医療保険（被扶養者である場合を含む）に請求することで出産育児一時金を受け取ることができます。また，帝王切開等の治療費にたいしては医療保険から支給される医療費の対象となりますし，自己負担限度額を超えた場合は高額療養費の給付対象となります。

A3　出産直後は職場での育児休業を取得します。これは母親だけではなく父親も取得することが可能です。育児休業終了後は乳幼児保育所での保育を申請することがきます。病児保育を行っている保育所であれば，風邪程度のときも保育所で子どもを保育してもらうことが可能です。

A4　障害をもって暮らすことを支援する障害者医療サービスや障害者福祉サービスの給付申請を市区町村に行い，働いて得る収入を確保できないときは障害年金の申請を行うことができます。

A5　介護を要する本人が40歳以上であれば居住地の市区町村窓口に，介護保険の，要介護認定の申請を行います。要介護もしくは要支援認定を得られた場合には，地域包括支援センターもしくは居宅介護支援事業所に相談をして，利用できるサービスの計画を立て，介護事業者とサービスの利用契約を結ぶことになります。

§2 ── リスクからの回復や回避の制度の費用は誰が負担するか 知っていますか？

　上に見たような医療・福祉サービスや給付金は，市場で商品を購入するように，受け取る側がその価値に見合う費用の全額を負担するものではありません。それらの医療・福祉サービスや給付金は国や地方自治体や社会保険組合などの公的機関が責任を負って供給するものです。したがって，それらの支給のために必要な専門従事者のための人件費や給付金をまかなうための財源は，社会的で共同的な仕組みを通して確保されます。それらの費用負担者についてあなたはどの程度知っているでしょうか？

　次の問い（Q1～6）を考えてみてください。

　Q1　会社での仕事中に労働災害やけがをしたときの治療費は誰が負担しますか？

　Q2　サラリーマンがガンになり医者にかかったときの医療費は誰が負担しますか？

　Q3　80歳の高齢者が脳梗塞となり医者にかかったときの医療費は誰が負担しますか？

　Q4　失業し新しい仕事を得るまでの生活費や次の仕事を確保するために必要な費用は誰が負担しますか？

　Q5　退職後の年金の費用はどこから出てきますか？

　Q6　保育所や認定こども園を利用する場合の保育に要する費用は誰が負担しますか？

　上の六つの問いへの回答を正確におこなうのは難しいことです。回答例（A1～6）は次のようなものです。少し複雑ですのでじっくり確認してみてください。

　A1　治療に要する費用は，事業主が加入している労災保険（労働者災害補償保険）から負担され労働者の自己負担はありません。この労災保険の保険料も，事業主が100％負担します。労災保険はアルバイトやパートなどの非正規労働者にも適用されますので，アルバイト先での勤務中の怪我や事故の対応は雇い主の責任でなされることになっており，自己責任論は通用しません。

　A2　医療保険の適用となる治療費と薬品投与の費用は自己負担分（3割）を除き，加入し

ている医療保険（健康保険）から給付されます。自己負担分が高額になり生活を圧迫することを防ぐために，一定水準の限度額（所得水準に応じて異なる）を超えた自己負担分は「高額療養費制度」から払い戻しされる制度があります。この適用を受けるためには申請手続きが必要です。日本の場合，医療保険の保険料は，保険加入者本人と事業主が折半して負担をします。

A3　75歳以上の人が対象となる後期高齢者医療制度により，治療費や薬剤費の1割の自己負担があり（ただし「現役並み所得者」は3割負担となる），残りは市町村が加入する高齢高齢者医療制度から支払われます。所得水準に応じて自己負担の限度額が定められています。これに必要な財源は，公費＝税金約5割（国：都道府県：市町村＝4：1：1），高齢者の保険料1割（受給する年金から天引きされる），0〜74歳の人が加入する各医療保険からの4割という負担割合で確保されることになっています。高齢者の生活を支える年金からこの医療保険料と介護保険料が徴収され，さらに自己負担が増えると年金では生活が支えきれない事態や受診抑制が生じかねません。

A4　失業により離職した人はハローワークに申請することで，雇用保険から基本手当が支給されます。年齢と雇用保険の加入期間や，離職理由に応じて，給付日数が90日から360日の間で認定されます。支給額は，離職した直前の6ヶ月の賃金（賞与を除く）を180日で割った日額のおよそ50〜80％となっています。又，基本手当とは別に再就職のための技能習得手当，受講手当，通所手当なども受けることができます。これに必要な財源となる雇用保険料は労使折半で総賃金額に応じて負担されますが，国庫（税金）からの負担もなされています。

A5　20歳に達すると，日本国内に住所を有する人は国民年金に加入し保険料を納付した人は，65歳から老齢基礎年金を受けとることができます。また，被用者であった人は，厚生年金を受給することができます。老齢基礎年金は10年以上保険料を納付した場合に受給権が発生し，20歳から60歳までの40年間の保険料を納めた場合満額が支給されます。厚生年金の受給額は保険料の納付額と納付期間にもとづいて受給額が異なってきます。基礎年金の財源は，2分の1は国庫負担によりまかなわれることになっています。残りは加入者の保険料および，被用者年金制度からの「基礎年金拠出金」によりまかなわれます。厚生年金の財源はおよそ2割が国庫（税金）から，7割が現役世代の保険料（保険料率は標準報酬月額の18.3％を労使折半する）から，1割は積立金からまかなわれます。

A6　保護者の就労時間や親族の介護・看護，保護者の健康状態，求職活動等などの要件をもとに「保育の必要性」の認定を受けると，3歳から5歳までの幼稚園，保育所，認定こども園を利用する場合は保育料は無償ですが，食材料費（主食費や副食費）は有料となっています。市町村により，父母負担を免除し，親の経済力による保育所利用の困難を回避するために，独自に食材料費も無料にしているところがあります。0〜2歳の保育料については住民税非課税世帯は無料となります。私立園の場合は国が2分の1，都道府県が4分の1，市町村が4分の1を，公立保育園や幼稚園，認定こども園の場合の財源は市町村が10分の10の負担となります。

以上が回答例ですが皆さんは，どのような回答を考えられたでしょうか。

§3 ＿ 費用負担では国民や被保険者と事業主や国とのあいだに 利害関係のズレがある

　これまで見てきたように，人生で出会うリスクからの回復や回避の制度の費用負担あるいは財源負担は，利用者負担金のほか社会保険料や税によってまかなわれています。次に，知っておく必要があるのは，これらの費用負担をめぐっては，労働者・国民の立場と雇用主もしくは事業主（企業）の立場，そして国の政権を握っている勢力の立場によって利害関係が異なっていることです。サービスや給付を受ける労働者の立場と保険料の事業主負担をする事業主の立場，社会保障だけではなく他の国政課題を含めた財源配分を考慮する政権担当勢力など，それぞれの社会保障や社会福祉をめぐる利害関係は微妙にズレています。しかし利害の差異があっても，制度を運用するためにはそれぞれの力関係の上に一定の合意点が形成されています。それは制度や法に表現され，社会保障・社会福祉の権利と国や企業の責任が定められています。しかし，その解釈や運用を巡っても，利害の異なるそれぞれの主体によって緊張感を伴って注視され変動をしているのです。

▶1 ＿＿利用者負担金をめぐる利害関係
　医療の窓口負担のような利用者負担金については，利用者本人の立場からは，無償であることを希望します。利用者負担金があることが，必要なサービスの受給をためらわせる妨害物になりかねないからです。しかし，国や事業主の側から給付制度の過剰受給や乱用を抑制するという理由や，生活管理の自己責任や自己規律の必要という理由から一定の利用者負担金が必要だとする主張も出てきます。公費負担や社会保険料抑制の立場からは，利用者負担金の増加を容認する議論もありえます。

▶2 ＿＿社会保険料をめぐる利害関係（サラリーマンは給料から天引きされる）
　社会保険料は，民間の生命保険などの保険料とは異なることを理解しないと問題を誤認することにもなりかねません。民間保険は加入者が支払う保険料が主要な財源であり，そうして集められた資金を資産運用して得た利益がそれに加わります。その合計から保険会社の諸経費や利益を除いた残りが保険給付として加入者に戻ってくるのです。したがって，保険会社は，より広く加入者を集め，給付はできるだけ狭く限定し，集めた保険料の積立金を運用することで，利益や経費をより多く確保できることを追求します。医療保険や厚生年金などのサラリーマンが加入する社会保険制度の場合は，保険料の負担者は加入者が支払う本人負担の保険料だけでは

なく，雇用されている事業所の事業主負担の保険料が合算されたもの及び国費として，税源から補てんされた金額が主たる財源となります。日本とドイツやイギリスは労使折半となっていますが，スウェーデンやフランスは事業主負担比率の方がかなり多くなっています。

　労働者にとっては，社会保険料の本人負担額が多くなれば，賃金の手取り分が少なくなります。逆に，事業主負担分が多くなれば，企業の人件費コストを増やすことになり，利益を圧迫します。他方，この事業主負担分は，本来は労働力の再生産費となる賃金にあたるもので，直接受け取る賃金とは区別して「間接賃金」だととらえる議論もあります。

　さらに，日本では年金の積立金総額は相当な額に達しており，その基金が単に給付費財源の保全のためではなく，株式の購入に充てられ株価に影響を与えたり，建設国債等の購入に充てられ，場合によっては不要不急の公共事業の創出に投じられたりすることもあります。この結果運用益を生む場合もありますが，大きな損失をもたらす場合もあるのです。

▶3 ＿＿税（所得税，法人税，消費税他）をめぐる利害関係

　社会保障制度の財源としての租税の主なものは，国民が収入や所得に応じて納付する所得税と住民税，企業が利益に応じて支払う法人税（法人所得税・法人住民税・法人事業税），消費に対して課税される消費税の三種類があります。これらの税収が国や地方自治体の主要な財源となるのです。サラリーマンは，賃金から所得税や住民税が天引きされます。所得税の税率は，「応能負担」の原則により，所得金額が大きいほど負担率が高くなります。今日の日本では，金融資産や証券による収益は分離課税されるために，年収1億円以上の高額所得者は税率が低くなり，「応能負担」原則が貫徹されないようになっています。

　法人税は，赤字がある場合は課税がゼロとなります。また法人企業は様々な費用を計上することで，利益幅を少なくできる余地があります。近年では，タックスヘイブンを使った，高額所得者や企業による納税回避が，各国の社会保障財源確保を困難にしているとの指摘が，国際的な問題になって来ています。

　消費税は，社会保障の財源として強調されるようになってきています。しかし，消費税は，貧困低所得者ほど収入に対する負担率が高くなる税であり，その逆進性が問題になっています。また，大企業は下請け業者に転嫁ができても，下請け企業や小零細企業は転嫁が困難となる税であるという不公正さがあり，輸出企業は消費税分の還付を受けることができ，返って収入になるという問題もあります。このような，不公平さをもった消費税は，社会保障の財源としてはその妥当性に多くの問題を孕んでいるのです。

また日本の場合，消費税収が社会保障財源としてどう配分されたのかといった決算処理は現実にはなされていません。したがって，消費税の増税は法人税の減収をカバーするためのものだとの批判も否定できないのです。

§4 __ 主権者教育としての社会保障教育の必要性

　以上みてきたような事項についての知識は，主権者国民が有しておくべき基礎知識であり義務教育で教えられるべきものではないでしょうか。スウェーデンでは，義務教育の中学校の一つの科目のテキストで，社会保障について章を設け相当のページ数をとって，社会保障を自分の問題として理解を深めるように工夫しています。その冒頭には次のように書かれています。

　　あなたは，およそ14年前に生まれました。
　　もうすぐ義務教育の学校を修了します。あなたは家を出て，自分自身の人生をつくります。あなたの前途には，およそ40年の労働の人生が待っています。きっと，自分自身の子どものいる家庭をもって……。
　　50年たてば，あなたは年金者です……・
　　スウェーデンで成長し，生活し，働き，老人になるということはどういうことでしょう。
　　人々が，可能な限り幸せであるために，社会は何をしてくれているでしょう。子どもや家族のために，病人や障害者のために，失業者や老人のために，何が用意されているのでしょう。一言でいって，スウェーデンの福祉とはどんな姿をしているでしょう。この章はそれを扱います。（リンドクウィストほか1997）

　日本の教科書では，高齢化や介護保険の仕組みを示して，健康管理の自助努力とみんなで支え合うことが強調され，ボランティア活動への参加を奨励されます。人生の中での社会保障や社会福祉の役割についての全体的なイメージは残念ながら湧いてきません。このようなまま義務教育を終え，高校に進学しても大学進学の受験教育優先で，社会保障の項はほとんど時間をとって教えられていないのが実情です。これでは，先に挙げた問いに十分答えられないのも当然と言えるでしょう。これでは社会保障の権利についての知識が乏しいまま大人になってしまいます。日本において社会保障・社会福祉を国民に定着させるには，義務教育における社会保障教育にも力を入れなれなければならないと言えるでしょう。

第03章

日本の社会保障・社会福祉の理念

　第01章では，人間社会の長い本源的な営みが，社会保障や社会福祉として資本主義の下で成立したことを見ました。そして，労働者生活にとっては不可欠なものであり，社会福祉は女性の地位向上と家族・親族に依存できない人が生きていくために必要なしくみとして形成されてきたことを，家族の歴史を軸にして見てきました。また，第02章では，生涯生活で遭遇するリスクに対応する社会福祉や社会保障制度の代表的なものとりあげ，主権者国民である私たちの理解度を振り返りました。あわせて，財源に要する費用負担には立場によって利害の相違があり，法によって合意点が明確にされる必要があることを確認しました。

　日本において，社会保障・社会福祉の法制度が整ったのは，第二次世界大戦という全世界を巻きこんだ歴史的な経験を経た後でした。日本の社会保障・社会福祉制度の成立には，この第二次世界大戦への反省が大きく関わっており，制度の理念に強く反映されています。この章ではそのことを確認します。

§1 ＿ 日本国憲法と世界人権宣言の意義

　第二次大戦以前の日本は天皇を元首とする軍国主義国家でした。日本はナチス・ヒットラー率いるドイツ，ムッソリーニの率いるイタリアと手を結び，国際連盟に結集する連合軍と第二次世界大戦を戦い敗れました。日本軍はアジア太平洋地域の諸国に侵略行為を拡大し，2000万余をこすアジア諸国民を殺戮しました。日本の若者や台湾や朝鮮半島の若者の多くも日本軍兵士として命を絶たれました。国内でも，310万余の自国民の死をもたらしました。沖縄では唯一地上戦が戦われ，戦後は米軍の太平洋地域の拠点的基地とされ，1972年に日本に施政権が返還されるまで，実質は米軍の統治下に置かれてきました。本土では日本軍の基地や軍需工場のあった国内各地が爆撃を受け，広島・長崎には原子爆弾が投下されました。その後8月15日の敗戦までのわずかな期間にも，特攻隊の兵士として自爆の指令を受けた若い兵士，15日以後も満州やシベリアやインドシナのジャングルで死亡した兵士もありました。辛くも生き残った人びとの中でも，戦傷による障害者，両親を失っ

たり生き別れになった孤児が大量に生み出されました。戦争後は戦地から引き揚げてきた人や朝鮮半島に帰還できなくなった人達も加わり，日本国内では失業と貧困にあえぐ人たちが大量に発生したのでした。

　アジアの一角にある日本は，グローバルな経済・社会関係の下で，アジア・太平洋地域の一員として生きていくためには，過去の歴史の事実に真摯に向き合い，共存の道を探求する以外にはないと決意することが不可欠でしょう。そのために市民的レベルで第二次世界大戦の総括をし，将来のための立脚点を自覚していくことが重要だと考えます[*1]。その手がかりは，戦後新たに制定された日本国憲法にあります。

　日本国憲法前文では，第二次世界大戦の反省に立った，「平和的生存権」の宣言がなされています。

　　日本国民は，正当に選挙された国会における代表者を通じて行動し，われらとわれらの子孫のために，諸国民との協和による成果と，わが国全土にわたつて自由のもたらす恵沢を確保し，政府の行為によつて再び戦争の惨禍が起ることのないやうにすることを決意し，ここに主権が国民に存することを宣言し，この憲法を確定する。(中略) 日本国民は，恒久の平和を念願し，人間相互の関係を支配する崇高な理想を深く自覚するのであつて，平和を愛する諸国民の公正と信義に信頼して，われらの安全と生存を保持しようと決意した。われらは，平和を維持し，専制と隷従，圧迫と偏狭を地上から永遠に除去しようと努めている国際社会において，名誉ある地位を占めたいと思う。われらは，全世界の国民が，ひとしく恐怖と欠乏から免かれ，平和のうちに生存する権利を有することを確認する。

　この「平和的生存権」の精神は，日本国憲法公布の翌年，国際連合において採択された「世界人権宣言」(1948年12月10日採択) と共通していることを確認しておくことも重要です。世界人権宣言の前文には，これを交付することになった根拠が次のように簡潔に述べられています。

　　人類社会のすべての構成員の固有の尊厳と平等で譲ることのできない権利とを承認することは，世界における自由，正義及び平和の基礎であるので，人権の無視及び軽侮が，人類の良心を踏みにじった野蛮行為をもたらし，言論及び信仰の自由が受けられ，恐怖及び欠乏のない世界の到来が，一般の人々の最高の願望として宣言されたので，
　　人間が専制と圧迫とに対する最後の手段として反逆に訴えることがないようにするためには，法の支配によって人権保護することが肝要であるので，諸国間の友好関係の発展を促進することが，肝要であるので，
　　国際連合の諸国民は，国際連合憲章において，基本的人権，人間の尊厳及び価値並びに男女の同権についての信念を再確認し，かつ，一層大きな自由のうちで社会的進歩と生活

---

*1)　安川寿之輔 (2019) は，「戦争責任の四位相」を論じ，国家の支配者の責任はもっとも重いものではあるが，国民一般の責任についても言及し，イタリアやドイツと異なり，戦後に清算されず，尾を曳いていることに言及しています。

水準の向上とを促進することを決意したので，（中略）
　すべての人民とすべての国とが達成すべき共通の基準として，この世界人権宣言を公布する。

　これをみるとすべての人の尊厳と平等と人権を尊重することは，平和の基礎であり，これを踏みにじられたことが，戦争につながる「反逆」や紛争の火種になったのだと指摘されていることが確認できます。平和を実現するためには，世界中の人々の尊厳と平等の実現，人権の保障がもっとも基本に置かれなければならない，と述べられているわけです。言いかえれば，社会保障と社会福祉によって国がすべての人の人権保障を行うことは戦争を二度と起こらなくし，平和な世界をつくるための確かな手段であると宣言されているわけです。日本国憲法もそのような世界の人々の決意を共有したものであることを確認しておくことが重要です。日本国憲法は，このことをすべての国民が自覚しているか否かにかかわらず，第二次世界大戦をもたらした要因を深く反省した世界の人々の良心の結晶と言っても過言ではないのです。

　日本において「社会福祉」という用語が国民の前に登場したのは，敗戦後の1947年5月3日に公布された「日本国憲法」においてでした。日本国憲法25条に「社会福祉」の用語が登場します。

　　第25条　すべて国民は，健康で文化的な最低限度の生活を営む権利を有する。
　　　2　国は，すべての生活部面について，社会福祉，社会保障及び公衆衛生の向上及び増進に努めなければならない。

　日本国憲法25条に，社会保障・社会福祉の規定が明記されるには次のような経緯がありました。1946年2月，敗戦後の日本を占領した連合軍総司令官の下におかれた民政局に「日本国憲法草案」作成のための委員会が設置されました。それは，日本政府から保守的な憲法改正案が出てくることを予想して，これを国際的に許容される水準のものにすることを意図して設置されたと伝えられています。この準備過程では，日本の民間の憲法研究組織とも接触をしながら進められていました。この草案作成委員会の中には「人権に関する小委員会」が置かれ，社会保障や社会福祉もカバーしていました。この小委員会のメンバーであったベアテ・シロタさんはのちに，「人権条項を書くための資料として，ドイツのワイマール憲法の他にスカンジナビア憲法，人権宣言，アメリカ憲法，ソビエト憲法，国連憲章などを参考にしました。」と述べています（鈴木昭典 1995・205頁）。また，同小委員会の責任者であったピータ・K・ロウストも後年に「社会保障を憲法に入れることは最近のヨーロッパ諸国の憲法では，広く認められている。日本では，このような規定を入れることは特に必要だと思う。というのは，日本ではこれまで国民の福祉に国家が責任を負

うという観念はなかった。この観念を一般に受け入れられるようにするには，憲法に謳っておく必要」があった（鈴木昭典 1995・255頁），と述べています。これらの証言は，日本国憲法には，第二次世界大戦後の民主社会建設の国際的な潮流が反映していることを示しています。また，近年の研究ではGHQによる憲法草案になかった憲法25条の成文化には，帝国憲法改正小委員会の委員となった鈴木義男代議士の修正提案によることも明らかにされてきています[*2]。

「日本国憲法」，及び「世界人権宣言」から，社会保障・社会福祉の理念として次の五点を確認することができます。

① すべての人の「固有の尊厳と平等」を「譲ることのできない権利」として相互に尊重しあうことは，「世界における自由，正義及び平和の基礎である」（世界人権宣言前文）。
② 「われらは，全世界の国民（英文はpeoples[*3]）が，ひとしく恐怖と欠乏から免かれ，平和のうちに生存する権利を有することを確認する」（日本国憲法前文）
③「すべて人は，社会の一員として，社会保障を受ける権利を有し，かつ，国家的努力及び国際的協力により，また，各国の組織及び資源に応じて，自己の尊厳と自己の人格の自由な発展とに欠くことのできない経済的，社会的及び文化的権利の実現に対する権利を有する。」（世界人権宣言　第22条）
③ 「すべて国民（英文ではall people）は，健康で文化的な最低限度の生活を営む権利を有する。国は，すべての生活部面について，社会福祉，社会保障及び公衆衛生の向上及び増進に努めなければならない」（日本国憲法第25条）
⑤「すべて国民（英文はall of the people）は，個人として尊重される。生命，自由及び幸福追求に対する国民の権利については，公共の福祉に反しない限り，立法その他の国政の上で，最大の尊重を必要とする」（日本国憲法第13条）

この5つの点は要約すれば，すべての人は「健康で文化的な最低限度の生活」「個人の尊厳」と「人格の自由」「幸福追求の権利」がそれぞれの「国の組織及び資源に応じて」保障されなければならない。それによって「全世界の国民が，ひとしく恐怖と欠乏から免かれ，平和のうちに生存する」ことが可能となり，そのことが「世界における自由，正義及び平和の基礎」となるという信念で貫かれています。この信念は，すでに述べたように第二次世界大戦の犠牲と反省から導きだされたものと解することが重要でしょう。

---

*2) 清水より了（2012）は，GHQによる憲法草案になかった憲法25条の成文化は，帝国憲法改正案委員小委員会の委員となった鈴木義男代議士の修正提案によるところが大きいと明らかにしています。
*3) 日本国憲法には英文の原文があり，日本語バージョンと併存しているのです。日本語バージョンで「国民」とされている箇所の英文はnationではなく，peopleであることを確認しておくことが重要です。憲法に「国民」とあることで，日本国籍を有する人に限定しているかのように読むのは誤りです。英文ではpeopleあるいは，all peopleというように，「人々」もしくは「人民」という意味で「国民」という用語が使われていたからです。

しかし，第二次世界大戦の終結から75年経た現代においても，戦争やテロリズムが地球上からなくならず，貧困と格差と失業も広がり，子どもや高齢者や障害をもつ人，そして若者たちの多くがその犠牲となっています。さらに，環境汚染や気候変動による新たな災害もひろがっています。この現実は，上に要約した信念が実現される段階に世界が未だ到達していないことを示しています。このことは，第二次世界大戦の苦難を経て共有された理念を確認し，その実現を阻んでいるものは何なのかを解明することの必要性をも示しているのではないでしょうか。

§2＿　社会保障制度審議会「50年勧告」の理念

　日本国憲法の社会保障・社会福祉に関する規定を具体化するために，1947年8月にアメリカ社会保障制度調査団が来日し，翌年7月に「社会保障への勧告」(いわゆる「ワンデル勧告」)が発表されました。この勧告に基づき，翌1948年に内閣総理大臣の下に社会保障制度審議会(会長大内兵衛法政大学総長)が設置され49年に発足しました。この審議会は，1950年10月16日，内閣総理大臣に対して「現下の社会経済事情並びに日本国憲法第25条の本旨に鑑み緊急に社会保障制度を整備確立する必要ありと認める」との勧告(いわゆる「50年勧告」)を行いました。この勧告には次のように記されていました。

> 　いわゆる社会保障制度とは，疾病，負傷，分娩，廃疾，死亡，老齢，失業，多子その他困窮の原因に対し，保険的方法又は直接公の負担において経済保障の途を講じ，生活困窮に陥った者に対しては，国家扶助によって最低限度の生活を保障するとともに，公衆衛生及び社会福祉の向上を図り，もってすべての国民が文化的社会の成員たるに値する生活をいとなむことができるようにすることをいうのである。(中略)
> 　社会保障制度は，社会保険，国家扶助，公衆衛生及び社会福祉の各行政が，相互の関連を保ちつつ総合一元的に運営されてこそはじめてその究極の目的を達することができる。

　ここでは，社会保険，国家扶助，公衆衛生，社会福祉等を含む包括的な意味で「社会保障制度」の用語が使われています。これとは異なり，日本国憲法25条では「国は，すべての生活部面について，社会福祉，社会保障及び公衆衛生の向上及び増進に努めなければならない」というように，社会保障は「所得保障」もしくは，「社会保険」を意味する狭義の意味で使われていました。「50年勧告」のような広義の意味で「社会保障 (Social Security)」の用語がつかわれたのは，世界恐慌後のアメリカにおいて，ルーズベルト大統領のもとで，国の財政負担によるニューディール政策による雇用創出政策と連携させて1935年に制定された「連邦社会保障法」が最初でした。それまであった社会保険は，労働者が相互に負担する保険料と事業主の拠出金によっ

て維持されていたのですが，大恐慌による大量失業や企業の大規模倒産によって労使の負担による社会保険システムは崩壊してしまったのです。そこで，国家が組織する総合的な社会保障制度の登場が不可避となりました。

　アメリカの「連邦社会保障法」の中には，年金保険，失業保険，公的扶助（高齢者扶助，視覚障害者扶助，要扶養児童家庭扶助），母子保健サービス，肢体不自由児福祉サービス，児童福祉サービスなどが含まれていました。しかし，その中には疾病に対する医療保障が含まれておらず，21世紀の今日においてもなおアメリカ合衆国全体での包括的な医療保障制度が確立していません。アメリカにおける医療保障の欠落は，税を財源とした公的医療制度のあるイギリスやスウェーデン，社会保険制度をベースにした医療保険を有する今日の日本とは大きく異なる点です。

　イギリスにおいては，第二次世界大戦中の1941年にチャーチルを首相とする挙国一致内閣が組織されました。この内閣は，国民を対ドイツ・ヒトラーの戦いに結集するための約束として，翌1942年に戦後再建構想のひとつである「ベヴァリッジ報告書」を発表しました。報告では，「窮乏」「疾病」「無知」「不潔」「怠惰」を「五つの巨人悪」ととらえ，「完全雇用の維持」「所得制限なしの児童手当」「包括的な保健サービスの提供」を柱とした国民にナショナル・ミニマム保障をめざす社会保障計画が提唱されました。第二次大戦末の選挙でチャーチルの保守党に代わり大勝した労働党アトリー政権のもとで，「ベヴァリッジ報告」を具体化するために1946年に国民保険法，国民保健サービス法が制定されました。先に紹介した日本の「50年勧告」は「疾病」「負傷」が最初に掲げられ，順番は異なりますが，イギリスの「ベヴァリッジ報告」の概念を継承していることは明らかです。

　「50年勧告」は，社会保障制度を包括的な広義の意味あるいは相互補完的なシステムとしてとらえていました。その構成要素である，社会保険，国家扶助，公衆衛生，社会福祉等は次のように把握されていました。

　まず，「社会保険」は「国民の労働力を維持するとともに全国民の健康を保持することに力点」をおいた制度であり，「医療，出産及び葬祭に関する保険」，「老齢，遺族及び廃疾に関する」年金保険，「失業に関する保険」，「業務災害に関する保険」をその内容としていました。

　「国家扶助」とは，「生活困窮に陥ったすべての者に対して，国がその責任において最低限度の生活を保障し持って自立向上の途をひらくことを目的とする」もので，「生活扶助」「教育扶助」「住宅扶助」「医療扶助」「出産扶助」「葬祭扶助」等を「必要に応じて単独にあるひは併合して支給するもの」とされていました。今日の公的扶助もしくは生活保護がこれにあたります。

　「公衆衛生及び医療」とは「あまねく国民に対して体位の向上や疾病の予防を計るために行う保健衛生活動のことである。ただし，環境衛生や衛生取締行政などは

含まない」としていました。疾病予防では結核予防がとりわけ重視されていました。

「医療」とは「診療や薬剤の支給など一般的医療行為及び施設のことで，（中略）社会保障の立場からなされるもの」とされていました。

「社会福祉」とは，「国家扶助の提供をうけている者，身体障害者，その他援護育成を要する者が，自立してその能力を発揮できるよう，必要な生活指導，更生補導，その他の援護育成を行うことをいう」とされていました。

ここで対象とされているのは，生活上に生ずる多様な「社会的リスク」と言えるものです。「社会的リスク」とは，事故の原因が社会的につくられるという意味です。その具体的な現れは，「50年勧告」では，「疾病，負傷，分娩，廃疾，死亡，老齢，失業，多子その他困窮の原因」などとされていました。この勧告の言う広義の「社会保障」は，それらの「社会的リスク」を対象として，社会保険料もしくは税を財源とし，「世界人権宣言」の言う，社会の構成員の「自己の尊厳と自己の人格の自由な発展とに欠くことのできない経済的，社会的及び文化的権利の実現」を保障するために国家が責任をもって整備する制度であったのです。

日本国憲法25条において，「社会福祉」「公衆衛生」と並列されている「社会保障」は狭義の意味のものであり，「50年勧告」で分類されている「社会保険」にあたるとみてよいでしょう。また，憲法25条の「社会福祉」は「50年勧告」の言う「国家扶助」と「社会福祉」とを含めたものと解することができます。

§3 ＿ 社会保障理念のゆらぎと世界人権規約の拘束

ところが，社会保障制度審議会は1991年に「社会保障将来像委員会」を設け，「1950年勧告」以来維持されてきた社会保障の基本理念と制度の見直しを開始したのです。見直しの結果は，1995年「社会保障体制の再構築（勧告）」として発表されました。

この「95年勧告」では，見直しの根拠として，「個人化の進展が急激であったこともあって，家族による支え合いが低下し」，「国民健康保険や国民年金については，保険料負担や未加入問題」を抱え，「社会保障の経費は（中略）国民経済の大きさと企業等における労務費・収益及び個人の所得を見すえて，その負担の配分を」考えなければならなくなったこと，などを挙げています。さらに，「心身に障害を持つ人々，高齢となって家族的あるいは社会的介護を必要とする人々などに対する生存権の保障は，従来ともすると最低限の措置にとどまった。今後は，人間の尊厳の理念に立つ社会保障の体系の中に明確に位置づけられ，対応が講じられなければならない」と，低所得者に限定しない高齢者対策の必要を強調しています。

そして，新たに「社会保障推進の原則」として，「普遍性」「公平性」「総合性」「権

利性」「有効性」を提起し，それぞれ次のような点を強調しました。

「普遍性」に関しては，「ニーズがある者に対して所得や資産の有無・多寡にかかわらず必要な給付を行っていかなければならない。ただし，その費用については，サービスの性質に応じ，負担能力のある者に応分の負担を求めることが適当である」として，利用者による費用負担を打ち出しました。

「公平性」については「社会保障がみんなのためにみんなで支えていく制度として国民の信頼を確保していく」として，相互扶助制度という性格を強調しました。さらに，「給付と負担の両面でより公平な制度にしていくことが不可欠である」と給付に見合った国民の負担がここでも強調されました。ここでいわれる「負担」が税や保険料の負担であるなら，事業主や高額所得者を含む応能負担でなければなりません。利用者の窓口負担であるなら，利用抑制要因となるおそれがあります。

「総合性」に関しては，「高齢社会においては，保健・医療・福祉の総合化，公的年金と私的年金との調整，公的年金と高齢者雇用政策との連携など他の制度や関係する政策との関連や波及を考えながらの接近方法が，社会保障の政策効果を高めるために不可欠である」と私的年金の活用や高齢者雇用の推進など，社会保障制度外の資源の利用を強調しました。

「権利性」に関しては，「社会福祉などについて給付を受けることがどこまで国民の権利であるかについては必ずしも明らかではなく，今後それを明確にしていかねばならない」とし，「ニーズの多様化や高度化に対応した(中略)選択性を備えること」が必要と述べ，権利保障の範囲を限定する方向を打ち出しました。

「有効性」に関しては，「国民のニーズが多様化し，高度化する中で，資源の制約及び公的制度自体のもつ制約などから，すべてのニーズに公的に十分対応することはできない」と，公的制度で対応する範囲を限定すべきだと強調されました（社会保障制度審議会勧告 1995）。

いずれも，社会保障の拡充にブレーキをかける内容です。ここには，1980年代以降アメリカやイギリスとならんで日本でも政府の政策の基調となってきた，新自由主義の影響がにじみ出ています（ファーガソン（石倉／市井監訳）2012）。個人化と選択の自由を強調し，国民にも応分の負担を要請する一方で，公的制度の効率化，私的な市場で購入する制度や雇用との連携など，社会保障で対応するニーズの限定が掲起されました。そして，「それを自理化する表現が「みんなのためにみんなで支えていく制度」という特徴づけです。しかし，この特徴づけは，アメリカでの大恐慌時の社会保険制度の崩壊という相互扶助の限界の中から国家が責任をもった社会保障制度が成立してきた歴史を逆転させるものだとの批判の声もあがりはじめました（真田是 2012）。社会保障中心のベヴァリッジ・モデルでは対応できない問題（ジェンダー差別や不安定雇用）の拡大から，社会保障理念を問題にする論も出ています（相

沢與一 2020)。

　ところで，国連は「世界人権宣言」をより具体化し，各国政府にたいし法的拘束力をもったものとして1966年12月16日第21回国連総会で採択した国際人権規約」を定めています。これには社会権規約（経済的，社会的及び文化的権利に関する国際規約で国際人権A規約とも呼ばれる）と，自由権規約（市民的，政治的権利に関する国際規約で国際人権B規約とも呼ばれる）が規定されています。日本政府は，1979年に両規約を批准し，国内での法的効力が生じており，批准国の政府に実施状況を報告する義務が生じています。国連の「経済的，社会的及び文化的権利委員会」は，日本政府からの報告書に対して，2001年の「総括所見」では次のような勧告をしました。「年金受給年齢を60歳から65歳に徐々に引き上げるなどの，公的年金制度の最近の一連の改革がもたらす影響」，「最低年金金額の設定がないこと（中略）男女間の収入の格差を永続させるような不平等があること」，「膨大な数のホームレスの人々がいること」等への対応策を2006年までに報告するよう勧告したのです。さらに2013[*4)]年の「総括所見」においては，「国民年金制度に最低年金保障を導入するよう締約国に対して求めた前回の勧告をあらためて繰り返す」，「生活保護の申請手続を簡素化し，かつ申請者が尊厳をもって扱われることを確保するための措置をとるよう，締約国に対して求める」等の指摘を受けているのです。[*5)]

§4 ＿ 現代における日本国憲法の国際的な意義について

　本章の最後に，日本国憲法が日本の主権者の自己認識となっているかという論点について付言をしておきます。それは，現憲法が占領軍によって押しつけられたものか，それとも日本人が主体的に獲得したものか，二つの立場が政治やメディアの舞台に度々登場してきたからです。これに関連して，私の経験を記しておきます。

　1996年に，同僚の研究者と中国人留学生と共に，改革開放政策以降の経済開発途上の調査の一環として，内モンゴル自治区のフフホトに住む彼の両親を訪ねたときのことです。両親は息子の指導教員である私たちを丁重に迎えてくれました。夕食後の懇談がお酒も入り佳境に入ったところで，戦争のことが話題にのぼりました。母親は「自分の親族や近隣の人が関東軍（日本軍）にひどいことをされた。日の丸のはちまきで斬りかかってきた姿が目に焼き付いていると親から聞かされた」と話しました。これを聞いたとき，私は一気に酔いが覚め背筋が凍りついた気がしまし

---

*4)　国連社会権規約委員会「日本政府第2回報告書に対する総括所見」2001年8月30日
*5)　国連社会権規約委員会「日本政府第3回報告書に対する総括所見」2013年5月17日

た。そして一息おいて次の様に答えました。「私は当時生まれていませんが，母親から戦時のことは聞いています。私の父親の兄である叔父は22歳の時兵士として戦地に向かう輸送船に魚雷攻撃を受け，船とともに東シナ海に沈みました。戦後日本人の多くは戦争の愚かさを悟り，戦争放棄をうたった憲法９条をもつ新憲法を定めたのです」と答えました。また別の機会に香港と広州の中間にある東莞市の工業団地を訪れたときも，現地責任者に，「日本政府は南京虐殺事件はなかったと主張する教科書を認可したらしいがどう考えるか」と問われました。「政府見解は国民の見解とは異なる」と答えました。これに対してすぐさま，「その政府は国民が選んだのだろう」と応酬されました。その時，同行した同僚の教員は，学術調査に来ているのだから，この問題には深入りしない方がよいと私に耳打ちしました。しかし私は，過去の歴史についてどう認識しているのか一人の日本人として表明する必要があると判断し，先の母親に答えたのと同じ意見を述べ，さらに中国とは随の時代から長い交流の歴史がある奈良から来たと自己紹介しました。さらに合わせて私の学生時代には中国の文化大革命の誤った影響が日本に及んだことにもふれ，間違いは間違いと認め，長い平和的交流の歴史を発展させたいと答えました。

　2015年夏に，内モンゴル師範大学で，大学生や院生，社会福祉施設で働く若い人たちに，日本の社会福祉について講演する機会がありました。その時に，本章の§1で触れたように，日本の社会福祉制度の基礎にある，第二次世界大戦への反省に立った日本国憲法前文の精神と憲法25条の関連について紹介しました。その後の交流会で，若い福祉現場の職員が，「日本人は戦争の経験からよく考えたのですね」と言ってくれたのですが，その言葉の背後にこめられたであろう願いを想像し，とても印象に残りました。[*6]

　侵略戦争が多くの人の命を傷つけるだけではなく，その後の人々の記憶の中から消すことは不可能であり，私たちはそのことに真摯に向き合わなければならないということを思い知らされたのでした。そして，未来に向かってどのよう関係を構築していくのかが大切であるとの思いを強くし，日本が世界の人たちと仲良くしていく上で，日本国憲法のもつ大きな力も改めて確認できたのでした。

---

*6)　内モンゴル師範大学との交流の様子は，石倉康次（2016）に掲載。

第04章

日本の社会保障・社会福祉の制度

　前章では，日本の社会保障の理念が第二次世界大戦への反省という国際的な潮流を背景に持った日本国憲法とその具体化をめざす社会保障制度審議会の「50年勧告」に由来することを明らかにしました。この章では，更に進めて，具体的な諸制度の体系がどのように構築されているのか見ていきます。

§1＿　社会保障・社会福祉制度と社会政策

　ここで言う「社会保障・社会福祉」という表現は，広義の社会保障とそこに含まれる社会福祉とを包括した意味で使っています。「社会保障制度審議会1950年勧告」では，社会保障制度の構成要素として，「社会保険」「国家扶助」「公衆衛生及び医療」「社会福祉」などが挙げられていたことは第03章でふれました。そのカバーしている範囲は，英米において使用されるソーシャル・ポリシー（社会政策）と重なりますが，英米のソーシャル・ポリシーではカバーしている住宅や教育などの分野は含まれていません。

　日本では，第二次世界大戦前からドイツで発達した，資本主義社会で生じる労働問題を対象とした社会政策研究に影響を受けた「社会政策論」が戦中および，戦後当初から強い影響をもってきました。これは，欧米のソーシャル・ポリシーとは異なる固有の系譜をもった用語法です。この「社会政策論」の系譜は，資本主義の社会経済の基本的構造を，経済活動に資本投資をして回収される利潤の拡大をめざす（株式の所有者を含む）資本家階級と，自らの労働力を商品として販売して得られる賃金で生活を再生産していく労働者階級との，相互に依存しながらも，経済的に利害が対立する二つの基本的な階級間の関係から捉えようとするところに大きな特徴があります。

　ここで言われる「社会政策」は，労働者階級の労働過程と労働過程の外の労働力の再生産過程にかかわる諸政策の両方を包括して表現されています。したがって，社会保障や社会福祉は労働過程の外の労働力の再生産過程に関わる政策の中に位置づけられて把握されます。その上で，労働過程における労働者と使用者の関係や基

本的な雇用・労働条件，あるいは労働者保護制度などを規制する諸制度（労働基本権の制度化や工場法）が歴史的に先行して形成されたことが重視されます。労働者とその家族の生活の再生産は，当初は労働者自身の自助努力にゆだねられ放置されていたとされるのです。しかし，労働運動の力や，治安対策の必要性から，やがて，労働者保護制度が整備され，さらに労働者をはじめとする勤労諸階層とその家族の生活過程（労働力の再生産過程）における社会的事故に対応する制度へ拡張されていったと解されています。[*1]

　労働過程の生産現場では労働者は労働災害によるケガが日常的に発生する危険があり，そのような事故に遭った労働者は働けなくなり失業に追い込まれます。障害や病気も失業につながります。これらの労災や障害や病気によって働けなくなることは，労働者を雇用する経営者にとっては，代用の労働者を確保すれば見過ごされることになりますが，熟練した労働者を失うことや，病気や疫病，栄養不良あるいは少子化等によって労働者の次世代の再生産がうまくいかなければ，それは経営者にとっても不都合になります。景気循環にともなう倒産や人員整理による失業の発生も長期的には同様の困難につながります。また，労働者は結婚をすると出産や育児のために一時的に特別な出費も必要となり，通常の賃金とは別に費用が必要となります。老齢により働けなくなることは，老後の生活不安をもたらします。これらは，自らの労働力を販売して生活する労働者家族の生活様式において生ずる特有の問題です。

　これらの労災，失業，疾病，障害，出産，育児，老齢などは，労働者の自己責任では対処できない「社会的事故」として把握され，それへの対応の必要性が社会的に認識されるようになります。当初はこれらの「社会的事故」に対して，労働者が相互扶助的に賃金の一部を出資して，一時的に必要となる特別の費用を必要とする労働者仲間に給付する相互扶助組織としての共済組合等が労働組合運動のリーダーシップでつくられるようになり，そのことが多数の労働者を労働組合に結集する契機ともなっていきました。このようにして力を蓄えた労働組合運動に対応するために，労働者の共済保険は国家が関与する労災保険や医療保険，失業保険，年金保険などの社会保険制度へと統合されていくようになっていきます。「社会政策論」の立場では，歴史的に先行する労働者保護制度が「狭義の社会政策」であり，のちに

---

*1)　大河内一男は，大河内（1950）において，労働時間，賃金，婦人児童労働の規制，労働安全衛生等にかかわる「狭義における労働者保護」，労災，病気，老齢，障害による労働不能に対応する「社会保険」，「失業救済」，「企業内福利施設」，「社会事業」等を「労働力保全」の関連から整理・序列化している。そして「社会事業」（＝社会福祉）は「労働力たり得ない」「純粋に「不生産的」な支出として，可及的安価に経営されなければならないものと考えられてしまいやすい」と指摘しました。この大河内理論への批判の経緯は真田是（1966）参照。

成立していく労働者の生活問題対策としての社会保障制度を含めて「広義の社会政策」として総括されていきます。

　また，他方で，資本主義経済の下で病気や失業により現役労働者から貧困層に転落した元労働者家族や貧困生活により家族崩壊した人々やその子どもたちを教会や篤志家等の慈善団体が自発的に救済する動きが歴史的に登場してきます。これは「民間社会福祉」の源流になるものです（真田是 1966参照）。日本の場合は宗教組織や地域の共同体による救済も行われていました。これらの諸活動が影響力を広めていくと同時に，日本の米騒動のような社会運動に合流していくような動きも表面化すると，国家が治安対策の必要性から貧困層の救済に乗り出すようになっていきます。これらが源流となり，被救済者の権利が明確にされ，国家の救済責任が法定化され，公的扶助制度に発展・転化していくことになります。

§2＿ 二つの世界大戦のインパクト

　第一次世界大戦を経て，資本主義経済の進展と共に一方で資本蓄積と投資が進み，また不況や金融恐慌をはさむ景気変動の繰り返しや（日本の場合は関東大震災も付け加わり），労災，失業，疾病，障害，出産，育児，老齢などの「社会的事故」による受難者が，労働者はもちろん都市自営業者や農民層にも広範に拡がっていきました。こうして，相互扶助的の性格をもった共済組合や民間社会福祉や共同体での助け合いでは対応できないくらいに問題が深刻化し，労働運動や社会運動が力を増して大きな政治不安に発展するおそれが生じた歴史的な段階で，アメリカやイギリスやフランスなどの資本主義国では国家責任による政治的譲歩として，個別資本にも強制して生命と生活の再生産に介入する社会保障制度の形成と最低賃金制の整備に向かうことになりました。これに対して，ドイツや日本は他国への侵略戦争による領土拡大で危機を脱する方向に国民を動員する体制をつくっていきました。そして，そこでは社会保険制度は兵士の体力維持と戦費調達の手段として位置づけられていきました。

　包括的な社会保険制度や税による公的扶助制度や社会福祉施設・サービスが財政的に維持されうるためには多数の労働者が正規労働者として雇用が保障され，税や社会保険料の原資が拠出されなくてはなりません。これはイギリスのベヴァリッジ・プランにおいて完全雇用政策が社会保障制度とセットで提唱された根拠でもあります。最低賃金を定め，雇用による賃金収入で健康で文化的な最低限の生活を維持できるようにされないと，社会保障・社会福祉制度に依存するものを増やし財政的な負荷を過重にすることにもなりかねません。家族手当は，労働者の次世代であ

国名	労働基本権		工場法	労災保険	裁定賃金法	疾病保険	老齢年金	失業保険	家族手当	公約扶助
	(団結権)	(争議権)								
イギリス	1824	1875	1833	1897	1909	1911	1925	1911	1945	1948
ドイツ	1869	1918	1878	1884	1923	1883	1889	1927	1937	1961
フランス	1864	1936	1874	1898	1915	1928	1910	1928	1932	1956
アメリカ	1914	1914	1938	1911	1938	なし	1935	1935	なし	1935
日本	1945	1945	1911	1947	(1959)	1922	1941	1947	1971	1950

（出典）三塚武男（1997）。

る子どもの出生と育児のために個別の世帯にかかる経済的負担を社会的に支持するためにフランスにおいて先駆的に制度化されてきました。このような欧米資本主義諸国における社会保障制度確立に至る共通の歴史的傾向は，個別の諸制度（法）の成立時期をメルクマールにした次のような年表を作成すれば実証的に確認できます（▶表4-1）。さらに，日本においては，自営農や自営業者が相当の比率で存在していた戦後の1960年代くらいまでの時期とは異なり，国民の多数が労働者階級となっている現代社会においては，「社会政策論」の立場からの労働者を中心にすえた整理の適用も可能でしょう。

　この成立年表をみると明らかなように，乳幼児保育・学童保育，障害者福祉，高齢者福祉はありません。これらの社会福祉制度が一部の貧困層を対象としたものではなく，多数の勤労者を対象とした制度として先進資本主義国で成立し発展するのは第二次世界大戦後になります。核家族化と女性の労働者化の進展により家庭内の女性による家事労働として潜在化していたものを社会化させたのは，労働組合運動だけでなく女性運動をはじめとする社会運動が展開したことが寄与しています。保育制度の確立を求める女性労働者の運動，障害をもった当事者の運動，認知症の人と家族の当事者運動等の発展が，社会福祉施設やサービスの普遍化の力となりました。

§3 __ 社会保障・社会福祉制度および関連諸制度

　社会保障・社会福祉制度を構成する諸制度の内容と相互の関連について，現代日本の場合を例に一覧表を作成し確認してみましょう。次の表（▶表4-2）は，「狭義の社会政策」，広義の「社会保障制度」（社会保険・社会福祉が含まれる）に，「関連公共一般施策」を付け加えた三つの分野に整理しています。

▶表 4 - 2　現代日本の社会保障・社会福祉制度及び関連公共一般施策

狭義の社会政策	労働基本法	労働組合法
		国家公務員法、地方公務員法
	雇用保障制度	解雇規制（法ではなく「整理解雇の四条件」判例による），労働契約法
		職業安定法，労働者派遣法
		男女雇用機会均等法
		障害者雇用促進法
	労働者保護法	労働基準法
		育児・介護休業法
		労働安全衛生法
	最低賃金制度	最低賃金法
社会保障制度	社会保険制度　労働保険制度	雇用保険法
		労災補償保険法（休業補償を含む）
		健康保険法（被用者とその被扶養者対象，傷病手当あり）
		厚生年金保険法（厚生年金・共済年金など被用者の年金）
	社会福祉制度	社会福祉保険制度（税と保険料とが投入され国民年金法ている）　国民健康保険法（自営業者の傷病手当がない）
		高齢者の医療の確保に関する法律（旧老人保健法）
		国民年金法
		介護保険法
		社会手当制度　児童手当法
		児童扶養手当法
		特別児童扶養手当法
		社会手当制度年全生活者支援給付金制度，老齢福祉年金制度
		医療費助成（重度心身障害者，難病 小児特定疾患等）
		自治体の医療費助成（乳幼児子ども対象）
		公共料金・税金の減免・減税・控除
		公的扶助制度　生活保護法（生活・住宅・教育・医療・介護出産・生業・葬祭扶助）
		生活困窮者自立支援法
		社会福祉施設・サービス制度　児童福祉法
		子ども子育て支援法
		母子及び寡婦福祉法
		婦人保護法
		老人福祉法
		身体障害者福祉法
		知的障害者福祉法
		精神保健福祉法
		障害者総合支援法
		児童虐待・高齢者虐待・障害者虐待防止法，成年後見制度
		社会福祉法（地方社会福祉審議会，福祉事務所，社会福祉法人，地域福祉）
		社会福祉士及び介護福祉士法（資格制による名称独占）
関連公共一般施策	保健および公衆衛生	予防接種法
		地域保健法
		精神保健福祉法
		伝染病予防法
		母子保健法（妊婦健診，未熟児養育医療，乳児·1歳半·3歳児健診）
		学校保健法
		水道法，下水道法
	医療	医療法（医療を受けるものの利益の保護）
		薬事法（医薬品等の安全性の確保と危害の発生防止等）
		医師法（医師免許制により国民の健康な生活確保，医師以外の医業禁止）
		保健師助産師看護師法（免許制，業務独占）
	住宅・生活環境施設	公営住宅法（住宅困窮の低所得者への賃貸住宅提供，共同施設整備）
		住宅地区改良法（不良住宅密集地区の改良事業）
		借地借家法（借地人，借家人の権利の保護）
	教育	教育基本法（教育の検会均等）
		学校教育法（経済的理由による就学困難者への援助）
		独立行政法人日本スポーツ振興センター法（旧学校安全会法）
		教科書無償法，高校無償化法
		社会教育法，図書館法
		国や自治体による奨学金制度

（出典）三塚武男（1997）128〜9頁を加筆修正。

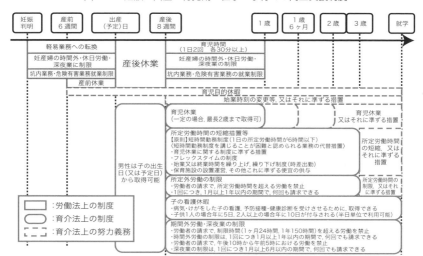

▶図4-1　妊娠・出産・育児期の仕事と子育ての両立支援制度

（出典）厚生労働省作成「妊娠・出産・育児期の両立支援制度」。

▶1＿＿＿狭義の社会政策

　▶表4-2では，資本主義社会における基本的な階級である労働者の賃金・労働条件を規制する労働者保護制度や最低賃金制度をはじめとする「狭義の社会政策」（「広義の社会政策」には社会保障制度が含まれる）を一番上段に示しています。日本では解雇規制法が存在せず整理解雇の四条件をみとめた判例があるのみです。その上，日経連が1995年5月に発表した「新時代の『日本型経営』」[2]により，それまでの終身雇用の正社員を基本とした仕組みを縮小・解体し，残業手当なしの専門職の期限付雇用や，パート・派遣労働雇用などの非正規雇用を増やす方向が打ち出されていきました。また，日本では最低賃金法はありますが，地域によりその水準は異なり，全国一律の最低賃金制度は確立していません。これでは，より低い賃金を求めて企業が地方に移動していくことを規制できません。地域の最低賃金水準が生活保護基準に満たないワーキングプアの発生を抑止できていない事態も起こります。さらに，低賃金の実態が生活保護基準引き下げの根拠にされることもあります。このような現代の状況は，「労働者保護制度」や「最低賃金制度」などの労働者の雇用問題をベースに据えた「狭義の社会政策」との関連性をふまえた制度把握の重要性をますます

---

*2) 日経連は1995年に「新時代の『日本型経営』」を発表し，労働者の種類を「長期蓄積能力活用型グループ」「高度専門能力活用型グループ」「雇用柔軟型グループ」に分けることを提起しました。

高めていると言えます。

　育児・介護休業法は，労働と育児・介護を両立するために短時間勤務や休みを労働者に与えることを事業主に義務づけるもので，男女ともに取得できます。有給を義務づけてはおらず，ヨーロッパで進んでいるように男性にも取得を義務づけるようにはなっていないために，男性の取得率が極めて低い実態にあります。しかし，育児休業中に給与が一定の比率以上支払われなくなった場合に，規定の条件を満たせば，雇用保険から「育児休業給付金」を受け取ることができる制度があります。労働基準法と育児介護休業法による仕事と子育ての両立支援の諸制度は▶図4-1に示しました。

　労働安全衛生法は，職場における労働者の安全と健康を確保することを事業者に義務づける法律で，労働者の意見を反映する安全衛生委員会の設置が義務づけられます。労災等の事故だけではなく，過労死ラインとされる月80時間以上の残業を防ぐためには，労働基準法に基づく時間外労働や休日労働に関する労使協定（36協定）の締結も重要です。労使協定の締結には，事業場ごとに労働者の過半数代表を選出し，事業者側の代表と交渉・締結にあたる仕組みになっています。

▶2＿＿社会保険制度

　次いで，▶表4-2の大きな２段目に「社会保障制度」を挙げています。この制度は，「社会保険制度」「社会福祉制度」に分けられます。▶図4-2にそれに含まれる諸制度とその財源構成を図示したものを示しておきました。

　「社会保険制度」は事業主及び被雇用者の保険料の拠出により「保険原理」[3]を取り入れて失業，労災，病気，老齢などの「社会的リスク」に対応します。

　雇用保険は，全産業の労働者を対象とする制度で，失業もしくは雇用継続が困難となった場合に失業等給付がなされます。景気変動や新型コロナウィルス感染症対策のために事業主が休業等により雇用の維持を図った場合に休業手当の費用を助成する雇用調整助成金制度[4]もあります。また労働者の能力開発向上を目的とした事業も行われています。事業主と被保険者の保険料率は２対１となっていますが，国庫負担も投入されています。

---

*3)　保険原理とは，一定の確率で事故に遭遇するという大数の法則，保険料の総額と保険金の総額とが一致する収支相等の原則，個人の保険料は個人の有する危険度に相応する給付　反対給付均等の原則を含みます。民間保険は保険会社の収益や積立金の運用が加わり収支相等，給付・反対給付均等にはなりません。社会保険は事業主負担の保険料や租税収入が追加投入されていますので保険原理を部分的に取り入れているにすぎません。

*4)　日本の雇用調整助成金は事業主に支援する形をとっていますが，スウェーデンでは労働者に直接支援します。事業主に支援する仕組みが長引くことについては産業構造変動のネックになる可能性があることにも留意が必要です。

▶図4-2　現代日本の社会保障・社会福祉制度の財源構成

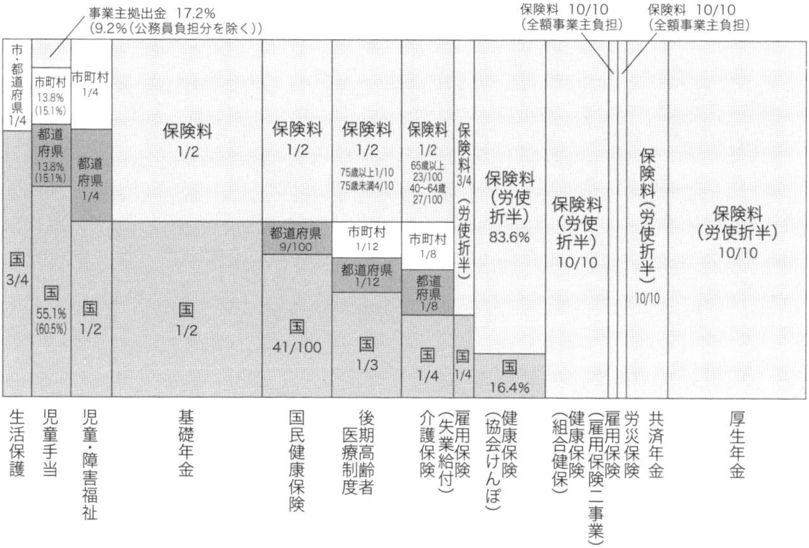

事業主拠出金 17.2%（9.2%（公務員負担分を除く））　　保険料 10/10（全額事業主負担）　　保険料 10/10（全額事業主負担）

- 生活保護：市・都道府県 1/4、国 3/4
- 児童手当：市町村 13.8%（15.1%）、都道府県 13.8%（15.1%）、国 55.1%（60.5%）、事業主拠出金 17.2%
- 児童・障害福祉：市町村 1/4、都道府県 1/4、国 1/2
- 基礎年金：保険料 1/2、国 1/2
- 国民健康保険：保険料 1/2、都道府県 9/100、国 41/100
- 後期高齢者医療制度：保険料 1/2（75歳以上1/10、75歳未満4/10）、市町村 1/12、都道府県 1/12、国 1/3
- 介護保険：保険料 1/2（65歳以上23/100、40〜64歳27/100）、市町村 1/8、都道府県 1/8、国 1/4
- 雇用保険（失業給付）：保険料 3/4（労使折半）、国 1/4
- 健康保険（協会けんぽ）：保険料（労使折半）83.6%、国 16.4%
- 雇用保険（雇用保険二事業）・健康保険（組合健保）：保険料（労使折半）10/10
- 共済年金・労災保険：保険料（労使折半）10/10
- 厚生年金：保険料（労使折半）10/10

（出典）厚生労働省「社会保障制度改革の全体像」2018年，を一部加工。

　労働者災害補償保険は業務上や通勤による労働者の負傷，疾病，障害，死亡などに対して，保険給付，社会復帰の促進，被災労働者とその遺族の援護が行われます。業種や雇用形態や事業所の規模にかかわらずすべての人に適用され，保険料は事業主が全額負担します。日本の医療保険はドイツと同様に被用者と事業主が保険料を折半で負担しています。

　また，医療保険は疾病，負傷，死亡，出産など短期的な経済的損失に対して保険給付をする制度です。日本の場合，被用者のその扶養家族を対象とする健康保険，被用者保険に加入していない人を対象とする国民健康保険，75歳以上の人を対象とする後期高齢者医療制度，船員保険，公務員や教員を対象とする共済組合に分かれています。こうして国民全員を何らかの公的医療保険保でカバーするようになっています。受診する医療機関は全国どこでも選択が可能です。しかし保険給付で医療費のすべてをカバーされず，75歳以上の「後期高齢者」は医療費の1割，それ以外の人は3割の自己負担が必要となっています。さらに，この自己負担が高額になるのを抑えるための高額療養費支給制度があり，利用者負担が基準額以上になる場合は払い戻し制度があります。自己負担料が大きくなると，医療にかかることをためらわせる壁になります。医療保険からは，医療費などの療養の給付の他に，傷病手当金（療養のために労務に就くことができない場合の生活保障金），移送費，埋葬費，

出産育児一時金（出産に要する経済的負担を軽減する），出産手当金（出産前後の一定期間労務に服さなかったことによる所得減を補う）が支給されます。被用者の健康保険の保険料は労使折半となっています。ただし，中小企業の従業員が加入する協会けんぽ（旧政府管掌健康法保健）には国庫負担から財源投入され保険料の高騰を抑制する仕組みが組み込まれています。

　年金保険は，老齢，障害，死亡などによる労働能力の長期的喪失や生計維持者の死亡に対して老齢年金や障害年金や遺族年金等によって本人や遺族の生活を保障するものです。全国民共通の基礎年金が支給され，被用者にはこれに加えて報酬比例の厚生年金が支給されます。被用者は20歳からすべての国民が加入する国民年金と厚生年金の二つに加入することになります。自営業者などの被用者でない人を対象にした基礎年金に上乗せする国民年金基金の制度があります。老齢年金は，10年以上の保険料の拠出により，65歳から受給します。被用者を対象とした年金保険料は労使折半で負担されます。

　介護保険を「保険」という語句がついていることから社会保険に含めて分類されることがありますが，これは財源の半分は税によっていることを見ない皮相な見方であり，社会保険に分類することは正確ではありません。その意味で基礎年金も社会保険に分類できません。

▶3　　社会福祉制度

　「社会福祉制度」には税と保険料（税）からの拠出金による病気，老齢，介護に対応する「社会福祉保険制度[*5]」と，主として税を財源とする無拠出の「社会手当」，「公的扶助制度（生活保護）」，「社会福祉施設・サービス制度」に分類されます。

　介護保険は「社会福祉保険制度」に含まれます。介護保険財政の50％は国（25％），都道府県（12.5％），市町村（12.5％）が負担し，23％は65歳以上の高齢者人が保険料を所得に応じて負担し，27％は40～65歳未満の医療保険加入者が事業主も含めて負担します。介護保険の利用には，市町村が実施する要介護認定を受け，ケアプ

---

*5) 「社会福祉保険制度」という概念を使用したのは，三塚武男が孝橋正一の規定を受け継いで，国民健康保険や，国民年金の性格規定を行った際に使った用語法（三塚（1997）127-128頁）です。これを継承する木村敦は，「資本の直接負担を伴わないという点からみても，生成史から判断しても，その本質は社会政策としての社会保険ではなく社会福祉である」とされます（木村敦（2011）102頁）が，両者とも介護保険についての言及はありません。介護保険に関しては，相澤與一氏は，「社会保障の保険主義化」という論理でとらえようとされています（相澤與一（1996））。介護保険と基礎年金に共通しているのは，社会保険料からの財源と，税財源を投入しているのですが，その税財源は消費税を充てると称され，事業主負担を軽減し，勤労者や高齢者の負担による相互扶助と性格づける意図が働いているように見えます。いずれにせよ，社会保険と税とが投入されている制度は，本章では「社会福祉保険制度」とまとめました。

ランを立てて居宅サービス，施設サービス，地域密着型サービスの中かから選択利用することになります。サービスの利用に際しては，利用者は費用の1割〜3割の負担が必要となります。医療や介護の窓口負担は「ニーズ」に応じた給付をさまたげる可能性があります。

　国民健康保険や国民年金の加入者である自営業者や零細企業の現役労働者等の場合は，一般被用者を対象とした健康保険や年金保険にある保険料の事業主負担がありません。国民皆保険・皆年金を実現するために，事業主負担分にあたる財源が税から負担され，保険料負担を抑える対応が制度化されています。しかしそれでも，保険料や給付内容は一般被用者の加入する健康保険や厚生年金保険と比較すると同等とは言えず高額になっています。しかも自営業者にとっては，一般被用者の場合であれば，傷病で休職した際に支給される「傷病手当」が国民健康保険にはないので，病気をかかえて働き続け健康を悪化させることが問題となっています。また，国民健康保険加入者の保険料が，事業主負担のある中小企業労働者や大企業労働者の加入する健康保険に比較して相当に高く，保険料滞納者も多いことも問題となっています。保険料算定の方法に所得に応じた所得割とは別に家族人数に応じて保険料が増える「均等割」や「平等割」の仕組みは低所得者や子どもが多いほど負担が増えるもので社会福祉の原則に反するおそれもあります。

　後期高齢者医療制度は，1973年以来制度化されていた70歳以上の老人医療費無料化制度を廃止する代わりに，1982年から始まった老人保健法を引き継いでいます。75歳以上の高齢者が加入し，窓口負担を軽減する仕組みとなっています。その財源は，本人の所得割の保険料（1割），現役世代が加入する医療保険からの後期高齢者支援金（4割），国・都道府県・市町村が負担する公費（約5割）でまかなわれます。75歳以上の高齢期の人を現役世代と分断するものとの批判があります。

　20歳から60歳まで年金保険料を払い続けた人には65歳から満額の老齢基礎年金を受け取ることができます。また，中途障害になり要件を満たせば障害基礎年金を受けることができます。しかし，基礎年金を受給するためには，保険料納付期間と免除期間をあわせて最低10年間の資格期間が必要です。基礎年金の財源は，厚生年金，共済年金等の被用者年金加入の20歳以上60歳未満の人数に応じた拠出金とこれらの年金に加入していない国民年金加入者で20歳以上60歳未満の人が負担する保険料，および国庫負担金によって確保されます。近年増大する非正規労働者は被用者年金非加入の場合が多く，年金保険料の負担が重いため無年金になる可能性が極めて高くなっています。ヨーロッパの先進国のような，保険料負担を問わない無拠出の税財源による「最低保障年金」制度の確立やベーシック・インカム制度の確立の必要性についての議論が高まってきています。ただし，ベーシック・インカム制度に関しては，これと引き換えに他の事業主負担のある所得保障制度を廃止す

る提案もあり注意が必要です。

▶4＿＿社会手当制度

「社会手当」は，保険料のような拠出金を必要とせず，税財源により該当者すべてが対象となる場合が基本ですが，1972年から始まった日本の児童手当制度の財源には一般事業主からも拠出金が出されています。給付には所得に応じた受給対象者の選別や給付金額の減額がなされています。児童手当は扶養する児童の人数に応じて，中学卒業まで毎月父母又は保護者に支給されます。児童扶養手当は，児童の父親または母親と生計を同じくしていないか，父親又は母親に重度の障害がある場合に，養育者に支給されます。特別児童扶養手当は，身体又は精神に中程度以上の障害をもつ20歳未満の人を養育している人に支給されます。これらの制度は養育者の所得，子どもの数，障害の程度等によって支給される金額が異なります。特別障害者手当は20歳以上の日常生活に特別の介護を要する在宅重度障害者に支給されます。年金生活者支援給付金は，老齢基礎年金や障害基礎年金，遺族基礎年金の受給者で一定の所得以下の人を対象に，年金に上乗せして支給されます。欧州諸国では，社会手当として，住宅費の過重負担により生活費が圧迫されるのを防ぐために，所得水準に応じて基準をこえる住宅費を補填する住宅手当制度を設けている国が多いです。日本には，企業内福利として住宅手当がありますが，社会手当として制度化されていません。大震災時や同和対策事業（第09章参照）では住宅保障がなされています。労働者が社宅・社員寮付の労働者が失業した際には，失業がホームレスに直結することが，2009年リーマンショックの際に社会問題化しました。このときの「緊急特別措置事案」が制度化され，現在「住居確保給付金」が求職活動継続を要件に実施され，コロナ禍でも活用されました。これらを踏まえれば，社会手当としての住宅手当制度もしくは住宅保障の制度の創設が必要となってきていると言えます。

▶5＿＿生活保護制度

「生活保護」は世帯収入が厚生労働大臣の定める最低生活費に満たない場合に適用され，租税を財源とした国が責任を持った無拠出の制度です。永住外国人や日本人の配偶者となった外国人にも適用されます。生活扶助，住宅扶助，教育扶助，医療扶助，介護扶助，出産扶助，生業扶助，葬祭費扶助等が，生活困窮度や内容に応じて支給されます。その認定の際に，世帯員が利用しうる資産，労働能力を最低限

---

*6) 生活保護問題対策全国会議が2007年に法律家・生活保護の実務家・支援者・当事者によって設立されています。http://seikatuhogotaisaku.blog.fc2.com/blog-category-18.html

度の生活を維持するために活用すること，扶養義務者の扶養が優先されます。他の所得保障制度の活用が優先され，それでもなお生活保護基準に満たない部分に関して適用されます。また活用にあたっては，生活保護の基準の健康で文化的な最低限度の生活を保障し自立を助長するという目的に合致しているかどうかが問われます。近年，生活保護基準の引き下げが政府によって実施されました。これは，地方自治体による低所得者支援の対象となる基準の引き下げや最低賃金にも影響するものであり，受給者により訴訟に持ち込めまれる事例が全国的に広がっています。[*6)]

　生活困窮者自立支援事業は2015年から施行された制度で，生活保護に至る前や，生活保護から脱却した人の自立支援の制度です。相談支援，就労準備支援，家計相談支援，子どもの学習支援，住宅確保給付金，一時生活支援事業などが整備されました。

▶6＿＿社会福祉施設・サービス制度

　「社会福祉施設・サービス制度」も租税を財源としています。児童福祉施設・サービスの主なものとしては児童相談所，児童家庭支援センター，助産施設，乳児院，母子生活支援施設，保育所・認定こども園，放課後児童健全育成事業（学童保育），児童自立支援施設，児童養護施設があります。また障害児の福祉のために，福祉型障害児入所施設，医療型障害児入所施設，児童発達支援，医療型児童発達支援，放課後等デイサービス，居宅訪問型児童発達支援，保育所等訪問支援等があります。

　老人福祉施設・サービスの主なものは，老人デイサービスセンター，老人短期入所施設，養護老人ホーム，特別養護老人ホーム，軽費老人ホーム，老人福祉センター，老人介護支援センター」などがあります。老人福祉の分野は，2000年から開始された介護保険制度がオーバーラップして，これとって代わられたようにみえますが，決して無くなったわけではありません。老人福祉制度は基本的には税によって運用されるのに対して介護保険施設・サービスの財源は保険料と税および利用者負担金によっています。その内容としては施設サービス（介護老人福祉施設，介護老人保健施設，介護医療院，介護療養型医療施設），居宅サービス（訪問介護，訪問入浴介護，訪問看護，訪問リハビリ，通所介護，通所リハビリ，短期入所生活介護，特定施設入所者生活介護，福祉用具貸与，居宅介護住宅改修支援等），地域密着型サービス（定期巡回・随時対応型訪問介護看護，小規模多機能型居宅介護，夜間対応型訪問介護，認知症対応型共同生活介護，看護小規模多機能型居宅介護等）があります。

　障害者福祉施設・サービスとしては，介護給付費（居宅介護，重度訪問介護，同行援護，行動援護，療養介護，生活介護，重度障害者等包括支援，施設入所支援），訓練等給付費（自立訓練，就労移行支援，就労継続支援，自立生活援助，就労定着支援，共同生活援助），自立支援医療，補装具費の支給，相談支援，地域生活支援事業等などがあります。

社会福祉施設・サービスの利用は，市町村役所もしくは相談機関に利用申請を行い，ニーズ認定（保育の必要の認定，要介護認定，障害支援区分等）された場合に認定内容に応じて，施設，サービスの利用ができるようになります。この他に，本人や保護者の申請による利用契約によらずに市町村の責任による措置利用の仕組みもあり，保育園の入所措置や児童養護施設への入所措置，養護老人ホームへの入所措置，障害者福祉施設・サービスの措置による利用の仕組みとなっています。

　日本の社会福祉施設・サービスは利用者負担が課されているものがほとんどです。社会福祉にふさわしいのは無料もしくは低額であり，負担は応能の税負担に限られるべきです。介護保険の利用者負担は，医療と同様の定率負担となっています。利用するサービスの量に応じて負担額が増大します。必要とするサービスが多いほど利用者負担額が増大することとなり，必要なサービスの利用を控えるような障壁となり，生存権保障理念に抵触するおそれがあるのです。日本の場合，生活保護世帯や住民税非課税世帯は利用者負担の減免がなされる場合がほとんどですが，これよりも所得が若干上回る世帯にとっては定率負担が重くのしかかることになります。

▶7___関連公共一般施策

　「関連公共一般施策」には「保健および公衆衛生」「医療」「住宅・生活環境」「教育」などを含んでいます。「保健および公衆衛生」には，保健に関わる事業の他，生活習慣病対策・感染症予防・公害対策・上下水道・食品衛生などが含まれます。社会の構成員すべての生命の安全と維持，健全な人間発達の条件を確保することを目的としたものであり，基本的には社会の構成員が負担する税を財源として実施されています。2019年に世界的に発生した新型コロナウイルスのような感染症の予防や検疫，検査，隔離保護，治療，拡大防止等にかかわる対策は，公費負担による公衆衛生としてなされることの重要性を私たちは再認識させられました。同時に，保健所や医療機関での検査治療体制の統合縮小や，マスクや防護服の確保難が大きな社会的危機につながることが明白になりました。

　「医療」では，医療法による医療を受けるものの保護，医師法や保健師助産師看護師法による免許制と業務独占の規制がなされています。社会福祉・介護福祉士は看護師と異なり資格制度による名称独占となっています。

　「住宅・生活環境施設」のうち，住宅はヨーロッパの先進国では，社会保障の中で基本的な要素として位置づけられている場合が多い。たとえばスウェーデンでは，家族構成に応じた最低居住水準の住宅の広さや設備を法制化し，その水準以上の居住上限を保障するために，所得水準に応じて住宅手当が支給されます。そのため，日本のように収入や仕事を失うことが住居を失うことに直結してホームレスに転落するというような事態は生じません。日本の場合は公営住宅法により低所得層や高齢・

障害者に特化した公営住宅の供給がなされていますが，それ以外の多くの人たちにとっては，住宅は私的に購入・確保するものとされており，社会保障としての性格は狭く限定されているのです。住宅地区改良法は不良住宅地区を面的に改良していく法的仕組みで，スラムや旧同和地区の環境改善がこれに基づいてなされました。

「教育」は権利の主体として社会で生きていくために必要なものです。このため，重度障害者を含めすべての人に義務教育が無償で保障されなければなりません。さらに教育を受けるために必要な費用を低所得者に保障するために，就学援助制度や各種の奨学金制度が用意されています[7]。

今日のグローバル社会においては，ここに挙げた制度のほかに，国連によって採択され，日本政府によって批准された国際条約や規約も，国内法と同様に，社会保障・社会福祉制度に影響しうることも踏まえておかなければなりません。1966年の「経済的，社会的及び文化的権利に関する国際規約」，1979年の「女子に対するあらゆる形態の差別の撤廃に関する条約」，1989年の「児童の権利に関する条約」，2006年の「障害のある人の権利条約」等が，社会保障・社会福祉の分野においても遵守されるよう国及び市民は監視する必要があります。

---

[7]　具体的な制度の内容については，厚生労働統計協会が各年度ごとに発表している『保険年金の動向』『国民の福祉と介護の動向』，全国生活と健康を守る会『くらしに役立つ制度のあらまし』，全国保育団体連絡会保育研究所『保育白書』等を参照。

第05章

社会保障・社会福祉と政治

　前章では日本での，狭義の社会政策，社会保障・社会福祉，公共一般施策の制度体系の特徴を見てきました。実はこの体系構成のされ方が，国やその歴史的な時期により異なります。この違いを生み出す政治構造の影響をこの章では考察することにします。

§1 __ 社会福祉の動向と三元構造

　制度体系の中でも社会福祉の制度は，日本の場合は第二次大戦後に形成され発展してきました。その中核的な部分は国家や地方自治体の責任で，国民諸階層の生活にかかわる諸困難に対応するものとして成立しています。その成立と変化の要因となった諸力は何なのか，それを問います。なぜなら憲法に生存権保障が明記されているからと言っても，前章で見たような具体的な制度が憲法成立と同時に自動的に整えられたわけではありません。それは，人々の長年の努力の結果であり，今後も変化し続けていくものです。その動向を左右する主要な要因を「対象」「社会運動」「政策主体」の三つの要素で把握し，それらが出そろったことが，国民の権利としての社会福祉が成立し，その発展の道筋が切り開かれたと捉えたものが，真田是の「三元構造論」[*1]です。図示すると▶図5-1のようになります。

　まず，出発点して社会福祉の「対象」が存在します。資本主義社会のメカニズムのもとで，勤労諸階層とその家族や個人に発生する，生活と人間発達を困難にする社会問題のことです。「社会的事故」あるいは「社会的なリスク」として把握されてきました。これは社会問題の受難者のねがいや要求の客観的根拠ともなるものです。このような社会問題は第二次世界大戦前にも存在はしていました。しかし，社

---

*1)　真田是（1971）参照。ただし，真田の三元構造論提起の当初は，対象は客観的なものとされていました。しかし現実には主体の立場によって対象の認識と社会問題化される仕方にバイアスがかかり，客観的な対象がそのままの形で認識されるわけではなく対象設定自体が論争的であることに注意が払われなければなりません。また，「政策主体」という表現はなお抽象的であり，議会や官僚機構を含めたより具体的な把握が必要です。

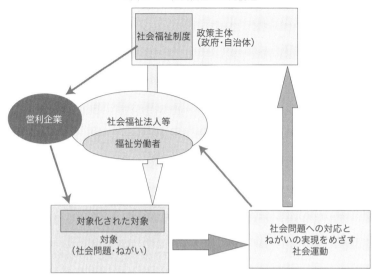

▶図5-1　社会福祉の三元構造

会運動が，抑圧され，社会問題は潜在化させられていました。

　「社会運動」とは，対象としての諸困難を「社会的な」要因を持った問題と捉え，その諸困難の解消へのねがいや要求の実現をめざす様々な「社会運動」のことです。その中でも，客観的に存在する対象としての諸問題を憲法25条に照らして国・地方自治体の責任において対応されるべき社会問題であると社会に提起し，国民的な支持をバックにして国や地方の議会の場において社会問題対策のための法制度の創設もしくは拡充を迫る社会運動が社会福祉にとっては重要です。第二次世界大戦前の日本では，このような社会運動は抑圧され，憲法25条のような社会福祉国民の権利として認める法規範が存在していませんでした。しかし，第二次世界大戦後は，社会問題の受難者である当事者・家族の運動，それを支持し予防的な観点から自らの問題ととらえて連帯した市民運動，医療・福祉従事者の運動，女性の権利の平等化をめざす運動その他の広範な民主主義諸運動が公然と登場し発展してきました[*2]。社会福祉に関わる要求を掲げたこれらの社会運動が大きな社会的な影響力を持ち，統治者の政治的配慮の課題として取り上げるようになった時に，国や地方自治体レベルでの「政策主体」が対応に動き出すわけです。社会問題の受難者が存在し

[*2]　篠崎次男編著（2006）。村山佑一他編（2014）。吉本哲夫（2007）。母親運動三十年史編纂委員会編（1987）。

ていても，社会運動を介して政治問題にならなければ政策主体は対応に動きません。女性参政権がない時代に女性が被っていた社会問題は小説の題材にはなっても，問題の具体的な軽減は大きく阻まれていました。戦後も本土復帰前の沖縄では社会問題を提起する運動が統治者のアメリカ軍に抑え込まれ，憲法規範の発動は大きく制限されていました。現代においても政治的権利を制限された外国人労働者の問題などは，社会運動と政策主体へ働きかけるチャンネルに困難が伴っています。

　さらに，この社会運動の領域には，政権党と結びついた利害団体やいわゆる圧力団体の存在も影響します。政権党はみずからの支持基盤を確保するために，そのような団体を培養し，政権与党所属議員をそのパイプ役にして政策主体とつながっている場合があります。さらに社会問題の解決を求める社会運動団体が利益供与によって分断されることもあります。[*3]

　「政策主体」とは，国や地方自治体レベルでの社会福祉制度の確立と執行に支配的な力をもつ主体のことです。それは国や自治体の政治を支配する勢力と言い換えることもできます。この勢力を人格的に特定することは難しいです。しかし，時の政権担当者や行政機関の官僚組織，審議会委員あるいは議会内の政権与党勢力，政治に支配的影響力をもつ経済団体，支配的な政治・経済界とつながった商業マスコミなど，多様な人的・組織的なネットワークを通じて「政策主体」の意思が形成されます。しかし，民主制が活きている国ではこの「政策主体」の意思はストレートに実現し貫徹するわけではありません。制度・政策を審議する議会は多様な立場の利害と民意を反映する重要な場となっており，そこでの力関係は議会議員選挙制度と選挙の結果が生み出す議席数に大きく左右されます。それだけでなく国民や住民の議会外での社会運動の広がりやメディアによる報道も議会での審議に影響を与えます。また，地方行政機関の首長も選挙でえらばれるために民意の影響を受けます。行政機関で働く公務員の職業倫理や労働組合運動が，「政策主体」の意思の貫徹の仕方に影響を与えることもあります。以上の諸力が作用し最終的には議会の多数派が合意する水準に制約されて法制度が成立します。制度成立後も公務員労働者の働き方が，制度・政策の執行過程に影響を与える余地があります。

　こうしていったん成立した法制度が対象とする具体的な諸問題は，社会運動の成立基盤となった「対象」のすべてをカバーすることは稀です。むしろ財政的な制約，費用対効果，効果の政治的帰結（しばしば政権を支持する勢力の培養効果）等を計算しながら，「対象」の中から「制度が切り取る対象」が恣意的に限定されます。この

---

*3)　戦没者に対する援護制度は，遺族会組織とそれを支援する保守勢力の国会議員を介して政権党の支持基盤となってきたことはよく知られています。社会福祉業界でも政権党の集票組織がつくられることがあります。

制度によって切り取られて法制度の対象とされたものを，当初の社会運動を成立さ
せた「対象」とは区別して，「対象化された対象」と呼びます。ここに，「政策主体」[*4]
による政治的判断が濃厚に現れます。もし，議会での力関係が，社会問題への対応
を要求した運動を基盤とする勢力に有利であれば，制度によって「対象化された対
象」は，当初の「対象」の多くをカバーするようになるでしょう。逆に，議会での
力関係が提起された諸問題への対応を重視しない勢力に優勢であれば，「対象化さ
れた対象」は当初の「対象」よりもかなり狭くなるでしょう。こうして制度の対象
とならず「制度の谷間」に放置される社会問題やねがいが生ずることになるのです。

§2 __ 社会福祉事業者と福祉労働者の二重性と二面性

　成立した制度により切り取られた「対象化された対象」に働きかけ，所得保障や，
相談・保護・援助等の施設・サービスの提供業務を行う社会福祉労働の直接の担い
手は「社会福祉労働者」です。この社会福祉労働者は社会福祉事務所や更生相談所
や児童相談所等の行政機関で働く公務員がいます。公務員以外にも，社会福祉法人
やNPO法人，また株式会社等の営利企業等で雇用されて働く民間の福祉労働者も
多数います。彼／彼女らは自らの労働力を販売し，雇用主の指揮監督の下で働く一
般の賃金労働者としての性格を有しています。同時に，福祉を必要とする人に対し
て社会福祉サービスを提供する専門職としての性格も有しています。
　同様に社会福祉施設・事業者も，制度によって切り取られ「対象化された対象」
にサービスを供給する役割を担い，そのことを通して経営体として存立するための
基本的な事業収入を確保するという経営体としての一面を持っています。そして，
もう一つ，国民の生存権を保障するために必要な相談・支援業務を行う第一線の社
会福祉サービス供給業者としての側面をもっています。このように施設・事業者も
福祉労働者と同様に二重性を持っています。
　さらに，福祉労働者の専門性や福祉施設・事業者の公的責任には二面性がありま
す。それは，政策主体の意図を貫徹する担い手としての側面と，利用者国民の立場

---

*4）　このような「三元構造論」を「運動論」と名付ける論者がありますが，運動だけではなく，対
　象と運動と政策主体の成立とその動向によって，社会福祉の成立をとらえようとする客観的な方
　法論であることの理解を妨げる命名と言えます。また，社会福祉政策の形成は高級官僚による影
　響が大きいとする議論があります。副田義也（2014）などがその典型です。しかし，高級官僚の
　動きも，三元構造の成立が背景となって作動していると見ることができます。三浦文夫の「ニー
　ド論」は真田是の示した「対象化された対象」を，社会問題としての対象との関連を切り離した
　把握の仕方だととらえることもできます。石倉康次（2012）210頁。

に寄り添ってその権利保障のために働く側面との二面性です。

　この二重性および二面性のために，社会福祉労働者と社会福祉事業者は，いくつかの矛盾した局面に立たされることがあります。①「制度によって切り取られた対象」であるにもかかわらず，声を上げられず潜在化している人や，複合的な生活問題を抱えた人が自らに保障された権利を行使するのをためらっている場合に権利主体として登場できるよう手間をかけた継続的な支援を行う使命があります。しかしその業務が福祉労働者や経営体に過重な負荷をかけることもあります。②生存権保障の対象として放置し得ない問題を抱えた人々であることは明白であるにもかかわらず，既存の「制度の対象」から外れて制度の谷間に放置されてしまう人を前にして，福祉労働者や福祉事業者は制度の裏付けがないために，自前の資源を動員しつつ対応を余儀なくされる，という場面に遭遇することもあります。また，③「制度によって切り取られた対象」を拡大するための制度拡充につながるソーシャルアクションを行っていく福祉労働者や事業者もあれば，現行制度の対象範囲に業務を限りそれ以上のことには消極的な福祉労働者や事業者もあります。④「制度が切り取った対象」にサービスを提供する民間事業者の現場で発生した事故に対して，しばしば直接担当した福祉労働者と事業者に責任が帰せられる場合があがる一方で，制度に責任をもつ行政機関（政策主体）の責任は不問にすべきではないのではないかという議論も当然出てきます。生存権保障の最終責任を負う国・地方自治体はこれらの諸問題にどう対応するのかということは政治的な問題になり得ます。このようなジレンマに立ち向かうためには，制度の改善・拡充や改革を視野に入れた，「ソーシャルアクション」への関与が不可避となるでしょう。

§3　　社会保障・社会福祉制度の類型

　前節（§2）では，社会福祉の制度の成立には，生命と生活の再生産と人間発達の諸困難といった「対象」の成立と，それらの問題への社会的対応を迫る「社会運動」そして，対象を統治の観点から切り取り「対象の対象化」を行って制度・政策の成立を主導する「政策主体」，これらの三元構造により成り立っていることを確認しました。さらに福祉労働と社会福祉事業体には二重性ないし二面性という矛盾的構造を有していることを確認しました。このような構造は，社会保障・社会福祉制度の存立のメカニズムを社会全体の構造と関連させてとらえることによって把握できるものです。

　勤労者の生命と生活の再生産は，①国家責任による社会保障・社会福祉の制度による給付だけで完結するものではありません。②関連公共一般施策（保健および公

衆衛生，医療，住宅・生活環境設備，教育等）も基盤的な条件となっています。さらに，③働いて得た賃金収入などよって私的に市場で購入される生活物資やサービス商品によって生活がまかなわれる部分もあります。働く事業所によって提供される社宅や福利厚生サービスも生活を支えます。④家族・親族・コミュニティーによる助け合いなどの共同的な活動も，生命と生活の再生産のために不可欠な要素です。①や②は公的制度であり，③は賃金による商品購入や直接雇用者により賃金と合わせて提供されるサービスで商品市場と労働市場において私的に確保されるものです。④は家族・親族やコミュニティあるいは教会やNPO組織によって提供される共同的サービスです。これら四つの要素の内，歴史的には，④は古くからあり，資本主義経済の浸透が進めば進むほど③に依存する部分が多くなり，第一次大戦後の社会保障の発展，そして第二次大戦後の社会福祉の発展により①や②の要素が広がって来たと大まかにはとらえることができます。

　しかし，実際にはこれら四つの要素の組み合わせには，それぞれの国の歴史や政治的諸勢力の同盟や力関係が影響して多様なバリエーションがあり得ます。その多様なバリエーションから一定の類型分類が可能であることを膨大なデータの解析をもとに実証的にあきらかにしたのがデンマークの社会学者エスピン・アンデルセンです。彼は次のように述べました。

　　「一連の資本主義的民主主義体制を見たとき，福祉にどれほど重きを置くかは明らかにそれぞれの国で大きく異なっている。たとえ国家による支出や対人サービスの大部分が福祉目的であるという点では同じでも，供給されている福祉の質という点では相違がある。また，福祉，法と秩序，企業収益の拡大や貿易の推進といった，一連の国家活動にどのような優先順位をつけるかという点でも違いがあろう」。「諸階級が政治的にいかなる連合を形成したかというその歴史的展開こそが福祉国家のバリエーションをうみだした最も決定的な要因であった[*5]」。

　この見方は，政治の要素を重視する点で，日本の社会政策論の系譜をひいた「三元構造論」と共通するところがあります。アンデルセンは，1990年に提起した最初の類型論に対する，福祉フェミニズム研究者等からの批判も吟味したうえで，年金，疾病・失業給付，家族に対するサービス，公的保育，高齢者のホームヘルプ，労働市場・雇用政策などの特質の分析を総括し，1999年に新たに三つの類型とそれに該当する国々を再提示しました。①保守主義レジーム，②社会民主主義レジーム，③自由主義レジームの三つの類型がそれです。エスピン・アンデルセンは，それぞれの類型ごとの特質を次のように再定義し，該当する国を挙げました[*6]。

---

*5)　エスピン・アンデルセン（1990, 2001）序文。

まず，①「保守主義レジーム」はドイツ，オーストリア，フランス，ベルギー，イタリア，スペインなどの大陸ヨーロッパの国がこれにあたります。これらの国は「キリスト教民主主義ないし保守政党の連合による政治指導を経験している」という政治的な特徴付けがなされます。これらの国は，健康保険や年金制度は職業別のグループごとに分かれている。社会保険が中心で，雇用関係から外れた人には特別な残余的な制度で対応する。一家の稼ぎ手としての男性に偏った社会的保護の仕組みで家族での対応を前提としており，既婚女性の仕事の継続を阻害する傾向がある。そのような家族が機能していない人には残余的に対応する仕組みとなっている。とされています。

　次の，②「社会民主主義レジーム」はスウェーデン，デンマーク，フィンランドなどの北欧諸国がこれにあたります。「社会民主主義（政党）の数十年間にわたる強力なヘゲモニーを握った支配が生み出した政治的産物であった」とされています。これらの国の福祉政策の特徴は，すべての国民を対象とした普遍主義にもとづく高い水準の福祉給付，保健・医療サービス，女性の労働市場参加を支える保育や高齢者ケアの平等な提供がなされている。また平等を最大限に拡大するために市場化は抑制するよう努力している。雇用・失業問題に対しては新しい分野の労働需要に対応するよう職業教育や訓練によって転職を支援する積極的労働市場政策を推進している。彼はこのような特徴づけをしています。

　三つめの③「自由主義レジーム」はアメリカ，カナダ，オーストラリア，アイルランド，ニュージーランド，イギリスなどのアングロ・サクソンの国です。これらの国は「社会主義運動やキリスト教民主主義運動が弱かったり，事実上なかったりするような国」とされている。リスクが社会的であるとされる範囲が狭く，社会保障で対応される範囲は狭く限定されている。受給の際には資力調査や所得調査を行うことに積極的。市場での対応が奨励され，市場が機能せず取り残されたものにのみ社会的に対応する残余主義となっています。また労働市場の規制を撤廃することが最優先されている。このように特徴づけられています。戦後長い期間労働党が政権をとり「ゆりかごから墓場まで」との標語で知られるイギリスを知る人は，イギリスをこのレジーム類型に分類することに違和感があるかも知れません。しかし保守党のサッチャーが政権の座についていた80年代以降のデータにもとづいて分析されたためにこのように結論づけられているのです。

　このエスピン・アンデルセンは日本を保守主義レジームに含めて論じていますが，むしろ「保守主義レジーム」の要素と「自由主義レジーム」の要素が併存しつつ後者に移行しつつあるように見えます。

---

*6)　エスピン・アンデルセン（1999，2000）。

§4 __ 社会保障・社会福祉の三類型と日本の特質

　このエスピン・アンデルセンの三類型に，日本がうまく座りきらないという問題に着目した大澤真理は新たに，「生活保障システムの類型」という視点を提示しました。大澤の言う「生活保障システム」とは，「家族や企業，およびコミュニティーや非営利組織」など制度・慣行と「社会政策」とが「接合」されたものであるとしています。大澤の言う「社会政策」には「中央政府」や「地方政府」による「社会保険や公的扶助からなる社会保障とともに税制（以上が所得移転とも呼ばれる），保育や教育，保健・介護といった社会サービスを含み，さらに雇用政策や労働市場の規制を視野に入れる」としています。これは，前章で見た「広義の社会政策」にほぼ重なります。大澤が提起する類型は①「男性稼ぎ主」型と②「両立支援」型と③「市場志向」型の三つの生活保障システムです。これをみるとジェンダー視点がベースにあることが読み取れます。それぞれの特質について大澤は次のように整理しています。[*7]

①　「男性稼ぎ主」型生活保障システム（大陸ヨーロッパ諸国と日本）
　「壮年男子に対して安定的な雇用と妻子を扶養できる「家族賃金」を保障するべく，労働市場が規制される（保障がすべての男性にいきわたるわけではない）。それを前提として，男性の稼得力喪失というリスクに対応して社会保険が備えられ，妻は世帯主に付随して保障される。家庭責任は妻がフルタイムで担うものとされ，それを支援する保育，介護等のサービスは，低所得や「保育に欠ける」などのケースに限って，いわば例外として提供される」。
　「南欧諸国と日本では，サードセクターないし社会的経済が果たす役割も大きくないと考えられる」。「これに対して大陸諸国では，キリスト教系や赤十字系，政党系などの非営利組織が福祉サービスの提供者として位置づけられてきた」。
②　「両立支援」型生活保障システム（北欧諸国）
　「1970－80年代の積極的労働市場政策の展開，社会福祉サービスの拡充，そしてジェンダー平等化とともに，女性も職業と家庭や地域での活動を両立する，つまり稼ぐとともにケアもする（べき）と見るようになった。男女各人が本人として働きにみあった処遇と社会保障の対象となり，家庭責任を支援する社会サービスの対象ともなる」。
　「雇用半等のための規制とともに，児童手当，乳幼児期からの保育サービス，高齢者介護サービスや育児休業などの家族支援が制度化される。また，税・社会保険料を負担する単位は世帯でなく個人になり，税の家族配慮は控えめとなり，遺族給付が廃止される。社会サービスは政府部門から提供される割合が高く，非営利アソシエーションが活発なのは，市民

*7)　大澤真理（2007），7頁，54－55頁。

の自己啓発や権利擁護の分野となる」。
③　「市場志向」型生活保障システム（アングロサクソン諸国）

　「家族の形成を支援する公共政策は薄く，労働市場の規制は最小限である。賃金は成果に
みあうものとされ，生活保障を意図しないが，企業にとって価値があるとみなされる労働
者には，相当に厚い企業福祉が提供される場合がある。非営利共同組織や協同組合の規模
は中位のレベルにある」。

　大澤の類型はエスピン・アンデルセンの類型に似ているように見えますが，類型
の方法が異なります。大澤は自らの類型について「性別役割や性別分業（ジェンダー）」
が「基軸をなしている」と言い，「生活保障システムの制度設計は（中略）ジェンダー
関係の「実態」（中略）そのものを形成する力のひとつである」と強調しています。
これに対してエスピン・アンデルセンは「諸階級が政治的にいかなる連合を形成し
たか」という点を基軸に類型を捉えようとしました。つまり，アンデルセンには「
政治」が基軸となっているのに対し，大澤には政治よりも，ジェンダー視点からの
制度設計のあり方という政策技術に分析の関心が注がれているとみることができま
す。このために，ジェンダーに関連する異なった類型を形成する政治的力関係への
着目は薄くなっています。この弱点は実際には意図しない結果をもたらしかねませ
ん。

　社会保障・社会福祉の財政抑制を求める政治勢力が，ジェンダーの論理を盾にし
て，社会保障・社会福祉を個人化する形式を使って，実際には社会保障・社会福祉
への財政負担や事業主負担を削減し再分配を弱めていく政策提案が政府から試みら
れることがあるからです。ジェンダー視点のみにとらわれると，その提起に隠され
た財政抑制や事業主負担回避の意図を不問にして賛成することになりかねません。
ジェンダー視点と政治のファクターとを組み込んだ批判的な分析視点の確立が求め
られると言えるのではないでしょうか。

第06章

社会保障・社会福祉の財源問題

　雇用・労働に関わる社会政策と社会保障・社会福祉が政治と密接な関連性があり，福祉国家の類型を形作っていることを前章では見ました。その政治とは諸勢力の政治的力関係であり，その歴史的な蓄積の影響力のことです。それが端的にあらわれるのは，社会保障・社会福祉の財源負担とその構造なのです。

§1 ＿ 社会保障・社会福祉の財源抑制の是非が国政の争点に

　今日の日本では，社会保障の財源を抑制することの是非が国政の争点になってきています。たとえば，衆議院総選挙中の2017年10月8日に行われた日本記者クラブ主催の党首討論会で，国の財政赤字をどう削減していくのかとの記者の問いに，当時の安倍総理大臣（自民党総裁）は「無駄遣いをなくしている。社会保障費，毎年1兆円伸びていくと言われているものを，5000億以下に圧縮しています。小泉政権の時に毎年2200億，わたしたちの半分なんですが，これはしかし5年間できなかった。3年間しか。それもできなかったのをですね，我々，連続5000億以下に圧縮しております。そうした努力は続けていく」[*1)]と断言しました。その後総選挙が与党の議席維持で終わった直後，当時の日本経団連の榊原会長は，「安倍政権には，国民の痛みを伴う改革にも取り組んでもらいたい。計画通りの消費増税の実行や社会保障制度の改革に思い切って，勇気を持って取り組むよう，政府与党の強力なリーダーシップを期待している」などと強いハッパをかけました。

　これに先立つ，2013年8月内閣の下に設置された「社会保障制度改革国民会議」（会長：清家篤）は「確かな社会保障を将来世代に伝えるための道筋」との副題をつけた報告書を発表しています。その報告の冒頭で会長は次のように述べていました。

　「高齢人口の比率は既に総人口の4分の1となりました。これに伴って年金，医療，介護

---

*1)　NHK「2017衆院選　党首は何を語ったか　日本記者クラブ主催党首討論会」記録https://www3.
　　nhk.or.jp/news/special/touron2017/

▶図6-1　安倍政権下の社会保障関係費用の推移と抑制経過

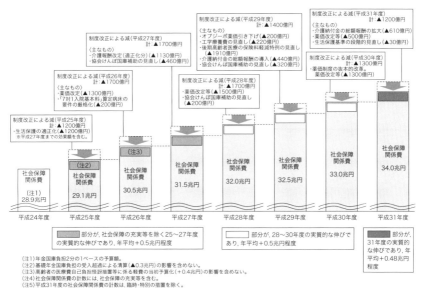

（出典）第28回社会保障審議会「今後の社会保障改革について」2019年より。

などの社会保障給付費は，既に年間100兆円を越える水準に達しています。この給付を賄うため，現役世代の保険料や税負担は増大し，またそのかなりの部分は国債などによって賄われるため，将来世代の負担となっています。そのこともあり，日本の公的債務残高はGDPの2倍を超える水準に達しており，社会保障制度自体の持続可能性も問われているのです」「社会保険料と並ぶ主要な財源として国・地方の消費税収をしっかりと確保し，能力に応じた負担の仕組みを整備する[*2]」

ここでは，人口の高齢化が社会保障給付費を増大させていること，このままでは社会保障給付が増え国の借金である国債発行の増加が避けられないこと，それは将来世代の負担になること，社会保障制度を持続させるために消費税の増税と能力に応じた負担が必要であることなどが強調されています。この提起を実行に移すべく，安倍政権は，2014年4月に消費税を5％から8％に増税し，2019年10月にはさらに10％に増税しました。これと合わせて，社会保障関係費の伸びを抑制して来たことは，厚労省作成資料（▶図6-1）に現れています。

この経緯をみれば，政治的な立場を超えて，社会保障関係費の伸びの抑制は，やむを得ないように見えますし，政治的立場を超えた問題だと捉える人もあるでしょ

---

*2）『社会保障制度改革国民会議報告──確かな社会保障を将来世代に伝えるための道筋』2013年8月6日。

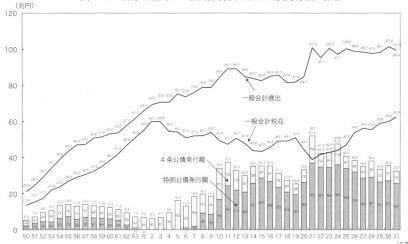

▶図6-2　政府の歳出と一般会計税収および公債発行額の推移

（注1）平成29年度までは決算，平成30年度は第2次補正後予算案，平成31年度は政府案による。
（注2）公債発行額は，平成2年度は湾岸地域における平和回復活動を支援する財源を調達するための臨時特別公債，平成6～8年度は消費税率3％から5％への引上げに先行して行った減税による租税収入の減少を補うための減税特例公債，平成23年度は東日本大震災からの復興のために実施する施策の財源を調達するための復興債，平成24年度及び25年度は基礎年金国庫負担2分の1を実現する財源を調達するための年金特例公債を除いている。
（注3）一般会計基礎的財政収支（プライマリー・バランス）は，「税収＋その他収入−基礎的財政収支対象経費」として機械的に計算したものであり，SNAベースの中央政府の基礎的財政収支とは異なる。
（注4）平成31年度の計数は，一般会計歳出については，点線が臨時特別の措置に係る計数を含んだもの，実線が臨時・特別の措置に係る計数を除いたもの。
また，公債発行額については，総額は臨時特別の措置分も含めた計数。（）内は臨時・特別の措置に係る建設公債発行額。

（出典）財務省主計局（2019）「我が国の財政事業（平成31年度予算政府案）」。

う。ところが，次の3つの事実をみれば，そうとも言えないのです。

　まず第一に，国家財政の赤字を増加させ，国債発行の増発を生み出したのは，社会保障費の増大ではない，ということです。国家財政の赤字を示す歳出が税収を上回っているのは1985年以前からであり，国家財政の収支のバランスを崩したのは，70年代から発行が急増した建設国債の償還時期が来たこと，さらにバブルがはじけた1990年代以降の税収の低下が国家財政赤字の大きな原因であることにあります（▶図6-2）。この税収不足を穴埋めるために国債発行がなされてきたとも言えるのです。

　第二に，1990年代以降，法人税の税収減と，勤労者所得減による所得税収入減がつづき，それを穴埋めするかのように消費税の増税が行われてきたのが実態です（▶図6-3）。

　第三に，国の一般会計歳出の主要経費で大きいのは，社会保障関係（2017年では32兆5千億）とならんで過去に発行した国債の償還費用（23兆5千億）なのです（▶図6-4）。にもかかわらず，国民の生存権にかかわる社会保障費削減を第一に挙げるところに，社会保障以外の施策のための財源を確保しようとする政治力もしくは配慮が働いていると見ざるを得ないのです。

▶図6-3　政府一般会計の税収と主要三税の推移

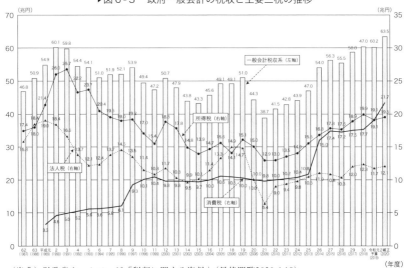

（出典）財務省ホームページ「税収に関する資料」（最終閲覧2020.6.18）。

▶図6-4　国の一般会計歳出の主要経費

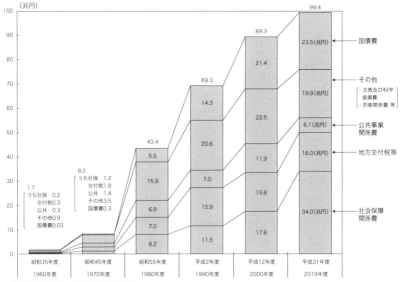

（注1）平成12年度までは決算，平成31年度は政府案による。
（注2）平成31年度の計数は，臨時・特別の措置に係る計数を除いたもの。

（出典）財務省主計局（2019）「我が国の財政事業（平成31年度予算政府案）」。

§2 _ 社会保障・社会福祉の財源構造

▶1 _ 「社会保障財源の全体像」とその問題点

次の▶図6-5は，社会保障制度全体の財源投入の規模と社会保険料・国庫負担・地方自治体による公費負担等の財源構造を示すために厚労省が作成した図です（金額と財源配分の規模は2018年度当初予算ベース）。

この図の外側には，社会保障全体のために投じられた社会保険料，国庫負担，地方自治体による公費負担，さらに年金等の積立金運用などによる資産収入等が示されています。内側には右から，①社会保険料によって財源が確保される社会保険制度（厚生年金から組合健保まで），②主として社会保険料により財源が確保されこれに国庫負担が付加されている社会保険制度（協会けんぽ，雇用保険），③社会保険料が財源の半分を占め，残り半分を国庫負担・地方自治体の公費負担によって財源が確保される社会福祉保険制度（介護保険，後期高齢者医療制度，国民健康保険，基礎年金），④国庫負担が2分の1で都道府県と市町村の公費負担がそれぞれ4分の1ずつ負担している社会福祉制度の児童・障害福祉（ここには老人福祉が記されていないのは問題

▶図6-5　社会保障財源の全体像

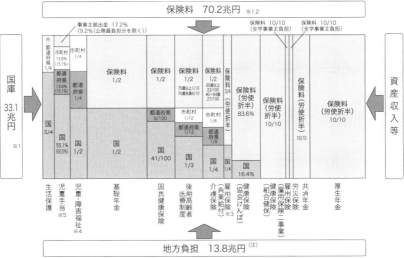

(注)※1　保険料、国庫、地方負担の額は2018年度当初予算ベース。※2　保険料は事業主拠出金を含む。※3　雇用保険（失業給付）については、2017〜2019年度の3年間、国庫負担（1/4）の10%に相当する額を負担。※4　児童・障害福祉のうち、児童入所施設等の措置費の負担割合は、原則として、国1/2、都道府県・指定都市・中核市　児童相談所設置市1/2となっている。※5　児童手当については、2018年度当初予算ベースの割合を示したものであり、括弧書きは公務員負担分を除いた割合である。

(出典) 厚生労働省「社会保障制度改革の全体像」2018年。

です。その額が少額になり，介護保険に多くが取って代わられているためと思われます），⑤国庫負担と地方自治体の公費負担の他に事業主の拠出金が投入されている児童手当，⑥国庫負担が4分の3，都道府県市町村が4分の1公費負担する生活保護等が，その財政規模に応じた幅で財源構成が視覚的にわかりやすく表現されています。

　ただしこの図を見る場合，2つの点に注意が必要です。一番大きい問題は，利用者負担の額が除外されていることです。医療費の窓口負担が75歳以上の高齢者をのぞき，医療を受ける際に3割の負担金を2003年以降支払っていますが，その額は反映されていません。介護保険サービスを利用する場合も所得に応じて1割から3割の利用者負担が課せられます。福祉施設では食費や住居費の負担も課せられるようになっていますが，その額は図に表されてはいません。二つ目の問題は，介護保険料の事業主負担分が省略されていることです。介護保険の保険料のうち，40歳から64歳までの医療保険加入の2号被保険者の保険料が介護保険費用の27%をカバーするように設定されています。この分の保険料負担は被保険者と事業主が折半で負担することになっています。この両者が医療保険組合から介護保険に移転されます。介護保険制度の成立時期に財界団体の日経連からは企業内福利での判断にせよとして事業主負担に反対する意見が出され，介護保険料負担層を現在の40歳以上ではなく，障害者福祉を統合して20歳以上からにせよという意見も出しました。これらの異論を押しての妥協の産物でした。[*3)] その結果として40歳以上の現役労働者の保険料は，事業主にも負担を要請する制度になっていることを，上の厚労省作成の図は曖昧にしています。事業主を除く被保険者の相互扶助制度のように見えますが，それは事実と異なるのです。

▶2＿＿社会保障関係費用の収支状況

　この財源構成について，2017年度の実際の収入金額を示すと，▶表6-1のようになります。この表には，公共一般施策に含まれる国費及び公費を財源とする公衆衛生（公費負担医療を含む）および就学援助も示されています（ただし「主な制度」の欄は煩雑となるため総計を構成するすべての制度項目を網羅していません）。▶図6-5で示された諸制度の財源の構成が金額で具体的にわかります。少し補足する必要があるのは，国民年金には基礎年金が含まれ，他の年金制度からの移転額も大きいこと，後期高齢者医療制度には他の医療保険からの移転額が含まれていることです。また，厚生年金保険の資産収入欄は年金積立金による運用益が多くをしめています。2017年度の運用益は10兆円余ありました。さらに，社会福祉法人で働く職員を対

---

*3)　日経連（1995），高齢者介護についての基本的考え方。原清一（2010），介護保険制度の導入をめぐる政治過程，志學館法学第8巻1号。

▶表6-1　社会保障関係費用の収入構成（2017年度，単位：百万円）

		拠　　出		国庫負担	他の公費負担（都道府県・市町村）	資産収入	その他	小　計	他制度からの移転	収入合計
		被保険者	事業主							
主な制度	雇用保険	529,340	1,058,334	24,424	–	728	661,268	2,274,095	–	2,274,095
	労働者災害補償保険	–	869,244	153	–	128,608	217,343	1,215,349	–	1,215,349
	組合管掌健康保険	4,140,389	4,867,312	77,557	–	38,500	601,686	9,725,444	291	9,725,735
	全国健康保険協会管掌健康保険	4,869,387	4,796,038	1,251,710	–	–	18,221	10,935,356	0	10,935,356
	厚生年金保険	15,472,083	15,472,083	9,540,734	–	10,020,126	1,832,721	52,337,745	5,191,530	57,529,275
	国民健康保険	3,306,806	–	3,653,720	1,860,235	–	565,950	9,386,712	3,944,619	13,331,331
	後期高齢者医療制度	1,191,680	–	5,049,229	2,753,617	–	589,834	9,584,360	6,175,585	15,759,944
	国民年金	1,396,426	–	1,986,418	–	590,757	1,034,380	5,007,982	20,030,340	25,038,322
	介護保険	2,242,941	–	2,409,304	3,022,832	360	305,184	7,980,621	2,723,340	10,703,961
	児童手当	–	602,597	1,206,046	812,879	–	138,717	2,760,238	–	2,760,238
	生活保護	–	–	2,806,320	934,789	–	–	3,741,109	–	3,741,109
	社会福祉	–	–	3,537,455	3,037,156	–	–	6,574,611	–	6,574,611
	社会福祉施設職員等退職手当共済制度	2,720	57,849	51,397	29,736	4	2,871	124,576	–	124,576
	公衆衛生	–	–	590,784	155,900	–	–	746,684	–	746,684
	就学援助・就学前教育	–	–	86,148	79,241	–	–	165,389	–	165,389
総　　計		37,364,706	33,433,170	33,316,676	16,610,194	14,114,511	6,730,003	141,569,260	43,018,673	184,587,933

（出典）国立社会保障・人口問題研究所「社会保障費用統計（平成29年度）」により作成。
注）「その他」は基金からの受け入れ等。「他制度からの移転」には前期高齢者交付金，後期高齢者支援金，退職者医療に係る療養給付費交付金，日雇特例被保険者に係る拠出金，基礎年金交付金，介護給付費交付金等が含まれる。

象とした社会福祉施設職員等の退職手当共済制度を掲載しています。この財源は事業主の拠出金の他に国庫負担及び地方自治体による公費負担が含まれます。しかし，介護保険施設職員や障害福祉施設職員は企業参入が解禁されたため，企業との「公平性」「イコールフッティング（競争条件を同等にする）」を理由に補助金の削減が進められてきました。総計をみると，社会保険被保険者拠出金が37兆円，事業主拠出金が33兆円，国庫負担金が33兆円，地方自治体の公費負担が16兆6千億円，資産収入14兆円で，収入の小計は141兆円，他制度からの移転を含む収入合計は184兆円となっています。

　次に，2017年度の支出と収支差を示します（▶表6-2）。給付計の欄をみると厚生年金と国民年金（基礎年金を含む）の給付がそれぞれ20兆円を超える高額となっており，それに次ぐのが後期高齢者医療制度14兆8千億で，介護保険が9兆8千億，国民健康保険が9兆5千億となっています。いずれも老後生活と疾病や介護のリスクが高くなる高齢者を主たる対象とする制度であり，給付金額の上位を占めるのは当然でといえるでしょう。厚生年金の収支差がプラス11兆円となっています。これは資産収入が10兆円あった（▶表6-1）ことが影響しています。また，社会福祉の給付計が6兆3千億で，生活保護の3兆7千億を大きく上回るようになってきてい

▶表6-2　社会保障関係費用の支出構成（2017年度，単位：百万円）

		支出							収支差
		給付計	管理費	運用損失	その他	小計	他制度への移転	支出合計	
主な制度	雇用保険	1,781,911	95,836	–	77,355	1,955,102		1,955,102	318,993
	労働者災害補償保険	864,932	50,688	–	59,838	975,458	13,545	989,003	226,346
	組合管掌健康保険	4,289,521	138,153	–	244,023	4,671,697	4,348,340	9,020,036	705,699
	全国健康保険協会管掌健康保険	5,885,200	109,496	–	13,595	6,008,291	4,477,129	10,485,419	449,937
	厚生年金保険	23,543,722	199,920	–	22,663	23,766,306	22,732,539	46,498,845	11,030,430
	国民健康保険	9,569,700	254,946	–	305,588	10,130,234	2,590,673	12,720,907	610,424
	後期高齢者医療制度	14,840,581	74,859	–	398,938	15,314,378		15,314,378	445,566
	国民年金	22,966,071	149,500	–	51,746	23,167,316	717,796	23,885,109	1,153,213
	介護保険	9,897,307	247,909	–	133,028	10,278,244	–	10,278,244	425,717
	児童手当	2,575,016	1,996	–	30,229	2,607,241	–	2,607,244	152,997
	生活保護	3,711,804	40,305	–		3,741,109	–	3,741,109	
	社会福祉	6,361,245	34,513	–	178,853	6,574,611		6,574,611	
	社会福祉施設職員等退職手当共済制度	116,336	694	–	–	117,030	–	117,030	7,545
	公衆衛生	645,165	8,728	–	92,791	746,684	–	746,684	
	就学援助・就学前教育	165,389		–		165,389	–	165,389	
総計		120,244,252	1,676,294	–	2,091,903	124,012,449	43,211,578	167,224,027	17,363,906

（出典）国立社会保障・人口問題研究所「社会保障費用統計（平成29年度）」により作成。
注）「その他」は施設整備費等。「他制度への移転」には前期高齢者納付金，後期高齢支援金，退職者医療に係る療養給付費拠出金，日雇特例被保険者に係る拠出金，基礎年金拠出金，介護給付費納付金等が含まれる。

ます。しかし，10兆円近い介護保険にはなお及びません。総計でみると，給付計は120兆円（▶表6-2），支出合計は167兆円，収支差は17兆円となっており，変動の多い資産収入14兆円を差し引いても収入が支出を超えています。このような実態は，社会保険の被保険者負担の高さと，社会保障・社会福祉の給付増加の抑制の結果生み出された収入超過だと言えるでしょう。

§3__ 社会保障財源の推移

前節で社会保障財源の構造と社会保障関係費用の収支の現状を見ました。ここでは，社会保障財源の高度経済成長期終盤の1969年度以降の年次的推移を見ることにします（▶図6-6）。歴史的に見ることで，それぞれの時期と現段階の特徴と問題点が明確になるからです。推移を見ると，大まかに次の三つの時期に分けて特徴付けることができます。

▶1___1972年〜1981年　児童手当導入，老人医療無料化等の社会保障増進期

1972年を起点に，社会保険料の事業主拠出金，被用者の拠出金と並んで，国庫

▶図6-6　社会保障関係費用収入の推移（1969-2017・百万円）

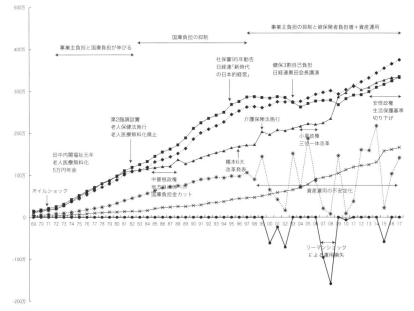

被保険者拠出　■…事業主拠出　▲国庫負担　✕他の公費負担　…✻…資産収入　●運用損失

事業主負担の抑制と被保険者負担増＋資産運用

国庫負担の抑制

事業主負担と国庫負担が伸びる

社保審95年勧告
日経連「新時代
の日本的経営」

健保3割自己負担
日経連奥田会長講演

安倍政権
生活保護基準
切り下げ

第2臨調設置
老人保健法施行
老人医療無料化廃止

介護保険法施行

小泉政権
三位一体改革

田中内閣福祉元年
老人医療無料化
5万円年金

橋本6大
改革発表

中曽根政権
地方補助金の
国庫負担金カット

資産運用の不安定化

オイルショック

リーマンショック
による運用損失

（出典）国立社会保障・人口問題研究所「社会保障費用統計（平成29年度）」により作成。

負担金による収入額もほぼ同額で，右肩上がりで増えて行きました。1973年の自民党田中内閣による福祉元年の宣言をへて，オイルショックをうけた福祉見直し論はありながらも，三つの財源は1982年まで伸びが続きました。1972年に導入された児童手当制度，さらに1973年には国民年金平均月額5万円が実現され，狂乱物価に対応して年金受給額に物価スライド制の導入，老人医療の無料化，1971年から75年にかけての社会福祉施設緊急整備5カ年計画の実施などの実施のために，社会保障財源が増加していきました。

　この時期は，与党の自由民主党が衆参両院の国会議員の過半数を占めていましたが，地方自治体レベルでは，東京都（1967〜79年）や京都府（1950〜78年），大阪府（1971〜79年）などから社会党，共産党が推す「革新自治体」が成立し，住民福祉に重点を置いた施策を実施し，支持を広げ，他の自治体にもひろがる様相をみせていました。この影響力の広がりをおさえようとしたのが，自民党田中角栄政権による「福祉元年」宣言でもありました。

　他方，労働運動の分野でも70年代前半に公害，年金などの国民的な生活課題をかかげて公務員労組中心とした総評がストライキを含む運動を強めました。しかし，

70年代後半から，部落解放運動の一部に現れた，同和行政に絡む窓口一本化や暴力的糾弾路線をめぐって革新自治体を支えていた社会党と共産党とが離間していきました。また，オイルショックやドルショック以後の活路を模索していた民間大企業の労組を中心に，労使協調路線が強まっていき，この時期は終わりました。

▶2＿＿＿1982年〜1996年　高齢者に自己負担導入，国庫負担削減期

　1982年を転機に，社会保障費への国庫負担増に急ブレーキがかかりました。1982年の老人保健法の導入により，老人医療費の公費負担による無料化は廃止され，各医療保険からの財政移転をして支える制度に転換されました。中曽根内閣は1985年から87年の3年間に時限措置で地方自治体への国庫負担金等の（生活保護10分の8から10分の7.5へ，社会福祉施設10分の8から10分の5への）カットを断行し，1988年4月竹下内閣により，このカット率が恒久・固定化されました。さらに，1992年2月には健康保険への国庫負担も削減（16.4％から13％に）されました。

　年金制度では，1985年サラリーマンの妻の国民年金への強制加入が実施され，1986年には基礎年金制度が導入され，その財源は国庫負担分と同時に各年金財政からの移転によりまかなう制度とされました。しかも当初の国庫負担額は3分の1に留まり，これが2分の1とされるのは2009年6月まで先送りされました。基礎年金制度により20歳以上の学生も国民年金に強制加入することになったことには，学生時代に障害者になった人による無年金者訴訟運動のインパクトがありました。

　また，社会福祉分野の公立施設の民営化や新たな施設整備の抑制が強まり，公的財源で福祉施設の整備に責任をもつ「措置制度[*4)]」解体の提起へとつながっていきました。

　80年代前半の国庫負担抑制は，革新自治体の崩壊後，衆参両院での自民党の単独過半数の維持，民間大企業労組を中心とした労働組合勢力内部での臨調行革，民営化賛成の勢力が強くなっていたことが背景にありました。

▶3＿＿＿1997年以降　事業主負担・国庫負担抑制と乱降下する資金運用の時期

　1997年を転機に，社会保険料の事業主拠出金ののびも停滞し，被保険者拠出金が上昇し続けました。とりわけ，2003年以降はそれまで一貫していた社会保険料の事業主拠出金が低下し，被保険者の保険料負担の方が上位となり，事業主負担との差がますます開いていったのです。その背景には，事業主のみの保険料負担義務のある労働者災害補償保険の収入が減少してきたことや，派遣労働者をはじめとした非正規雇用の増大による厚生年金加入者の相対的低下，事業主拠出金の大きい厚

---

*4)　社会保障制度審議会（1995）「社会保障体制の再構築（勧告）」。本書第13章参照。

生年金基金の縮小，他方で，事業主負担のない国民年金や，事業主負担の少ない介護保険の増大が被保険者拠出金の比重を増大させ，全体として事業主拠出金を減少させる効果を発揮したのです。事業主拠出金と被保険者拠出金が逆転した2003年は6月に自民党公明党の連立小泉政権が派遣労働者法を製造業に拡張し，派遣労働者が一気に増加する道を開きました。これに先立つ2003年1月に経団連奥田会長は講演で「社会保障の給付水準を引き下げていく（中略）今のままの所得税や社会保険料で賄うことに無理がある」「高齢化の進展によって，負担増が避けられない部分について，全世代が公平に負担していく」「基幹的な税目として消費税を位置づける」と言明しました。この方向をリードする財界の意思を（公然と）表明したものでした。[5]

　他方，国庫負担の抑制は，2000年から「措置から契約」への社会福祉基礎構造改革のフロントランナーとして始まった介護保険制度，2001年から2006年まで続いた小泉自公政権下での三位一体改革による社会福祉分野の国庫負担金や補助金の削減，公立保育園への措置費カットなど，2009年の民主党政権の誕生まで続けられました。2009年から続いた民主党政権時期には国庫負担が増加しましたが，その挫折の後，2012年に返り咲いた第二次安倍内閣成立後は，再び国庫負担の抑制が継続されました。2013年から始まった生活保護基準の切り下げは生活保護費のみならず，生活保護基準に準じた国，地方自治体の救貧施策の削減へとつながりました。2018年からの65歳以上の障害福祉サービスの介護保険優先原則の導入もこれに連動したものです。

　この時期のもう一つの特徴は，主として年金の積立金を活用した資産運用の収入額が1998年以降は乱降下を繰り返す不安定な運用状況となっていったことです。とりわけリーマンショックで巨大な損失を記録しました。本来年金等の社会保険料の保全を目的とした「資産運用」でありましたが，極めて不安定な財源となってしまったのです。2014年には安倍政権によって内外の株式購入比率の限度枠を25%から50%に引き上げられました。これは，年金積立金の資産保全という目的よりも，株価維持のために膨大な積立金が活用されたともいえるものです。年金積立金の資産価値が乱降下する危険性を一層強めました。年金積立金管理運用の意思決定に被保険者の立場に立った監視の仕組みの確立は緊急性を帯びています。

　このような事業主拠出金の比重の低下や，年金積立金の株価操作への活用の背後には，労働者や年金加入者の組織的な力量と発言力の低下があることを見ておかなくてはなりません。▶図6-7は労働組合加入者数の推移を示したものです。これをみると1975年をピークに労働組合員数の停滞がつづき，バブル崩壊以後に組合員

---

*5）　時事通信社（2003.1.20）「内外情勢調査会」における日経連奥田会長講演「活力と魅力溢れるにほんをめざして」。

▶図6-7　労働組合員数の推移

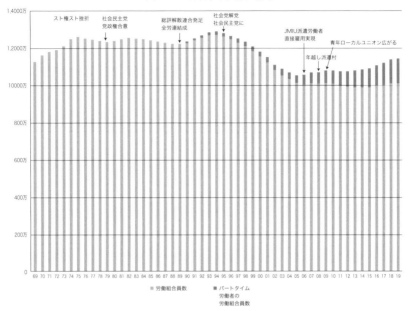

資料）厚生労働省「労働組合基礎調査」より作成。

数が増え1994年に二回目のピークを迎えますが，それ以降2006年まで低下が続きました。この時期は非正規雇用が増えていった時期でもあります。そして，2008年，厚労省前の東京日比谷公園で雇用を打ち切られた派遣労働者を支援するために組織された「年越し派遣村」を転機に，派遣労働者の労働組合への組織化が進んできました。非正規労働者の組織化は容易なことではありませんが，その中で，組織労働者の数が2015年以降増加傾向にあることは希望がもてる傾向です。

§4 ＿ 消費税を社会保障財源に充てる施策の問題性

　社会保障の財源を，消費税に委ねる議論が強まっています。日本ではじめて消費税が3％で導入されたのは1989年の自民党竹下政権の下においてです。さらに1995年に村山自民・社会・さきがけ連立政権の下で，消費税率を5％に引き上げる法案が成立し，1997年橋本龍太郎自民党単独政権下で5％に引き上げが実施されました。2012年民主党野田政権の下で，2014年に8％，2015年には10％に引き上げるとする法案が成立しました。支持を減らして崩壊した民主党政権に代わって

成立した安倍自公政権の下で，2014年に8％，2019年10月に10％と二度にわたって引き上げられてきました。

　今日では，「社会保障財源の確保」が消費税導入の理由として挙げられますが，導入当初は，それが理由の最大の根拠ではありませんでした。竹下内閣の時には，①安定した歳入基盤の確保，②直接税と間接税の構成の変更し物品税を中心とした間接税の問題点を解決すること，がまずは強調されていたのです。

　ところが，1995年自社さ連立の村山内閣の下で「税制改革関連法」が成立し，1997年自民党橋本内閣の下で消費税税率が3％から5％に引き上げられた時には，消費税の1％分は地方消費税へ，1.18％は地方交付税交付金，残りの2.82％分を高齢者3経費の「基礎年金」「老人医療費」「介護」に充てるとされました。2012年野田内閣のもとで民主，自民，公明3党の合意で8％の引上げ法が決定され，2014年安倍内閣の下で引き上げられた際には，消費税収の使い道に「少子化対策」が加えられました。そして10％に引き上げた際の配分は，地方分が3.72％で，のこり6.28％分が社会保障4経費（年金，医療，介護，少子化対策）に充てるとされていました。ところが，2019年度予算で財務省は，社会保障以外の「消費税増税に伴う需要変動の平準化」「防災・減災，国土強靱化のための3ヵ年緊急対策」に投入すると発表しました。このような経緯をみると，「金に色がついてはいない」と言われるように，消費税収の活用先には，固定的な使途限定があるのではなく使途を明確にした決算報告もされていません。消費税を「社会保障の財源に」というフレーズ[6]は，消費税引き上げの国民的支持を得るためのプロパガンダに使われたというのが真相のようです。

▶1＿＿消費税をめぐる利害関係

　消費税は，すべての国民が同一の税率で負担するのだから公平な税制だと言われることがあります。しかし，本当にそうなのでしょうか。実際には重大な不公平がそこに存在することを指摘できます。①例えば，元請けの大企業は資材の購入の際に負担した消費税分を，下請け企業と消費者に転嫁することができますが，下請け企業や最終消費者は消費税を他に転嫁することはできず吸収し負担するしかありません。②また，グローバルに経済活動を展開する企業にとっては，海外で消費されるものには消費税は課税されず，国内で消費されるものに消費税の課税がされることになっています。このため，輸出企業には，輸出品を製造するために負担した消費税分が「戻し税」という名目で還付されてくるのです。③また一般消費者にとっても問題があります。お金に余裕のある富裕層ほど収入を消費以外の消費税の課税

---

*6)　梅原英治（2018）。

▶図6-8　社会保障財源の対GDP比の国際比較

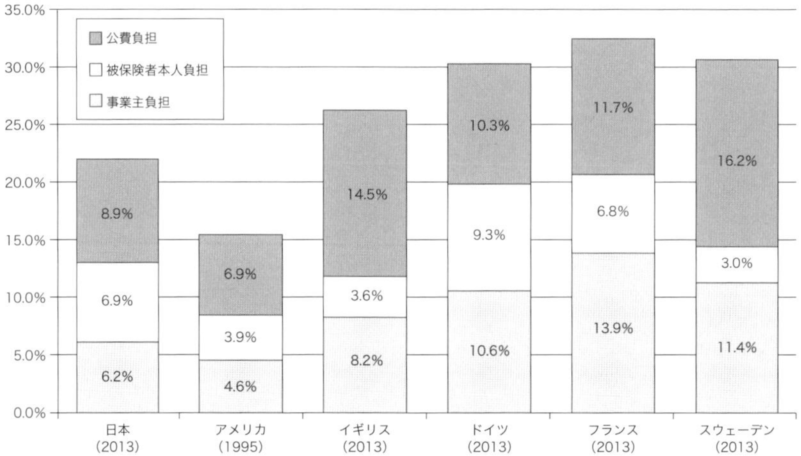

(資料)社会保障・人口問題研究所「社会保障費用統計」(日本)、「社会保障国際比較基礎データ」(アメリカ)、Eurostat
"European Social Statistics"(イギリス、ドイツ、フランス、スウェーデン)

(出典) 厚生労働省 (2018)「第3回上手な医療のかかり方を広めるための懇談会」資料より。

対象にならない有価証券投資などに使うために，収入に対する消費税の負担率が少なくなります。これに対し，貧困層は収入のほとんどを日々の生活の維持に必要なものやサービスの消費に使うために収入に対する消費税負担率が高くなるという不公平が生じてくるのです。④もう一つ注意したいのは，新聞は軽減税率の対象となっているので，大手新聞社は消費税が増税されても売り上げ低下に響かないのです。そのため，日本のメディアは消費税推進の論陣を張る側につくか，消費税に関して発言しないという傾向が生まれるのです。⑤結局消費税の増税は企業にかかる法人税や富裕層に対する課税を軽くすることによる税収減を補うためのものはないのかという疑惑が出てくるのも当然と言えるのです。

▶2＿＿消費税を社会保障に充てる政策の問題点

　社会保障財源を消費税でまかなう主張にはどのような問題点があるでしょう。①まず，失業保険や労災保険の財源は事業主による負担金を抜きにすることはできません。これを消費税でまかなうとすれば事業主責任を免罪し社会連帯を否定することになるでしょう。②また，「年金，医療，介護，少子化対策」の4つの部門はどうでしょう。これにも，現行制度では事業主による負担部分が重要な財源になっていることは，第04章でも見ました。もし，この財源を消費税のみによってまかなうということになれば，そのような事業主負担を免除することを意味します。消費

税を社会福祉サービス等に投入しているスウェーデンでも，社会保障財源に対する事業業主負担額の比率は日本より多いのです（▶図6-8）。2019年での加入者ごとの社会保険料負担率はスウェーデンは労働者負担7.0％，事業主負担31.4％となっています。

③実際に「年金，医療，介護，少子化対策」の社会保障4経費の総額は2017年度予算では28兆7千億あるのに対し，消費税収はトータルでも13兆3千億でした。仮にすべての消費税収をこれに投入するとすれば，消費税率は20％をはるかに超えて引き上げなければならなくなるでしょう。2019年10月に消費税が8％から10％上がっただけで消費が大きく落ち込んでいることをみれば，20％をこえる消費税は深刻な消費不況や中小企業の経営難（大惨事）を引き起こすことは明らかであり，政治的危機をもたらす極めて危険な選択肢だと言えるでしょう。④消費税を社会保障の財源とする主張は，他の税源を社会保障以外の巨大公共事業や軍備や大企業減税に使い，国債償還やその金利配分で利益を得る寄生的な金融経済を膨張させることになります。社会保障自体は貧困層に重くなる消費税で賄うという，分断と自己矛盾を広げるものです。またこの主張は，⑤社会保障を消費税収と社会保険料収入（その内実は事業主拠出金が減り，被保険者による保険料負担の比重が高まっている）で賄える範囲に縮減するか，それとも消費税率や保険料の被保険者負担をしぶしぶ引き上げるのか，という二者択一を国民に迫る口実に使うことを意味します。この主張を容認すれば，保険料を負担できない人には給付はないという，弱者切り捨て，生存権否定の殺伐とした社会に引きずりこまれることになるでしょう。このような事態は，現に介護保険制度の下で発生しつつあります。保険料アップは年金生活者にとっては負担の限界に至り，他方で介護保険の給付対象を重度の人に絞り込み，軽度の人には家族や地域での支え合いを強調する方向が打ち出されつつあります。これは社会保障と社会福祉の再分配を否定する方向だと言わなければなりません。

§5 ___ 社会保障財源立て直しの基本原則

さいごに，社会保障財源を立て直していく際に基本とされなければならない基本原則を確認しておきましょう。そもそも，民主主義国家である限り，社会保障や教育のような国民の基本的な人権保障にかかわる財源は，すべての財源を動員して，その必要額を確保することが優先されなければなりません。それこそが日本国憲法

---

*7）　公益財団法人全国法人会総連合（2019）「社会保険制度と社会保険料事業主負担の国際比較に係る報告書」。

25条が国に要請していることなのです。

　その際に，参照すべきは，「朝日訴訟」の「東京地裁浅沼判決」（1960年10月）が示した二つの原則です。まず，「最低限度の生活水準を判定するについて注意すべきことの一は，現実の国内における最低所得層，たとえば低賃金の日雇い労働者，零細農漁業者等のいわゆるボーダーラインに位する人々が現実に維持している生活水準をもって直ちに生活保護法の保障する『健康で文化的な生活水準』に当たると解してはならない（中略）。これらの生活が果たして健康で文化的な最低生活の水準に達しているかどうかは甚だ疑わしいといわねばならない」とする原則である。もう一つは，「健康で文化的な生活水準」の保障は「その時々の国の予算の配分によって左右されるべきものではなく，むしろこれを指導支配すべきものである」とする原則です。二つ目の原則は，これを実行しうる力量を国民と国会と政府に要請することになるでしょう。

　社会保障制度審議会の1962年勧告[*8]も顧みる価値があります。この勧告は救貧と防貧のために国に課される優先順位を次のように示しています。まず，最も優先すべきものとして，①税金による公的扶助（生活保護）により「何よりもまず，最低生活水準以下の者の引き上げに力がそそがれねばならぬ」とし，次いで，②税金による社会福祉によって「国および地方公共団体が低所得階層に対して積極的，計画的に行う組織的な防貧対策」を行う。そして③「公の財源」による公衆衛生により「防貧対策の基盤」とし「国民のすべての層を通じて健康な生活水準の防壁」とする。さらに，④「ひろく国民一般を対象とする」医療保険，公的年金，失業・雇用保険などの社会保険制度は「全国民を一つの制度に加入させることが理想である」としていました。そして，社会保険への「国庫負担」は，「最低生活水準を確保するために絶対的に必要とされる給付に対し一定水準の保険料が受益者の負担能力を超えるような場合」や「インフレーションによる積立金不足」の場合になされるべきで，「負担能力の低い層」「事業主負担のない自営業者」「個人責任度の薄い事故」に対して，それぞれ国庫負担を厚くすべきである」としていたのです。このような観点に立てば，医療や介護保険で常態化している利用者負担は否定されるものであり，税や保険料負担は「均等割」や定額の負担ではなく所得に応じた，応能負担の徹底が導かれることになります。さらに，二つの大震災やリーマンショック後の「年[*9]

---

*8)　社会保障制度審議会（1962）「社会保障制度の総合調整に関する基本方策についての答申および社会保障制度の推進に関する勧告」

*9)　障害者自立支援法によって，障害者福祉サービスの利用者に1割の自己負担を課す「応益負担」は，障害が重い人ほど負担が重くなり「平等原則」への挑戦だとの批判が障害当事者が強められました。その声は2009年の民主党政権の誕生につながりました。障害者生活支援システム研究会編（2005）。

越し派遣村」や「ホームレス」支援の経験を踏まえるならば，かつての革新自治体が実現しようとしていたように，給付はすべての国民に健康で文化的なくらしと住まいを保障することを，社会保障の目標に据えられなければならないでしょう。

社会問題と社会福祉

第2部では
第1部でしめした総合的な枠組みを
踏まえて
現代の社会福祉が取り組んでいる中心的な社会問題を
取り上げて
深掘りしていきたいと思います

第07章

社会のジェンダー・バランスと少子化問題

　ここではジェンダー・バランスと少子化問題をとりあげ，労働や社会保障・社会福祉との関連性を深掘りしていきます。

　安倍首相は，2017年9月25日衆議院の解散にあたり，「この解散は，国難突破解散であります。急速に進む少子高齢化を克服し，我が国の未来を開く」「この国難とも呼ぶべき問題を，私は全身全霊を傾け，国民の皆様と共に突破していく決意であります」と述べました。出生率低下の一方で団塊世代の平均余命の伸長が，少子高齢化の内実です。まさか長寿を難事とよぶことはないでしょうから，少子化の方を憂いて「国難」とされたのでしょう。しかし，子どもを産むか生まないか，あるいは結婚をするかしないか，ということは個人の選択の自由にかかわることです。それを「国」にとっての「難事」と指摘することは直ちに受け入れることはできません。個人を国家に従属させる思想につながるからです。それは，第二次大戦末期の1941年近衛内閣が発した「人口政策要綱」にもとづいて若い屈強な兵士の養成をめざし「産めよ殖やせよ」と唱導され，障害を持つ人たちが日陰者扱いされた暗い時代の思想と重なるからです。

　少子化を問題とするならば，子どもを生み育てたくてもそれを控えさせてしまう社会的な障壁を問題にすることが重要でしょう。また結婚をためらわせる不安定雇用が若者世代で広がり，それが数十年続いていることも不問にできません。同時に子育てを社会で支える福祉サービスの整備や，男女ともに共同で育児を可能とするような労働時間の短縮が可能か，男性の育児参加を当然視する企業や社会のシステムになっているのかといったジェンダー・バランスに関わる問題も問われなければなりません。また，少子化と対比して人口高齢化により社会保障費が過重になっていると日本では言われますが，高齢者にその責任があるかのような議論は相当にねじ曲がっています。第04章で見たような雇用労働のあり方を規制する狭義の社会政策と同時に，社会保障・社会福祉のありかたと結びつけて検討されるべき問題です。またこれは女性の社会の中での位置と政治的発言力とも密接に結びついています。この章では，これらの点について，先進資本主義諸国の比較データをもとに考察をすることにします。比較対象となる国は，第05章で紹介した，エスピン・アンデルセンが分類した「レジーム類型」の三つのグループ，つまり，デンマーク，

	1990	1995	2000	2005	2006	2007	2008	2009	2010	2011	2012	2013	2014	2015	2016	2017
デンマーク	28.5	29.2	29.7	30.2	30.3	30.4	30.4	30.5	30.6	30.7	30.7	30.8	30.9	31.0	31.0	31.1
スウェーデン	28.6	29.2	29.9	30.5	30.6	30.6	30.6	30.7	30.7	30.8	30.9	30.9	31.0	31.0	31.1	31.1
ドイツ			28.8	29.5	29.7	29.9	30.1	30.2	30.4	30.5	30.6	30.8	30.9	30.9	30.9	31.0
フランス			29.3	29.7	29.7	29.8	29.8	29.9	30.0	30.0	30.1	30.2	30.3	30.4	30.5	30.6
イギリス	27.7	28.2	28.5	29.1	29.2	29.3	29.3	29.4	29.5	29.7	29.8	30.0	30.2	30.3	30.4	30.5
アメリカ	26.6	26.9	27.4	28.0	27.9	28.0	28.0	28.1	28.3	28.5	28.6	28.8	29.0	29.1		
日本	28.9	29.1	29.6	30.4	30.5	30.7	30.9	31.0	31.2	31.3	31.5	31.6	31.7	31.8	31.9	32.0
韓国		27.9	29.0	30.2	30.4	30.4	30.8	31.0	31.3	31.4	31.6	31.8	32.0	32.2	32.4	32.6

（出典）OECD, Family Database: Mean of women at childbirth.

スウェーデン（社会民主主義レジームの国），ドイツ，フランス（保守主義レジームの国），イギリス，アメリカ（自由主義レジームの国），そしてこれに日本，韓国の東アジアの国を加えた，4つにグループ分けをして検討を進めます。ただし，アンデルセンの分析は1980年代から1990年代半ばまでのデータに基づいていましたが，本章ではそれ以後のデータを活用し検討をします。[*1)]

§1＿＿ 出生率と結婚・出産年齢の比較

　現代の発達した資本主義国の出生率を見る場合，考慮する必要があるのは，女性の社会進出にともなう平均出産年齢の上昇です（▶表7‐1）。1990年以降はどの国も，20歳代後半から30歳代に上昇しています。

　次に注目すべきなのは，女性の平均出産年齢が上昇すれば子どもを産む数はおしなべて少なくなるのではなく，それぞれの社会の有り様を反映して国により顕著な違いを見せているという事実です（▶表7‐2）。女性が生涯に出産する子どもの数を示す合計特殊出生率をみると，各国とも1970年頃までは，2.0を超え，韓国ではなんと4.0を超えていました。注目されるのはスウェーデンとフランスです。両国とも1970年代以降は低下の時期があっても2010年以降も1.9前後の高い出生率を維持しています。これに対して1.4以下への急速な低下が進んでいるのが日本と韓国です。

　このように女性の結婚年齢が上昇し子どもを出産する年齢が上昇しているという共通点があるにもかかわらず，出生率では国ごとに分化しているのはなぜなのかが解明すべきポイントとして浮かび上がってきます。結婚・出産年齢の上昇は，不可避的に少子化をもたらす不可避の現象とは言えない社会的背景があることを示唆しており，その解明が必要なのです。

---

*1)　エスピン・アンデルセン（1999，2000），前田健太郎（2009）。

▶表7-2　合計特殊出生率の推移

	1950-1955	1955-1960	1960-1965	1965-1970	1970-1975	1975-1980	1980-1985	1985-1990	1990-1995	1995-2000	2000-2005	2005-2010	2010-2015	2015-2020
デンマーク	2.55	2.55	2.58	2.27	1.96	1.68	1.43	1.54	1.75	1.76	1.76	1.85	1.73	1.76
スウェーデン	2.24	2.25	2.31	2.17	1.91	1.66	1.64	1.91	2.01	1.56	1.67	1.89	1.90	1.85
ドイツ	2.13	2.27	2.47	2.36	1.71	1.51	1.46	1.43	1.30	1.35	1.35	1.36	1.43	1.59
フランス	2.76	2.70	2.85	2.65	2.31	1.86	1.86	1.80	1.71	1.76	1.88	1.98	1.98	1.85
イギリス	2.18	2.49	2.81	2.57	2.01	1.73	1.78	1.84	1.78	1.74	1.66	1.86	1.87	1.75
アメリカ	3.31	3.58	3.23	2.54	2.03	1.77	1.80	1.91	2.03	2.00	2.04	2.06	1.88	1.78
日本	2.96	2.17	2.03	2.04	2.13	1.83	1.76	1.65	1.48	1.37	1.30	1.34	1.41	1.37
韓国	5.65	6.33	5.60	4.65	4.00	2.92	2.23	1.57	1.68	1.50	1.21	1.17	1.23	1.11

（出典）　国連．World Population Prospects 2019: Special Aggregates.

▶表7-3　16〜64歳の人の一日あたりの時間の使い方（分）

	無償労働に費やす時間			有償労働		合計の時間	
	男性	女性	男/女	男性	女性	男性	女性
デンマーク	186.1	242.8	0.77	260.1	194.6	446.2	437.4
スウェーデン	171.0	220.2	0.78	313.0	275.2	484.0	495.3
ドイツ	150.4	242.3	0.62	289.5	205.5	440.0	447.7
フランス	134.9	224.0	0.60	235.1	175.4	370.1	399.4
イギリス	140.1	248.6	0.56	308.6	216.2	448.7	464.8
アメリカ	145.8	244.0	0.60	336.9	243.4	482.7	487.4
日本	40.8	224.3	0.18	451.8	271.5	492.6	495.8
韓国	49.0	215.0	0.23	419.0	269.4	468.0	484.4

（出典）　OECD, Gender, Emloyment: Time spent in paid and unpaid work, by sex 2018. 無償労働には買い物，世帯員の世話，家族員への育児・介護，家族員以外への介護，ボランティア活動等を含む。有償労働には有給の仕事，求職活動，学習・研究活動を含む。

§2 ＿　無償労働と有償労働のジェンダー格差

　まず，16〜64歳の有償労働と無償労働への時間配分の状況をみましょう（▶表7-3）。スウェーデンとフランスと日本・韓国とのあいだには，やはり無視し得ない相違があることがみえてきます。

　まず指摘できるのが，①男性が一日の無償労働（家事・育児・介護等）に費やす時間は，スウェーデンはデンマークにならんで3時間前後と女性がそれに費やす時間の8割くらいに及んでいることです。これに対して，日本と韓国は40分あまりと，男性の家事・育児参加の少なさが際立っています。ドイツ，フランス，イギリス，アメリカは女性が無償労働に4時間以上かけていますが男性も2時間を超える時間をそれに費やしています。次に注目されるのは，②男性の有償労働時間は，日本と

韓国は７時間もしくはそれを超える長さとなっており，スウェーデンよりも２時間長く，フランスよりも３時間長い時間となっています。休日分もカウントされますから平日の労働時間はもっと差がひろがっています。そして三つ目に，③女性の有償労働への参加時間はスウェーデンと日本・韓国はほぼ同じで４時間以上の長さになっており，女性の就労参加は，労働時間に関する限りほぼ同水準になっていることがわかります。にもかかわらず，出生率の違いが大きいことは，働く女性に子育ての負担をかけないための条件が，労働の場でも生活の場でもスウェーデンでは相当に整っていることを示唆しています。四つ目に注目されるのは，④フランスは，男性・女性ともに有償労働時間が男性の場合は４時間弱，女性の場合は３時間弱ともっとも短く，無償労働に費やす時間は男性は２時間で女性は４時間弱と男女差はあるものの相対的に短く，私的で自由な時間の余裕が大きいことがわかります。フランスの出生率が高いのは，この点が寄与していそうです。

　このような比較から，日本や韓国は男性も女性も長時間の有償労働に拘束され，男性の家事・育児などの無償労働に参加する時間が少なく，その上に働く女性に無償労働の多くを背負わせ，無償労働を社会化する条件が整っていないことが，少子化を極端に進めた背景となっていることが読み取れます。

§3 女性の職業進出での差異

　前節で，スウェーデンと日本・韓国の女性はほぼ同じくらい有償労働への参加時間となっていることを確認しました。そこで，女性が進出している労働の場での違いはないのか検討を進めることにします。

▶1 雇用労働者化の進展

　まずあげられるのが，女性の雇用労働者化の進展です。▶表7-4は，25〜54歳の女性の雇用者の比率の推移を示しています。これをみると，1990年では，デンマーク，スウェーデンはすでに80％を超える高い比率を示す一方で，家族主義的伝統がまだあるとされていたドイツ，フランス，日本は60％前後，韓国は50％をわずかに超えた水準でした。それが，2018年には，ドイツは80％を超え，フランス，イギリス，日本も女性の80％に近い人が雇用者として働く状況になりました。韓国は65％の水準です。

▶2 高等教育修了者の増大
　次に，労働者の中での職業的な地位の獲得に影響を及ぼす女性の高学歴化を示す

▶表7-4　25〜54歳女性の雇用者比率の推移（%）

	1990	1995	2000	2005	2006	2007	2008	2009	2010	2011	2012	2013	2014	2015	2016	2017	2018	2018(男)
デンマーク	80.3	75.9	79.8	80.6	82.0	82.3	84.0	82.5	80.3	78.9	79.1	79.0	78.4	78.3	78.5	78.1	79.1	86.5
スウェーデン	89.6	81.1	81.7	81.1	81.5	83.0	83.5	81.9	80.9	82.2	82.5	82.7	82.8	83.2	83.7	84.1	84.3	89.1
ドイツ	59.6	66.4	71.2	71.0	72.6	74.0	74.7	75.4	76.3	77.9	78.2	78.6	78.8	79.2	79.7	80.0	80.6	89.0
フランス	65.1	67.6	69.9	74.1	74.8	76.1	77.3	76.7	76.8	76.2	76.1	76.2	76.1	75.9	75.9	75.8	76.8	85.8
イギリス	68.6	69.5	73.2	74.6	74.8	74.6	75.3	74.3	74.3	74.4	74.2	74.7	75.8	76.3	76.6	77.9	78.1	89.2
アメリカ	70.6	72.2	74.2	72.0	72.5	72.5	72.3	70.2	69.3	69.0	69.2	69.5	70.0	70.3	71.1	72.1	72.8	86.2
日本	62.9	63.2	63.6	65.7	66.6	67.4	67.5	67.6	68.2	68.5	69.2	70.8	71.8	72.7	73.9	75.3	77.0	93.2
韓国	53.7	54.9	56.1	58.7	60.0	60.5	60.8	59.9	60.4	61.0	61.2	61.8	62.7	63.3	63.8	64.5	65.1	87.2

（出典）　OECD.Stat, Gender, Employment.

▶表7-5　女性の高等教育修了者比率の推移（%）

	1990	1995	2000	2005	2006	2007	2008	2009	2010	2011	2012	2013	2014	2015	2016	2017
デンマーク	51.7	51.8	58.5	58.9	58.0	57.4	57.8	58.4	58.3	57.9	57.6	57.5	58.3	57.6	56.4	56.4
スウェーデン	–	61.4	58.4	63.3	63.5	63.7	63.5	63.4	63.2	62.9	61.6	61.7	–	61.8	62.3	62.2
ドイツ	–	45.3	50.3	–	–	–	–	–	–	–	–	–	–	50.1	50.7	51.1
フランス	–	–	55.4	55.5	55.1	55.2	54.9	55.2	–	–	56.2	56.1	55.9	56.0	56.1	–
イギリス	47.8	51.2	54.9	58.0	58.1	58.1	57.9	57.3	56.5	56.3	56.6	57.1	57.1	57.1	57.2	–
アメリカ	53.5	55.0	57.0	58.0	58.3	58.5	58.5	58.4	58.5	58.4	58.4	58.6	58.4	58.4	58.4	–
日本	47.7	50.9	49.7	49.4	49.3	48.8	48.5	48.3	48.5	48.4	48.3	48.8	48.9	49.4	49.6	49.7
韓国	39.0	42.6	48.6	49.4	49.0	48.6	49.0	50.6	–	50.0	50.5	51.0	51.3	51.0	51.1	51.3

（出典）　UNESCO,UIS.Stat Education,Perticipation, Completion:Percentage of female graduates by level of tertiary education.

高等教育修了者の推移をみてみましょう（▶表7-5）[*2)]。これを見ますと，1990年に50％を超えていたのは，デンマーク，スウェーデン，アメリカでしたが，2000年にはイギリス，ドイツ，フランスも50％を超えており，韓国も2009年に50％を超えました。特にスウェーデンは2017年に62.2％の多数派となっています。デンマークもフランスもイギリスもアメリカも2017年には50％台の後半という高率になっています。韓国，ドイツも50％を超え，日本は49．7％とやや下回っています。とりわけ，韓国の高等教育修了者は，1990年の39％から2009年には50.6％へと急上昇して以後この水準を維持していることは，この国の女性の高学歴化と学歴社会への激変は構造的な変化であることを表しています。このような，女性の高学歴化は結婚や出産年齢の上昇に大きな影響を及ぼす変化だと言えます。

---

*2)　ここで言う高等教育とは，国際標準教育分類にもとづくもので，短期高等教育（技術的/職業的スキルを学ぶ課程），および専門的な知識や技術と能力を提供する学士，修士課程，さらに先端研究に結びつくことをめざした博士課程を含む。

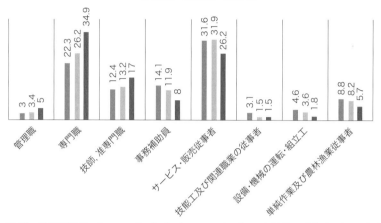

▶図7-1　女性の職業構成の推移：スウェーデン（%）

■ 1991　■ 2000　■ 2018

	1991	2000	2018
管理職	3	3.4	5
専門職	22.3	26.2	34.9
技師，准専門職	12.4	13.2	17
事務補助員	14.1	11.9	8
サービス・販売従事者	31.6	31.9	26.2
技能工及び関連職業の従事者	3.1	1.5	1.5
設備・機械の運転・組立工	4.6	3.6	1.8
単純作業及び農林漁業従事者	8.8	8.2	5.7

（出典）　ILOSTAT, Employment distribution by occupation (by sex), ILO modelled estimatesにより
　　　　作成。

▶3＿＿職業構成における専門職や技師・准専門職の比率の増加

　女性の高等教育修了者の増加は，当然，職業分野での専門職や技師，准専門職[*3]
の増加に結びつきます。その変化の動向を，ILOのデーターベースを活用し，1991[*4]
年，2000年，2018年という三つの時期にわたって探ることにします（▶図7-1～
▶図7-4）。煩瑣を避けるために検討する国はスウェーデンとフランス及び，日本
と韓国に限定します。

　まず，スウェーデンは（▶図7-1），1991年では女性の職業としてサービス・販
売従事者[*5]の比率が最も高かった（31.6%）のに，2018年では専門職がもっとも高い
比率をしめるようになりました（34.9%）。技師・准専門職も伸びてはいますが，専
門職の方が比率が高くなっています。サービス業・販売従事者が比率としては専門
職には及びませんが，2018年でも25％を上回る比率をしめ，高学歴の女性の職業
分野としても存在していることを示しています。

---

*3)　専門職には，科学・工学分野の専門職，保健専門職（医師・看護・助産師他），教育専門職，
　　経営管理専門職，情報通信技術専門職，法務・社会・文化の専門職が含まれる。
*4)　技師・准専門職には，科学・工学分野の准専門職，保健分野の准専門職，ビジネス・総務担当
　　の准専門職，法務・社会・宗教分野の准専門職，情報通信技師が含まれる。
*5)　販売・サービス従事者には，対個人サービス従事者，販売員，身の回りサービス従事者（保育
　　従事者，教師補助員，介護福祉従事者），保安サービス従事者が含まれる。

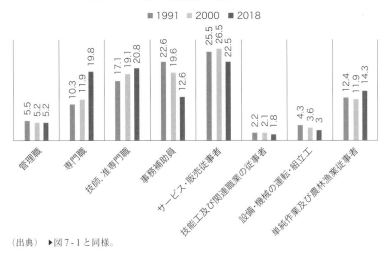

▶図7-2　女性の職業構成の推移：フランス（%）

■1991　■2000　■2018

	管理職	専門職	技師, 准専門職	事務補助員	サービス・販売従事者	技能工及び関連職業の従事者	設備・機械の運転・組立工	単純作業及び農林漁業従事者
1991	5.5	10.3	17.1	22.6	25.5	2.2	4.3	12.4
2000	5.2	11.9	19.1	19.6	26.5	2.1	3.6	11.9
2018	5.2	19.8	20.8	12.6	22.5	1.8	3	14.3

（出典）　▶図7-1と同様。

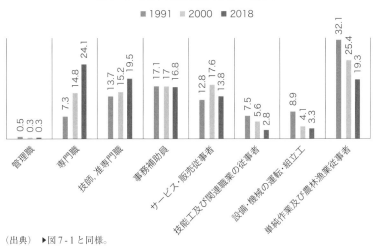

▶図7-3　女性の職業構成の推移：韓国（%）

■1991　■2000　■2018

	管理職	専門職	技師, 准専門職	事務補助員	サービス・販売従事者	技能工及び関連職業の従事者	設備・機械の運転・組立工	単純作業及び農林漁業従事者
1991	0.5	7.3	13.7	17.1	12.8	7.5	8.9	32.1
2000	0.3	14.8	15.2	17	17.6	5.6	4.1	25.4
2018	0.3	24.1	19.5	16.8	13.8	2.8	3.3	19.3

（出典）　▶図7-1と同様。

　フランスの場合は（▶図7-2），事務補助員やサービス・販売従事者の比率が1991年では最も優勢でしたが，2018年には専門職や技師・准専門職の比率が急上昇しています。フランスは女性全体では事務補助員の比率が低下しましたがサービス・販売従事者の比率が2018年でも，なお最も高い比率をしめており，高学歴の

▶図7-4　女性の職業構成の推移：日本（%）

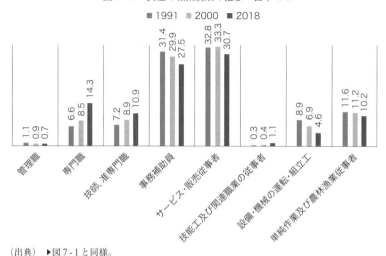

■ 1991　■ 2000　■ 2018

（出典）　▶図7-1と同様。

女性にとって専門的な職業であることが示されています。

　日本と韓国はともに専門職や技師・准専門職の比率は1991年ではさほど高くはありませんでしたが，その後比率が上昇していったという点では同様ですが，様相がかなり異なります。とりわけ韓国は専門職が1991年（7.3%）から急増し，2018年には24.1%となり，フランスを追い越しています（▶図7-3）。それまで韓国では，単純作業及び農林漁業従事者が女性の中で最も高い比率をしめていました。2000年以降の韓国女性の変化は激変とも言えるものです。

　これに対して，日本は，事務補助員が高等教育修了者にとっての主要な職業になっていたようで，同じようにこの職業の比率が高かったフランスほど急速な比率の低下は起こっていません（▶図7-4）。日本では事務補助員が依然として，高等教育修了者の主要な職業となっていることが示されています。また，サービス・販売従事者の比率が女性の職業としては最も高い比率で推移しており，高学歴の女性の職業として維持されていることがわかります。日本の女性にとって，専門職や技師・准専門職に就く女性の比率が韓国よりも低い水準にあるのは，高等教育を受けた女性が就く職業進出の場の狭さや，それを支える条件整備の遅れが現れているように見えるのです。

▶4＿＿子育て期の女性の就労率

　さいごに，子どもが15歳未満という，子育て期にある女性の就労率をみておき

	1998	2000	2005	2006	2007	2008	2009	2010	2011	2012	2013	2014
デンマーク									83.0	82.0		
スウェーデン			81.0	81.1	82.3	83.1	81.6	80.8	82.1	82.7	83.1	83.1
ドイツ				61.2	62.7	63.2	66.2	65.8	69.2	69.0	69.0	
フランス			68.7	69.0	70.6	72.7	72.2	72.0	71.9	71.6	72.4	72.2
イギリス		63.3	64.7	64.3	64.3	65.3	64.9	64.8	64.2	65.5	66.3	67.1
アメリカ				66.9	67.5	68.0	67.7	65.6	64.5	64.2	64.6	65.0	65.7
日本	44.7	49.9	56.8	62.5	56.7	59.1	59.6	57.4	60.1	61.5	60.5	63.2

（出典）　OECD.Stat, Family Databese：By indicator - The labour market position of families.

ます（▶表7-6）。これによると，デンマークとスウェーデンは2000年代当初から80％の女性が就労していました。母親による家庭での子育てが重視されているといわれたフランスも2007年以降15歳未満の子のある母親就労率は70％を超える水準に到達しています。これに対し日本は2006年以降に60％を超えるようになりましたが，それ以降は60％前後で伸び悩んでいます。ここに，日本の母親にとっての壁が存在しており，就労機会の狭さや家事のほか子育てや介護などのケアの社会化の不備の他，複合的要因が壁として立ちはだかっているように見えます。

§4 __ 子育ての社会化をすすめる社会政策・社会保障の水準

　子育てを社会的に支える社会政策的対応や児童手当や保育などの社会保障についてみていきます。

▶1 ＿＿社会政策による対応――出産・育児休業保障の水準

　働く人に対する狭義の社会政策に含まれる母親のための有給の出産・育児休暇の水準をみましょう（▶表7-7）。1990年では，ドイツが70週，スウェーデンは63週で最長でした。フランスは2004年から42週となっています。日本は，1995年から58週となり，韓国は2002年から58.4週となりました。それ以降は，日本や韓国も，女性の有給の出産・育児休暇の期間は，制度上はスウェーデンやドイツと並ぶ水準となりました。それでも，日本と韓国の出生率の低下は止まっていないのはなぜなのでしょう。その背景には，日本の場合は，出産・育児休業保障を制度活用することができない小規模事業所や非正規雇用で働く女性の多いことも影響しているでしょう。

　次に父親に対する有給の育児休暇制度はどうでしょう（▶表7-8）。スウェーデンは父親の育休取得期間は1995年から5.8週となり，2002年から2015年までは10週，

▶表7-7　母親のための有給の出産・育児休業保障の週

	1990	1991	1992	1993	1995	2000	2001	2002	2003	2004	2007	2008	2010	2015	2016	2017	2018
デンマーク	28.0	28.0	54.0	54.0	54.0	54.0	54.0	50.0	50.0	50.0	50.0	50.0	50.0	50.0	50.0	50.0	50.0
スウェーデン	63.0	63.0	63.0	63.0	58.7	58.7	58.7	60.0	60.0	60.0	60.0	60.0	60.0	60.0	55.7	55.7	55.7
ドイツ	70.0	83.3	83.3	109.3	109.3	58.0	58.0	58.0	58.0	58.0	58.0	58.0	58.0	58.0	58.0	58.0	58.0
フランス	16.0	16.0	16.0	16.0	16.0	16.0	16.0	16.0	16.0	42.0	42.0	42.0	42.0	42.0	42.0	42.0	42.0
イギリス	18.0	18.0	18.0	18.0	18.0	18.0	18.0	18.0	26.0	26.0	39.0	39.0	39.0	39.0	39.0	39.0	39.0
アメリカ	0.0	0.0	0.0	0.0	0.0	0.0	0.0	0.0	0.0	0.0	0.0	0.0	0.0	0.0	0.0	0.0	0.0
日本	14.0	14.0	14.0	14.0	58.0	58.0	58.0	58.0	58.0	58.0	58.0	58.0	58.0	58.0	58.0	58.0	58.0
韓国	8.5	8.5	8.5	8.5	8.5	8.5	8.5	8.5	58.4	58.4	58.4	58.4	64.9	64.9	64.9	64.9	64.9

（出典）　OECD, Gender, Family Dtabase,
産前産休と育児休暇の両方を組み合わせた子どもの出産後，女性が有給休暇を取ることができる合計週数を指す。1994年，1996-1999年，2005年-2006年，2009年，2011年-2014年までは各国とも変化なしのため省略。

▶表7-8　父親のための有給の育児休業保障の週

	1990	1991	1992	1993	1994	1995	1997	1998	2001	2002	2006	2007	2010	2014	2015	2016	2018
デンマーク	2.0	2.0	28.0	28.0	15.0	15.0	15.0	17.0	17.0	2.0	2.0	2.0	2.0	2.0	2.0	2.0	2.0
スウェーデン	1.4	1.4	1.4	1.4	1.4	5.8	5.8	5.8	5.8	10.0	10.0	10.0	10.0	10.0	10.0	14.3	14.3
ドイツ	0.0	0.0	0.0	0.0	0.0	0.0	0.0	0.0	0.0	0.0	8.7	8.7	8.7	8.7	8.7	8.7	8.7
フランス	0.0	0.0	0.0	0.0	0.0	0.0	0.0	0.0	0.0	2.0	2.0	2.0	2.0	28.0	28.0	28.0	28.0
イギリス	0.0	0.0	0.0	0.0	0.0	0.0	0.0	0.0	0.0	2.0	2.0	2.0	2.0	2.0	2.0	2.0	2.0
アメリカ	0.0	0.0	0.0	0.0	0.0	0.0	0.0	0.0	0.0	0.0	0.0	0.0	0.0	0.0	0.0	0.0	0.0
日本	0.0	0.0	0.0	0.0	0.0	0.0	0.0	0.0	0.0	0.0	0.0	0.0	52.0	52.0	52.0	52.0	52.0
韓国	0.0	0.0	0.0	0.0	0.0	0.0	0.0	0.0	0.0	0.0	0.0	0.0	52.0	52.6	52.6	52.6	52.6

注）父親のみが使用できる有給の育児休暇，「父親割当」または有給の育児休暇の期間を含む，父親の排他的使用のために予約された有給週数のこと。1996年，1999年-2000年，2003年-2005年，2008-2009年，2011年-2014年，2007年は各国とも変化なしのため省略。
（出典）　OECD, Gender, Family Dtabase.

2016年以降は14.3週に延長されています。フランスは，2001年まで無保障でしたが，2002年以降2週となり2014年には28週と拡張しています。日本と韓国はドイツと同様に2006年までは無保障でしたが，2007年から52週で出発し，韓国は2014年から52.6週に延長し，制度としては遜色のない水準に達しています。しかし，これは制度上の対比であり，男性の多数によって，実際にこれが活用されている状況とはなっていません。北欧では父親の育児休暇の取得が義務的になっていますが，日本では任意となっており，男性の育児休業の取得率は女性に対して極端に低い水準で推移しています（▶図7-5）。さらに小規模事業や非正規雇用で働く日本の男性労働者にとっては，利用困難です。

▶2＿＿社会保障による対応——家族・子育て支援の現金給付と現物給付
　子育てを支える社会保障としては，社会手当制度に含まれる児童手当などの現金

▶図7-5　日本の育児休業の取得率の推移

（注）　1年間の出生者（男性の場合は配偶者が出産した者）に占める育児休業を開始した者（開始予定の申し出をしている者）の割合。

▶表7-9　家族・子ども向け公的政策：現金給付の対GDP比（%）

	2001	2002	2003	2004	2005	2006	2007	2008	2009	2010	2011	2012	2013	2014	2015
デンマーク	1.5	1.5	1.6	1.6	1.5	1.5	1.5	1.5	1.6	1.6	1.5	1.4	1.4	1.4	1.4
スウェーデン	1.5	1.5	1.5	1.4	1.4	1.5	1.4	1.4	1.5	1.4	1.4	1.4	1.4	1.4	1.4
ドイツ	1.3	1.4	1.3	1.3	1.3	1.0	1.1	1.1	1.3	1.2	1.2	1.2	1.1	1.1	1.1
フランス	1.4	1.4	1.4	1.4	1.3	1.7	1.6	1.6	1.7	1.6	1.6	1.6	1.6	1.6	1.5
イギリス	1.7	1.7	2.0	2.0	1.9	1.9	2.0	2.3	2.5	2.6	2.5	2.5	2.4	2.3	2.2
アメリカ	0.2	0.1	0.2	0.1	0.1	0.1	0.1	0.1	0.1	0.1	0.1	0.1	0.1	0.1	0.1
日本	0.3	0.3	0.3	0.3	0.3	0.4	0.4	0.4	0.8	0.8	0.8	0.8	0.8	0.8	0.7
韓国	0.0	0.0	0.0	0.0	0.0	0.0	0.0	0.0	0.0	0.1	0.1	0.2	0.2	0.2	0.2

（出典）　OECD, Gender, Family Dtabase. 家族専用の公的支援（例：児童手当，育児休業給付）に関係している。

給付と，社会福祉に含まれる保育などの現物給付のサービスがあります。

　まず，現金給付の対GDP比をみてみましょう（▶表7-9）。2001年では子ども支援のさまざまな団体が活動するイギリスがトップの1.7%で，デンマーク，スウェーデンは1.5%，フランスが1.4%と上位にありました。これに対し，アメリカが0.2%，日本は0.3%，韓国は0%と最下位でした。2015年ではイギリスが2.2%，フランスは1.5%，スウェーデンが1.4%と上位を維持しています。日本は2009年の民主党政権時の子ども手当制度で0.8%水準まであがりましたが，2015年では0.7%の水準にとどまっており，韓国は0.2%となりアメリカの0.1%を越えたとは言え依然として低位のままです。

　次に保育・子育て支援などの現物給付の対GDP比をみましょう（▶表7-10）。

▶表7-10　家族・子ども向け公的政策：サービスと現物給付の対GDP比

	2001	2002	2003	2004	2005	2006	2007	2008	2009	2010	2011	2012	2013	2014	2015
デンマーク	2.0	2.1	2.1	2.0	2.0	2.0	2.1	2.1	2.3	2.2	2.3	2.3	2.2	2.1	2.1
スウェーデン	1.5	1.6	1.7	1.7	1.7	1.8	1.8	1.9	2.0	2.0	2.0	2.1	2.2	2.2	2.2
ドイツ	0.7	0.7	0.7	0.7	0.7	0.7	0.7	0.8	0.9	0.9	0.9	1.0	1.1	1.1	1.1
フランス	1.5	1.5	1.6	1.6	1.6	1.2	1.2	1.2	1.3	1.3	1.3	1.3	1.4	1.4	1.4
イギリス	0.8	0.9	0.9	0.9	0.9	1.0	1.1	1.1	1.2	1.4	1.4	1.4	1.3	1.2	1.2
アメリカ	0.7	0.6	0.6	0.6	0.6	0.6	0.6	0.6	0.6	0.7	0.6	0.6	0.6	0.6	0.6
日本	0.4	0.4	0.4	0.4	0.4	0.4	0.4	0.4	0.4	0.4	0.5	0.5	0.5	0.5	0.6
韓国	0.1	0.1	0.1	0.2	0.2	0.5	0.4	0.5	0.6	0.7	0.6	1.0	1.0	1.0	1.0

（出典）　OECD, Gender, Family Dtabase.

▶表7-11　家族・子ども向け公的政策──0–2歳児の公的保育・就学前教育を受ける割合（％）

	2005	2006	2007	2008	2009	2010	2011	2012	2013	2014	2015	2016	2017
デンマーク													55.4
スウェーデン						46.5							46.6
ドイツ	16.8					26.8							37.2
フランス	43.9	42.4	40.9	46.2	49.4	47.9	51.0	50.8	50.6	51.9	52.3	56.7	56.3
イギリス	37.0	39.7	44.8	40.8	41.3	40.1	39.1	31.0	34.4	33.6	34.4	31.5	37.7
アメリカ		27.4				25.8							
日本	16.2					18.9							29.6
韓国						38.2							56.3

（出典）　OECD, Gender, Family Dtabase.

2001年では，デンマークが2.0％で最も水準が高く，スウェーデンとフランスがいずれも1.5％でこれに次いでいました。これに対し，アメリカは0.7％，日本は0.4％，韓国は0.1％と最も低い水準にありました。その後，スウェーデンは2009年以降2.0％を超え2015年では2.2％となりデンマークの2.1％を超えています。フランスは2015年でも1.4％の水準を維持しています。しかし，アメリカと日本は2015年でいずれも0.6％の水準で停滞しています。しかし，韓国は2012年以降現物給付を増やし2015年ではアメリカ，日本を超える1.0％になってきており，保育政策の強化がはじまっていることが確認できます。

　上に見たような現物給付にかける力の入れようは，0〜2歳児の公的保育・就学前教育を受ける割合に明確に反映しています。▶表7-11をみますと，0〜2歳児の公的保育・就学前教育を受ける割合は2017年では，デンマークは55.4％，スウェーデンでは55.4％，フランスでは56.3％となっています。フランスは数値上は北欧に近いですが，2000年代に入り家庭的保育が増えたことが反映しているようです。[6]

*6)　神尾真知子（2007）「フランスの子育て支援」『海外社会保障研究』No.160，『諸外国における保育の質の捉え方・示し方に関する研究会報告書』株式会社SEED・プランニング（2019）。

▶表7-12　株式上場企業の取締役会で占める女性の割合（%）

	2010	2011	2012	2013	2014	2015	2016	2017
デンマーク	17.7	16.3	20.8	22.9	24.0	25.8	27.1	30.3
スウェーデン	26.4	24.7	25.5	26.5	27.6	32.6	36.9	36.3
ドイツ	12.6	15.2	17.9	21.5	24.4	26.1	29.5	31.9
フランス	12.3	21.6	25.1	29.7	32.4	35.6	41.2	43.4
イギリス	13.3	16.3	18.8	21.0	24.2	27.8	27.0	27.2
アメリカ	–	–	–	–	–	–	20.3	21.7
日本	–	–	–	–	–	–	4.8	5.3
韓国	–	–	–	–	–	–	2.4	2.1

（出典）　OECD.Stat, Gender, Employment.

日本は29.6％にとどまっています。これが，出生率の動向に大きく関連していることが明らかです。日本では2019年10月より3歳児以上の幼児教育・保育が無償化されましたが，女性の社会参加を支えるには0歳からの3歳未満の無償化が決定的に重要ですが住民税非課税世帯をのぞき実現していません。これでは保育料負担力で利用に壁ができ少子化効果を削ぐことになるでしょう。これにくらべて，2017年の韓国は56.3％となっており，近年相当力が入れられていることがわかります。この努力が維持されれば，韓国の極端な少子化の傾向に歯止めがかかることが期待できるでしょう。

§5 __ 意思決定の場への女性の進出

　子育てや介護，男性の育児参加の推進には，政府や企業や労働組合など，社会の意思決定の場に女性が進出し，女性の視点が全般的に反映されるようになることが不可欠です。

▶1 ___株式上場企業の取締役会への女性の進出

　まず，株式市場上場企業の取締役会で占める女性の割合（▶表7-12）をみると，2010年ではスウェーデンが26.4％の水準で相対的に高く，フランスは12.3％の水準でした。それ以降各国とも，その比率を上げ2017年では，フランスが取締役会の女性比率が43.4％と最も高くなり，スウェーデンは36.3％に達しています。ところがこれに対して，日本はなお，5.3％，韓国は2.1％と極めて少なく，企業の意思決定の場が男性中心になっている実態が目立っています。このような違いは，意思決定に女性視点が重視されるか否かに直接影響をおよぼしているだけでなく，女性が企業幹部へとキャリアアップしていけるような条件が企業内で整備されているか否かの違いを反映していることは間違いないでしょう。

▶表7-13　労働組合組織率の推移（％）

	1998	2000	2005	2010	2011	2012	2013	2014	2015	2016	2017	2018
デンマーク	76.3	74.5	71.5	67.2	67.8	68.0	67.8	67.4	67.1	65.5	66.1	66.5
スウェーデン	92.6	86.6	81.0	70.2	68.3	68.4	68.0	67.7	67.8	66.9	65.6	−
ドイツ	25.9	24.6	21.5	18.9	18.4	18.3	18.0	17.7	17.6	17.0	16.7	16.5
フランス	9.4	9.5	8.6	9.0	9.1	9.1	9.0	9.0	9.0	9.0	8.9	8.8
イギリス	30.1	29.7	27.0	26.8	26.5	26.1	25.4	25.0	24.2	23.7	23.2	23.4
アメリカ	13.4	12.9	12.0	11.4	11.3	10.8	10.8	10.7	10.6	10.3	10.3	10.1
日本	22.4	21.5	18.7	18.3	18.0	17.9	17.7	17.5	17.4	17.3	17.1	17.0
韓国	11.4	11.4	9.9	9.6	9.8	9.9	10.1	10.0	10.0	10.0	10.5	−

（出典）　OECD.Stat, Labour: Trade union density.

▶表7-14　労働協約が適用される労働者の割合（％）

	2000	2005	2010	2011	2012	2013	2014	2015	2016	2017
デンマーク	77.7	76.7	76.5	76.3	76.6	80.0	82.0	82.0	82.0	
スウェーデン	94.0	93.0	89.0	89.0	90.0	89.0	90.0	90.0	90.0	
ドイツ	67.8	64.9	59.8	58.9	58.3	57.6	57.8	56.8	56.0	
フランス			98.0		98.0		98.5			
イギリス	36.4	34.9	30.9	31.2	29.3	29.5	27.5	27.9	26.3	26.0
アメリカ	14.2	13.1	12.6	12.5	12.0	11.9	11.8	11.8	11.5	11.6
日本	21.1	19.0	17.6	17.8	17.5	17.1	16.9	16.8	16.7	16.5
韓国	15.2	13.1	12.7	13.0	13.2	13.3	13.3	13.2	13.1	

（出典）　OECD.Stat, Labour: Collective bargening coverage.

▶2＿＿＿労働組合組織率と労働協約が適用される労働者の割合

　労働者の意思表示の組織である労働組合役員のなかでの女性の比率がわかるデータは見つかりません。その代わりに，前提となる労働組合の組織率をみておきます（▶表7-13）。まず，注目されるのは，1998年と2017年にかけての傾向的な組織率の低下が，韓国をのぞく国でみられることです。この要因としては，グローバル化の下での移民労働者増，サービス経済化のもとでの小規模の事業所の増加，非正規労働者の増加が急速に進み，労働組合への組織化が追いついていないことが予想されます。それでも，スウェーデンの組織率は依然として労働者の3分の2を超えています。日本，韓国はアメリカ，ドイツとともに10％台にとどまっています。

　ところが，フランスも8.8％ともっとも低くなっているのです。なのに，どうして労働者にとっての条件の改善が進んでいるのでしょう。その根拠を把握するには，働く労働者の状態は労働組合の組織率とともに，労使で締結される労働協約が適用される労働者の範囲がどれくらいかということもみておかなければなりません。▶表7-14は，労働協約が適用される労働者の割合の推移を示しています。

　この比率は産業別労働組合の代表と経営者団体の代表による労使交渉を基本に据

▶表7-15　国会議員の女性議席率（%）

	1997	2000	2005	2010	2011	2012	2013	2014	2015	2016	2017	2018	2019
デンマーク	33.0	37.4	38.0	38.0	38.0	39.1	39.1	39.1	38.0	37.4	37.4	37.4	37.4
スウェーデン	40.4	42.7	45.3	46.4	45.0	44.7	44.7	45.0	43.6	43.6	43.6	43.6	47.3
ドイツ	26.2	30.9	32.8	32.8	32.8	32.9	32.9	36.5	36.5	36.5	37.0	30.7	30.9
フランス	6.4	10.9	12.2	18.9	18.9	18.9	26.9	26.2	26.2	26.2	25.8	39.0	39.7
イギリス	9.5	18.4	18.1	19.5	22.0	22.3	22.5	22.6	22.8	29.4	30.0	32.0	32.0
アメリカ	11.7	13.3	15.0	16.8	16.8	16.8	18.0	18.3	19.3	19.4	19.1	19.4	23.5
日本	4.6	4.6	7.1	11.3	11.3	10.8	7.9	8.1	9.5	9.5	9.3	10.1	10.2
韓国	3.0	3.7	13.0	14.7	14.7	14.7	15.7	15.7	16.3	16.3	17.0	17.0	17.1

（出典）Inter-Parliamentary Union, Statistical Aerchive Women in National Parliaments:下院（衆議院）もしくは一院での女性議席率を示す，各年初頭のデータ。

えている国で高い傾向があります。スウェーデンとフランスは2000年から2016年まで90%の水準を維持しています。これは労働組合の組織率よりも相当に高い割合で，労使交渉の結果が大部分の労働者に影響を及ぼすことになっているのです。日本と韓国はアメリカと同様この点でも相当に制約をもっているとみておかなければなりません[7]。

　アメリカ，日本，韓国のような労働協約の適用される労働者の比率の低さは，出産・育児休業の条件を実質的に拡大していく上で労働者の意向を反映させる力を発揮していく条件の弱さに結びついています。これは労働組合の組織率の問題としてだけではなく，産業別労働組合としての組織形態を含めた労働協約締結システムのあり方が大きな検討課題として存在していることにほかなりません。

▶3　　国会議員への女性の進出

　最後に，国会議員の中で女性の占める比率を見ておきます（▶表7-15）。比較データは，下院（または衆議院，一院制の国では一院の）女性議員の比率です。1997年ではスウェーデンが40.4%でデンマークが33.0%，ドイツの26.6%がそれにつぎ，これら三カ国が女性議員の比率が高い国でありました。それが，2019年には，スウェーデンは47.3%と半数近くになり，これに次いで，フランスは国会議員でも39.7%となっています。かつて，エスピン・アンデルセンが「保守主義レジーム」の国としたフランスやドイツでも女性の進出が著しいことが注目されます（第05章参照）。これに対して，アメリカは23.5%，韓国が17.1%，日本は最下位の10.2%となっているのです。日本や韓国の出生率の低さや，アメリカ，日本，韓国での家族子育て分野への公的施策の立ち後れも，女性国会議員の比率の低さと大いに相関性が高いと

---

[7]　山本陽大（2014），脇田滋（2019）参照。

言えるでしょう。とはいえ，韓国は2005年以降女性議員の比率で日本を追い抜き上昇を続けていることは，この国の近年の著しい変化であり，日本にも影響するものとして注目されます。

　日本における少子化問題の解決には，少なくともここで見た来たような視野をもって検討がなされる必要があるでしょう。そのことを抜きに，ただ「国難」と叫んでも問題の解決には一歩も近づけないと言えるのではないでしょうか。

第08章

沖縄で考える貧困の世代連鎖

　第03章で紹介した，社会保障制度審議会の「50年勧告」は，社会保障を次のように規定していました。

　　いわゆる社会保障制度とは，疾病，負傷，分娩，廃疾，死亡，老齢，失業，多子その他困窮の原因に対し，保険的方法又は直接公の負担において経済保障の途を講じ，生活困窮に陥った者に対しては，国家扶助によって最低限度の生活を保障するとともに，公衆衛生及び社会福祉の向上を図り，もってすべての国民が文化的社会の成員たるに値する生活をいとなむことができるようにすることをいう。

　沖縄は，第二次世界大戦後の米軍の日本占領の後，1951年4月28日発効のサンフランシスコ講和条約によって，アメリカ合衆国の施政権下に置かれました。そして，日本に返還されたのは1972年5月15日でした。ですから，「50年勧告」が提起した，社会保障制度は，沖縄では本格的に整えられず，施政権返還後に持ち越されてきました。また日本国憲法の適用外におかれてきたのです。しかも，沖縄を統治したのは，生活の自己責任と市場での対応を基本とする「自由主義レジーム」の国アメリカであり，その軍隊でありました。このことは，沖縄においては，第05章でみたような社会福祉の「三元構造」のうち，社会問題は存在しても，憲法をよりどころにした運動や，憲法に基づいて対応を要請される政策主体の確立は困難で，本土復帰の1972年までもちこされました。しかも，その時期は第06章でみたように，福祉元年から福祉見直しに転換し，福祉抑制政策に舵がきられようとする日本でした。
　今日の沖縄には，日本にある米軍基地の多数がなお立地しています。しかしその他方で，国内だけではなく，東アジア有数のリゾート地として注目を浴び，訪れる人は年々増えており，本土から移住する人も少なくありません。本章では，このような沖縄に暮らす人々のなかでも貧困層にある人々の生活史を辿ることを通して，「貧困の世代連鎖」の社会的構造について探求して見たいと思います。

§1 __ 「貧困の世代連鎖」が社会問題に

　ここでいう「貧困の連鎖」とは，親世代の貧困が子ども世代に引き継がれるという「貧困の世代連鎖」を意味しています。資本主義以前の，身分制社会では，身分が職業と結びつき経済的地位が固定され，しかもその身分は親から子どもへと世代的に継承されます。商人は商人に，農奴は農奴に，武士の子は武士になるものとして育てられ，職業選択の自由も経済的な地位の平等も存在しませんでした。そのような身分制度のもとで，経済力を蓄えた商人・小経営者・小資本家層が自由と平等の理念を打ち立て，農民やその他の勤労階層をリードし身分制度を打破する多数派を形成し政治力を蓄えることに成功した場合に市民革命が達成されたのです。

　資本主義的経済発展による「近代化」は資本蓄積に対して相対的に過剰な人口を生み出し，周期的に起こってくる景気の変動を通じて失業者層や失業予備軍を生み出し，貧困層を社会の中に沈殿させていきます。これを基盤として発生する労働運動や社会運動に押されて，国家による社会保障政策や社会福祉制度や公的扶助制度などの「民主化」につながる制度が徐々に整備されてきました。また，第二次世界大戦直後の社会・経済的な変動期や高度経済成長期には，子どもの世代が親の世代よりも裕福になったり，階級・階層上の地位が上がったりすることが起こり，その逆に裕福な階層の親元に生まれた子どもが大人になって経済的に転落することもありました。このように経済的な地位が階層を超えて上下移動する場合を社会学では「垂直的な社会移動」と言います。農業や自営業をおこなっている世帯の子ども世代が労働者になったり，自営業主やサラリーマンの子どもが企業経営者（資本家）や独立の開業医になることは，階級や階層を超えた「垂直的な社会移動」の例です。この過程は農村から都市へ，あるいは都市からまた別の都市へといった就労する場所の移動や居住地の移動を伴います。これを「水平的な社会移動」と言います。資本主義の勃興期やその後も周期的に発生する景気の上昇期にはこのような社会移動が大きくなる傾向にあります。このような「社会移動」の事実を根拠にして資本主義社会は「自由な社会」だと言われることがあります。特定層の経済的な地位が親から子へと固定的に再生産されるとは限らず，だれにも地位上昇の機会が保障され，失敗のリスクを補うために社会保障制度が用意され，いつでも「再チャレンジ」できる「自由な社会」だというわけです。しかし，社会に一定の貧困層が再生産されることがなくなるわけではありません。日本社会は戦後高度成長期から1980年代まではそのような自由な社会とみなされてきました。

　ところが，1991年にバブルが崩壊し，1995年には日経連が『新時代の「日本的

▶図8-1 国別の富裕層人口（2009-2010）

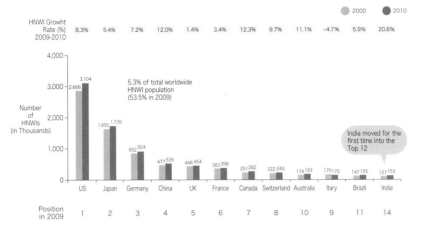

(注) グラフ中の数値や記載した比率は端数処理のため合計と一致しない場合がある。
(出典) メリルリンチ（2011）「ワールド・ウエスト・レポート」2011年のキャップジェミニ・ローレンツ曲線分析。

経営」──挑戦すべき方向とその具体策──』で非正規雇用導入を積極的に提唱しました。[*1] OECDが2005年に発表したデータでは1990年代後半にすでに日本の相対的貧困率はアメリカ次ぐ第2位と高くなっていることが明らかにされました。さらに2008年9月のリーマンショック後の日雇い派遣労働者切りや，2008年末の「年越し派遣村」を経て，日本社会で進行していた貧困・格差の広がりに社会的な注目が集まっていきました。そして，「子どもの貧困」や「貧困の連鎖」への注目へと深化していったのです。さらに，非正規の単身労働者やホームレスの人の増大によって，家族形成をすることさえ困難な状態に置かれ，「貧困の世代連鎖」さえも起こらない状態が日本の各地で生じてきていることも露わになっていきました。

　しかし他方で日本には，いわゆる「富裕層」の集積も相当の規模で進んでいたことにも眼を向けておかなければなりません。「ワールド・ウエルス・レポート2011」[*2]によると（▶図8-1），100万ドル以上の投資資産を有する富裕層は，173万9千人でアメリカに次いで世界第2位となっており，2009年から2010年の間に5.4％増加しています。約174万人はその家族を含めるとおよそ400万人になるでしょう。この400万人という規模は総人口1億2700万人の3％になります。国民の3％の超

---

*1) 日経連（1995）。
*2) メリルリンチ・グローバル・ウェルスマネジメントとキャップジェミニ（2011）。

富裕層が日本に存在するようになってきているわけです。今日の日本で，貧困層が生活を支え，教育や就労の機会を通じて，「再チャレンジ」する機会が乏しくなり，富裕層が富裕な状態を維持拡大していける社会となっているとするなら，現代日本が「垂直的な社会移動」が起こりにくく，階層格差が固定的に再生産される「身分制社会」に形態的に類似した格差社会になっていると言えるでしょう。

§2 ＿ 従来の「貧困の世代連鎖」のとらえ方

「貧困の世代連鎖」をどのようにとらえればよいのでしょう。貧困研究者の岩田正美（2004）は，貧困と結びつきやすい要素をあげ，それらを「原因」と「結果」に整理分類した次のような見解を述べています。

> 貧困全体と結びつきやすい要素としてはっきり示されたのは，離死別経験及び未婚継続，離職，相対的に低い学歴の中卒・高卒，子供の数では子供3人以上，および標準的生活様式からの脱落，借家居住である。離死別経験，未婚継続，離職，子供の数，中卒，高卒は貧困の原因と考えられ，他方，標準的生活様式からの脱落，借家居住は貧困の結果といえる。[3]

この見解は，一見妥当のようにみえますが詳しく検討をしてみるとこのような分類はほとんど意味をなさないことがわかります。例えば岩田が「貧困の原因」としている「離別」は，専業主婦層にとっては離別後の貧困生活の「原因」になり得ますが，貧困生活の下での夫婦間の不和の「結果」として「離別」に至る場合がしばしばです。「離別」をめぐる階層性に留意をする必要があります。また，「未婚」は「貧困の原因」とされていますが，貧困なために家族を形成することができないというように貧困の「結果」である事例が多いのではないでしょうか。同様に「中卒」は家庭が貧困なために，高校進学への条件がない故の「結果」である場合も多いのです。また他方で岩田は「標準的生活様式からの脱落，借家居住」を「貧困の結果」としています。標準的生活様式から脱落した家庭で育ちゆくことが子どもたちの発達を阻害し，それがその子が大人になったときに貧困者になり貧困の世代連鎖の原因になることもあるのではないでしょうか。貧困による「結果」が次の世代の貧困の「原因」に転化していくわけです。こうみてくると，岩田が抽出した諸要素は，貧困と相関性のある要素を指摘したものではあっても，その因果関係を解明したものとはなっていないことがわかります。

貧困の因果関係の解明に進むには，岩田の確認した諸要素の背後にある因子の究

---

*3) 岩田正美（2004）226頁。道中隆（2009）79頁。

明に進まなければなりません。それは，貧困層を創出する社会・経済構造レベルの要因や，機会均等を保障するはずの教育保障や社会保障・社会福祉に関連する政策の貧困が貧困層を再生産する問題性にも，触れなければならないでしょう。

　道中隆（2007）は，先にみた岩田の整理を継承しつつ生活保護世帯の貧困の基本的な特徴として次のような諸点があることを導き出しています。

　　①保護受給層の学歴は72.6％が中卒もしくは高校中退で低位学歴，②学歴の低位性と日本型ワーキングプアは基本的に相関関係にある，③保護履歴率が21.6％と高く生活基盤の脆弱性がある，④貧困が親から子へと世代間にわたる世代間継承が25.1％，高齢者世帯を除いて28.8％，母子世帯40.6％と高率に出現，⑤10代出産のハイリスク母子26.4％の出現，⑥稼働世帯の就労インセンティブの弛緩。[*4]

　道中がここで挙げている，①の低学歴は②でワーキングプアと相関関係があるとしています。しかし，低学歴は子ども時代の育ち行く家庭の貧困の結果なのではないでしょうか。③の保護履歴率の高さや④の世代間継承率の高さは（30％弱ということは70％以上の人はそうではないという事実があることもみないといけませんが），それだけ社会保障や社会福祉などが，貧困世帯の子どもたちの自立を支援する機能を発揮していないことを示しているとも言えます。また⑤10代出産を「ハイリスク」母子としていますが，中卒で就職をした場合は10代で結婚し，もしくは未婚で出産する可能性が高くなるのは当然です。問題は10代に出産することではなく，10代に出産した女性が母子家庭となり「ハイリスク」となってしまう社会が問われるべきでしょう。⑥「稼働世帯の就労インセンティブの弛緩」という評価も再検討が必要です。労働条件が劣悪で低収入な就労を重ね健康を損ねてしまったり，子どもの不登校をかかえて就労に消極的となった場合に，それを「就労意欲の弛緩」と判断することはできないでしょう。このような分析に留まれば道徳主義的で管理主義的なケースワークを呼び起こす危険性が高いと言わざるを得ません。

　にもかかわらず，道中は，生活保護受給者の多い母子世帯の「調査」を実施し，その結果として，次のような「貧困誘因」があるとしています。

①2人以上の子どもを有する世帯は貧困にかかわる誘因がつよく保護からの脱却の困難性があること，②10代出産のママはDVの被害者，児童虐待の加害者である（あった）確率が非常に高い，③保護という経済的貧困のみならず生活上の困難が次世代へと引き継がれ世代間連鎖があること，④離死別者（相手）は低学歴で被保護母子の世帯主の低位学歴とのマッチング度が高いこと，⑤離死別者（相手）は非正規就労など不安定で扶養援助が期待できないこと，⑥被保護母子世帯は低位学歴のため不安定就労を余儀なくされ稼働所得が期待される収入見込月額より大幅な低収入となっていること，⑦近親者との疎遠な関係，居住

---

*4)　道中隆（2007）14-20頁。道中（2009）79頁。

の変動が多く地域社会から孤立していること，⑧うつ病，心身症，抑うつ病，不安神経症，気分障害など精神疾患が多く疾病構造に特徴があること。[*5)]

　道中が実施した「調査」とは，実際に生活保護受給者に面接を実施してのものではなく，生活保護ケースワーカーによって記載されたケースワーク記録の分析によるものです。これらは受給者の外面的な特徴の列挙ではあっても「貧困誘因」であると即断できるものではありません。例えば，「①2人以上の子どもを有する世帯は（中略）保護からの脱却の困難性がある」としています。それは子ども多さを問題にしているようにも見えます。しかし，子どもが多いことが何故に貧困からの脱却を困難にしているのかの解明が必要ではないでしょうか。多子は将来の生活防衛のための戦略である場合があります。このような問題指摘は，多子を支える児童手当などの所得支援の不足，働きながらの子育てを支える保育制度の問題，教育費の公的保障の低さ等の問題を不問にした議論だということもできるでしょう。
　また「②10代出産のママはDVの被害者，児童虐待の加害者である確率が高い」という指摘も，若年ママへの子育て支援の必要性とその不備を指摘しなければ，10代出産ママへの偏見を呼び起こしかねません。実際にはママによる虐待ではなく，父親による虐待であったり，夫のプレッシャーを受けての虐待である事例が少なくないという現実もあるのです。
　さらに道中は，「離死別者（相手）」は④「低学歴」で⑤「非正規就労で扶養援助が期待できない」という事実を指摘しています。このような事例はたしかに少なくはないですが，保育・学童保育の不備や，あっても保育料が高くて預けられなかったり，子どもを進学させるために授業料以外に多くの父母負担を強いる教育の実態が，貧困世帯には不利に働く現実をみなければなりません。また低学歴の人を吸収する非正規雇用をつくりだしている社会・経済構造も問われなければならないでしょう。⑥「被保護母子世帯は低位学歴のため不安定就労を余儀なくされ稼働所得が期待される収入見込月額より大幅な低収入となっている」という事実も同様の課題が引き出されます。
　「⑦近親者との疎遠な関係，居住の変動が多く地域社会から孤立していること」や「⑧うつ病，心身症，抑うつ病，不安神経症，気分障害など精神疾患が多く疾病構造に特徴がある」こともしばしば見られる事実ではありますが，それらは「貧困誘因」というよりも，貧困生活が長引いた結果である場合が多いのです。

---

*5)　道中隆（2009）108頁。

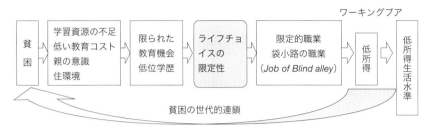

▶図8-2　道中氏の貧困の世代間継承モデル

（出典）　道中隆（2009）。

§3 ＿ 貧困の世代連鎖要因の連関

　道中（2009）は貧困の「世代間連鎖」を「子どもにとって貧困家庭で育つことは
ライフチャンスが限定的となり，世代を超えて貧困や不平等が受け継がれていく可
能性がより高い。子ども時代の経済的不利益の経験が大人になってからも所得，職
業の就労状況等に大きな影響を及ぼしている」とし，そのプロセスを▶図8-2のよ
うに示しています。[*6]

　この整理は，「貧困の世代連鎖」の循環プロセスを示してはいますが，§4で紹
介する私たちが実施した調査で得られた知見にもとづくと，次のような補強が必要
と考えます。

　まず第一に，「家庭の貧困」を生み出す親の低所得をもたらす要因を問わなけれ
ばなりません。たとえ学歴を確保しても労働市場が狭まっているために失業のリス
クが高まるというような要因もあることを不問にするわけにはいかないのです。こ
のような「社会・経済構造」の問題は道中の図の中から除外されてしまっています。

　第二に，貧困からくる制約を脱し「貧困の世代連鎖」から離脱しようとする，本
人や家族による意欲ある試みを支える社会福祉（生活保護制度や保育所の拡充と保育料
の軽減策，学童保育等），教育支援（奨学金制度や教育費の無償化やどの子も伸びる手厚い
支援等）や医療保障（医療費補助や子ども医療費の無料制度等）や，住宅保障（低家賃住
宅や住宅費補助等）などの国や地方自治体の広義の社会政策による支援の仕組みを除
外して，現代の「貧困の世代連鎖」をとらえることはできないということです。こ

---

*6)　道中隆（2009）108頁。

れでは「貧困の世代間継承」の筋のみを鮮明にしようとする意図が強いために，貧困からの脱出を支援する道筋における課題や問題点の解明が軽視されていると言わなければなりません。

　なぜなら，私たちの調査事例では，生活費を稼ぐために子どもを保育所に預けて働きたくても，認可保育所には入れず，しかも無認可保育所では保育料が高いことを訴える人や，子どもを幼稚園に入れるほかなく，働くことを断念した人もありました。また，母親が働いているために放課後家に帰っても，誰も家にいない状態でゲーム等に興じている子どもたちの現実は，保育所や学童保育や児童館の整備を緊急に求めている事態でもあります。学費の負担を意識して定時制高校に進学し，深夜にわたり働きながら学ぶという強い意志の持続を要する生活をつづけてきた高校生も多くいました。そんななか，中学校で不登校だったが定時制高校の先生や学友との出会いで前向きになれたと語る高校生もありました。医療費が払えずに子どもの治療を途中で切り上げた人，医療にかかるのが遅れ病気が悪化し仕事を続けられなくなった人，住居費が払えず住まいを出ざるを得なくなった人，生活保護申請ができなかった人，住居で勉強するスペースや机すらなく畳の上で宿題をする子どもたち，仕事を失うと同時に住まいをなくした人もありました。生活保護を受給するようになってやっと一息つけて，生活を再建する意欲を持てるようになった人がある一方で，子ども時代に福祉事務所の職員の「介入」が屈辱の記憶として残り，生活保護申請を避けてきたために生活苦からなかなか抜け出せなかった人，生活保護制度の存在すら知らなかった人もありました。

　これらの事例が示すことは，保育・医療・教育・住宅・生活保護制度のあり方次第では，「貧困」生活の再生産からの離脱の契機となる可能性がありながら，制度の不備や不親切な支援がそれを阻んできたという現実があるということです。国や地方自治体レベルでの保育・医療・教育・住宅・生活保護分野の施策の有効性と支援のあり方が大いに問題にされなければなりません。

　第三には，中学校でのいじめや不登校が，その後の社会的自立をめざす際のハンディとなっている点です。調査対象となった中学生と高校生の全員が不登校を経験し，スクールソーシャルワーカーやNPOによるサポートを経験していました。これは，今の子どもたちの親の世代は経験していない新しい現象であるとも言えます。その背後には両親や母親の仕事に追われた生活の結果による「家庭内での養育力」の弱さや，人間関係の基礎を形成する経験の不足，貧困生活による不健康や生活習慣の差異，学習の遅れ，あるいは「発達障害」等が形成されている可能性があることを示しています。それらの眼に見える差異がクラスのなかで目立ち，そのことへ教師の対応が適切ではなかった場合にいじめが発生し，それを避けるために不登校生活が長期化すると考えられるのです。

第四には，子どもや親の生活の場に近いところでの，子どもたちの居場所づくりや，親への相談支援体制の有無です。かつては地域の共同体の中にそれが用意されていました。しかし，親の共稼ぎ労働者化と長時間労働が進み，地域での世代を超えた文化的な交流環境の荒廃が進む中ではこの問題はますます深刻になっていると言えます。那覇市で活動しているNPOを主体とした「現代の寺子屋プロジェクト」では，「ことばの教育（M塾）」「食育」「訪問活動」「しゃべり場」「放課後学習」「学習塾」「遊び」「お母さんの料理教室（食育の発展的とりくみ）」多子家庭の子どもたちを対象とした「子ども向け料理教室（食育の発展的とりくみ）」「子どもの一時預かり」「夜回り活動」など多様な活動を試行していました。このような当事者によりそう支援が子どもたちや親を勇気づけるものだと判断されたからです。

　第五に，貧困や障害から，やむにやまれず万引きや窃盗などの軽微な犯罪をしてしまう場合があることです。軽微な犯罪であってもそれを繰り返すことによって，長期の刑期を科せられ[*7]，そのことが更に新たな困難を引き起こしているのです。その人が母親であれば，子どもの養育や発達に深刻な影響を及ぼすおそれがあります。刑を終えたあとの親族を含む社会関係の再構築や社会復帰が困難となり貧困で孤立した生活に戻ってしまう誘因も強く働いてしまいます。軽微な犯罪を繰り返す人には知的障害が絡まっている場合もあり，障害者福祉的な観察や支援が警察ではなされなかったことも問題になるでしょう。

　第六番目には，貧困のもとで親族や友人・同郷者のネットワークの役割です。これらの社会的ネットワークは全国どこにでもみられますが，相互扶助の考え方を示す「ゆいまーる」で有名な沖縄県ではとりわけ強く残っているとされてきました。ある人はホームレス状態になった時，車をもっていた友人と車上生活をはじめ日雇い仕事を探す範囲が広がったと言います。またある女性は結婚前に妊娠し，生活や育児や仕事のことでノイローゼになったとき兄嫁に助けてもらって「乗り越えられた」と言います。母子世帯で夜間高校生の孫の昼食を，働きに出ている母親である娘に代わって，近くに住む祖母がつくってあげている例もありました。ところが，貧困の広がりや社会保障の不備がそのようなネットワークへの過度の依存を誘発し，信用崩壊をもたらし社会関係をこわしていくケースも出てきています

　後述の沖縄での調査結果も踏まえて導き出された「貧困の世代連鎖」の連関図（▶図8-3）を仮説的に作成しました。この図は，親世代の貧困からはじめ，子ども世代にどのように貧困が継承されていくか，あるいは離脱の可能性がどこにあるかを示したものです。この図は，沖縄以外の貧困の世代連鎖の要因を見つけ出す手がかりを与えるでしょう。

---

*7)　浜井浩一（2009）。

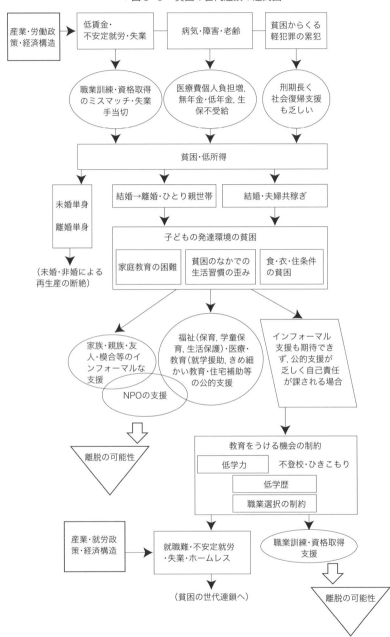

▶図8-3　貧困の世代連鎖の連関図

産業・労働政策・経済構造

低賃金・不安定就労・失業

病気・障害・老齢

貧困からくる軽犯罪の累犯

職業訓練・資格取得のミスマッチ・失業手当切

医療費個人負担増, 無年金・低年金, 生保不受給

刑期長く社会復帰支援も乏しい

貧困・低所得

未婚単身

離婚単身

（未婚・非婚による再生産の断絶）

結婚→離婚・ひとり親世帯

結婚・夫婦共稼ぎ

子どもの発達環境の貧困

家庭教育の困難

貧困のなかでの生活習慣の歪み

食・衣・住条件の貧困

家族・親族・友人・模合等のインフォーマルな支援

福祉（保育, 学童保育, 生活保護）・医療・教育（就学援助, きめ細かい教育・住宅補助等の公的支援

NPOの支援

インフォーマル支援も期待できず, 公的支援が乏しく自己責任が課される場合

離脱の可能性

教育をうける機会の制約

低学力

不登校・ひきこもり

低学歴

職業選択の制約

産業・就労政策・経済構造

就職難・不安定就労・失業・ホームレス

職業訓練・資格取得支援

（貧困の世代連鎖へ）

離脱の可能性

§4 ___ 調査結果：貧困の世代連鎖を示す人の共通性

　この節では，貧困の世代連鎖の仕組みを捉えるために実施した調査の結果を紹介します。

▶1 ___調査の特徴

　調査は，2013年3月に沖縄県那覇市で貧困者の支援活動を行っている独立型社会福祉士事務所「NPO法人いっぽいっぽの会」と立命館大学大学院社会学研究科石倉研究室とが共同で実施しました[*8]。調査対象は，「いっぽいっぽの会」の相談者家族で調査に協力することを承諾された大人や親と子どもたち31人でした。調査項目は，大人に対しては，健康状態や病歴，学歴・仕事歴，住居歴，家族歴などの生活史の他，生活保護をはじめとする社会資源の利用，「いっぽいっぽの会」との関わり等をたずねました。子どもたちには，友達との関係，学校生活，一日の生活や将来の夢，放課後学習等をたずねた半構造的なインタビュー調査でした。調査日時は，2013年3月3日〜3月7日で，本人の同意の上で落ち着ける場所を確保し実施しました。

　子どもの貧困連鎖の実態を明らかにしたものとしては，教育現場からせまった保坂渉・池谷孝司らの東京と大阪で取材したルポルタージュ[*9]や，大阪の生活保護世帯に焦点を当てた道中隆の研究[*10]等があります。しかし，「生活保護受給者を対象とした生活実態調査は重要な個人情報を扱うため，これまでほとんど行われておらず，先行研究も極めて少ない」[*11]のが現状です。道中の行った調査は，福祉事務所等の公的機関のケースワーカーが作成したケース記録等を調査の基本資料としています。データの収集者と調査対象者の間の関係いわば権力的な関係が介在する面があり，それがデータの収取に制約を与えている可能性があります。これに比較して，私たちが実施した調査は，貧困当事者に寄り添う支援をおこなっているNPO法人が，関係を維持している対象者が調査の対象となっており，一人一人の生活史におよぶ，かなりパーソナルな実態まで把握することができた貴重なデータとなっています。また，これまで沖縄の基地問題の陰になって，あまり光が当てられてこなかった沖縄の貧困層の実態について生活史に関する「語り」を通して明らかにしたもの

---

*8)　NPO法人いっぽいっぽの会（2013）。繁澤多美・高木博史編著（2015）。
*9)　保坂渉・池谷孝司（2012）。
*10)　道中隆（2009）。
*11)　道中隆（2009）9頁。

▶表8-1　沖縄に生まれて母親となった女性たちの生活史

	母子世帯			父子世帯		両親と同居だが貧困				両親同居
	F1	F2	F3 (F9の長女)	F4	F5	F6	F7	F8	F9 (F6の長女)	F10
幼少期の生家	1957年生	1970年生	1996年生	1968年生	1972年生	1947年生	1950年生	1972年生	1976年生	1971年生
	4人きょうだいの三女	一人っ子	4人きょうだいの長女	4人きょうだいの長女	4人きょうだいの次女	5人きょうだいの長女	5人きょうだいの長女	3人きょうだいの末っ子	6人きょうだいの長女	5人きょうだい
	沖縄本島市部生まれ中学生の時父病気死亡	那覇生まれ・知的障がい・父入籍せず顔を知らず、生保世帯	那覇生まれ出生直後母親離婚	沖縄本島市部生まれ3で母2歳の時母死亡	那覇生まれ小3の時父死亡13歳の時母方祖母と同居	沖縄県島しょ生活苦しかった	沖縄県島しょ父祈祷師魚行商のち機機の荷役	那覇市生まれ中2の時実家は市内で転職	那覇市生まれ父運送業母困酒屋	那覇市生まれ父出身港湾荷揚げ母専業主婦
	中学時代に姉の子の子守、高校時代の食堂でバイト	一家が間借り生活、「勉強嫌い」夜遊び	帰校時母は仕事で家に居ず、中学不登校	父親の元を離れ悲しい思い強くれる	祖母に育てられる	小中学と島で過ごす	学校嫌いで妹の子守	働きながら高校に通う	勉強嫌い、家に帰るのが嫌で外泊	通訳になる夢は否定高校のクラブも禁止、門限6時
就職・転職	高卒	中卒	中卒	中卒	短大保育科中退	中卒	中卒	定時制高校中退	高校中退	高卒
	1975年	1985年	2009年	1984年	1993年	1962年	1965年	1989年	1993年	1989年
	反物販売店員4年	居酒屋でアルバイト	飲食店員	姉を頼り京都で就職パン菓子製造工場従業員2年	高卒後奈良で衣料品製造工場に勤めて夜短大に	島のよろず商店店員	那覇に出て下着卸店店員	ゲーム喫茶で深夜アルバイト月30万稼いだが廃業	妊娠出産を機に退学引っ越す子は死亡	関西で働きつつ専門学校へ
	クリーニング、ケーキ、加工食品販売店を転職	15時から22時まで勤務週1日休み	―	沖縄に戻り1年遊びスナックで働く	沖縄の実家に戻り弁当屋、居酒屋、洋服店などのアルバイトを5年	75年那覇に渡り寿司店アルバイト	69年に東京のパチンコ店71年に戻りおでん屋手伝い	96年福岡の店員その後静岡、新潟、滋賀工場を転職	―	92年に身体を壊し沖縄に戻る、叔母の食堂でアルバイト
結婚・出産・育児保育	退職結婚	結婚	妊娠結婚退職	妊娠結婚退職	結婚	結婚入籍	結婚	妊娠未婚の母	妊娠未婚の母	妊娠結婚
	1985年	1987年	2011年	2000年	1998年	1977年入籍	1973年	2005年	1995年	1994年
	夫大手スーパー社員収入は良	夫も近くでアルバイト、88年夫が友人と京都で働く同行	夫運送会社契約社員	夫タクシー運転手	夫は30万近い月給あるも脳腫瘍の手術で退職	夫トラック運転手	夫大工手伝い、運送業、季節工と転職	夫の母との関係が悪く、退学のまま沖縄で母と同居	長女出産後夫は出て行った	夫は店の客、しゃべりを辞めてアパート暮らし
	1988年長男出産息子3人、3男に軽度の知的障がい	1988年長女出産、翌年長男出産、子どもは5人	2012年長男出産	娘1人てんかん持病、本人07年胆石手	1999年長男翌年次男出産子ども2人	1975年長女出産子ども6人	1973年長女76年長男出産	2005年長女0歳で無認可保育所に保育料4万	子ども4人	1995年長男出産子ども4人
	子育てに手が取られる主婦がこじれる	京都で保育所に預け働く	夫出産後カラオケ店でもアルバイト、母の援助とママ友	夫の実家に同居、夫婦仲よく助けられる	無認可保育料、次男情緒障害で特別支援学級	居酒屋調理場で働きながら子育て五女も肺炎の時大変	夫肺炎入院予防暮らす、夫は実家の大工手伝いに	長女1歳半認可保育所に	2003年子どもを母親に預けスナックで働く	夫給料入れず長男ぜんそく診療途中で医療費払えず
後の仕事・子育て・介護・生保等	1997年離婚新聞配達で生活	夫の飲酒暴力から逃げ帰り1991年離婚	余裕はないがなんとか生活できている	2008年ホテル清掃員として働き始めるが倒産	2002年パン屋と居酒屋と掛け持ちで6年働く	1980年ホテルに就職するも、勤務時間減	1983年に夫について内地に転職2004年戻る	2007年飲食店のパートをはじめる	2010年ヘルパー資格取得11年より有期雇用に	夫結金融で家賃滞納付コンビニ店バイトしヘルパー教室
	保険販売員と新聞配達員を掛け持ち	保育所の空きが見つかり飲食店、ホテルで働き始める	子どもを保育所に預けたら働きたい	失業保険の訓練給付でコンピュータ学院に通うが仕事なし失業	夫はアルコール依存症気味	83年食堂に転職2004年に57歳で定年退職	2000年100万の借金残し夫から離婚、母の公営住宅に同居	2012年より母の介護と子育てのため勤務時間を9時から14時に短縮	2012年通信制高校卒業	2004年離婚、生活保護受給
	2008年51歳で体調不良で退職・失業	02年運送業と再婚するも06年離婚	―	10年卵巣摘出手術11年夫脳梗塞で入院	ホール清掃業で16~18万の収入	92年夫の酒乱暴力から逃げるように別居	ホテル清掃係はじめる	母はデイサービス娘はみのり塾へ週2回	次男中学で不登校三男小学不登校	2007年長男が中1でいじめにあい不登校
	長男他出、三男就職決まりそう	離婚した長女、三男、四男と暮らす	―	12年よりホテル契約社員、持病あり辞めヘルパー資格とった	―	夫は別居後認知症になり施設入所	2010年心臓発作で手術	自分はNPOで食糧支援ボランティア	次男プロジェクトの「しゃべべ場」や「塾」に通い定時制高校進学	長男定時制高校に通うのを機にヘルパーはじめる
	―	再婚まで受給	―	生活保護受給	生保受給忌避	夫は生保受給	申請したい	生活保護受給	生活保護受給	生活保護受給
希望	三男特別支援学校で就職できそうで嬉しい	自分にとって一番幸せなのは今かもしれない	子どもが預けられたら働きたい	バイクほしい、車の免許が欲しい、入居した娘の部屋確保したい	自分の時間がほしい	孫が不登校だが中学校まではきちんと行ってほしい	母・妹家族と別居し生保を受けたい	市営住宅入居希望、子に勉強部屋を確保したい	介護福祉士保育士資格を取り障がい児保育の仕事希望	ガイドヘルパーの資格を取りたい

としても貴重なデータと言えます。それは，第三者の目からみたいわば外から見える「客観的な事実」を解明する視点とは異なり，貧困に至った当事者の「生きてきた経験」をとおして明らかにする手法とも言えます。

　次に調査協力をいただいた，NPOの支援を受けている人たちの生活史を「沖縄に生まれて母親となった女性たち」「沖縄に生まれた男性たち」「那覇で育つ子どもたち」「県外から沖縄に来た男性たち」の順にみていきます。

▶2　　沖縄に生まれて母親となった女性たち

　まず，沖縄県に生まれて母親となった女性たち10人のケースをみます（▶表8-1）。このうちF10をのぞく9人は幼少期の生家が貧困の状態にありました。F1，F2，F3の3人が母子世帯，F4，F5の2人は父子世帯で育ちました。F6，F7，F8，F9の4人は両親と同居していたが両親共に不安定・低所得の仕事で生計を維持していました。そしてこの9人のうち，F2, F4, F6, F8, F9の6人は現在は生活保護受給世帯（F2は再婚後受給せず）で1人（F7）は生活保護受給を希望しています。残り2人のうち，F1は体調不良で仕事を退職し次男が働きに出て家計を支えています。F3は子どもを保育所に預けられず育児に手を取られ，夫のダブルワークで家計を支えています。この2人も生活保護受給世帯ではありませんが，現在の生活は厳しい状態にあります。それゆえ，F10をのぞく9人の人たちは，貧困の世代連鎖を体験している人たちだといえます。

　F10の場合は，父が港湾の荷揚げの監督業務に就き，母は専業主婦でしたので，彼女の生家は貧困状態ではありませんでした。F10の父は厳格な人で，F10の通訳の仕事に就きたいという希望を認めず，高校生時代はクラブ活動をすること許されず，門限は夕方の5時と決められていたと言います。ここ父親の姿勢には，沖縄で度々起こった米兵による少女虐待事件が影響しているものと推測できます。F10は1989年に高校を卒業して，本土の関西で就職しました。しかし，仕事と専門学校通学の二つを続けるうち1992年に身体を壊し沖縄に戻って叔母の食堂を手伝うようになり，そこで知り合った客の男性と結婚します。32歳で子ども4人を抱えて離婚することになります。夫が給料を家庭に入れず，ぜんそくの息子の医療費が払えない経験もしたと言います。現在は，生活保護とホームヘルパーの収入で生活を営んでいます。

　これらの事例から，貧困の世代連鎖に関わる次のような共通点が確認できます。

　一つめは，学歴は中卒もしくは高校中退の低学歴の人が多いことです（9人中7人）。

　二つめは，最初に就いた仕事は，卸・小売店もしくは飲食店の店員がほとんどで，中卒・高卒中退の女性の就職先の制約があらわれています。

　三つめは，沖縄の施政権返還の1972年より前に学校を卒業したF6，F7の2人は

沖縄県島しょ部から那覇に職を求めて移動し，復帰後に卒業した人8人中5人（F2，F4，F5，F8，F10）は本土に働きに出ていることです。このうちF2は結婚直後，夫婦で仕事を求めて友人関係をたよって本土に渡っています。

　四つめは，独身時代に本土に出た人も含め，10人とも沖縄で夫と出会い結婚をしており，その夫の職業は，店員，運輸業，建設業など不安定就労であることです。

　五つめに，共働きでの子育てに必要な保育所の利用にハンディがあります。子どもを出産後，保育所に子どもを預けて働いた経験がある人は3人にとどまり（F2，F5，F8），利用していても無認可保育所の高額保育料が生活を圧迫していました。他方で，母親や夫の実家を頼りに子育てしていた人は4人（F3，F4，F7，F9）います。子どもが病気や障害のために働けなかったり退職した人は3人（F1，F8，F10）あります。認可保育所，病児保育，障害児保育の整備が進んでいなかったことが生活を圧迫していたことがあらわれています。

　六つめは，一人親として子どもを育てている人が，10人中7人であります（F1，F2，F6，F8，F9，F10，このうち2人は未婚の母）。

　七つめは，10中6人が（F3，F5，F6，F7，F9，F10）多子の家に生まれた長女で，幼い頃に仕事に出ている母に代わり弟や妹の子守を手伝っていたという経験があります。そして自身も多くの子どもを産んでいます。これは，多くの子どもたちが働き手となって一家の生活を支えるという，社会保障制度や社会福祉制度が未成熟な復帰前の沖縄の社会状態の下で慣習が継続していると言えるでしょう。

▶3　沖縄に生まれた男性たち

　次に，沖縄県に生まれ男性たち8人の生活史を確認しましょう（▶表8-2）。このうち，M7とM8をのぞく6人は幼少期の生家が貧困状態にありました。M1は父子家庭で育ち，M2，M3，M4，M5，M6の5人は両親はいましたが，貧しい中で育ちました。この6人のうち，3人（M1，M5，M6）は現在生活保護を受給し，1人（M2）は保護申請中です。2人（M3，M4）は住居がなく緊急一時宿泊の支援を受けています。この6人の男性は貧困の世代連鎖を示す事例だと言えます。

　これらの事例から貧困の世代連鎖に関わる共通点として確認できることを挙げます。

　まず，一つめは，女性同様最終学歴は6人中5人（M1，M2，M3，M4，M6）が中卒もしくは高校中退という低学歴であることです。

　二つめは，最初についた職業は建築関係職人（M1，M3，M4，M6），店員（M2，M5）など労働条件の良くない不安定な職に就いていることです。義父の虐待から逃れるために家を出たM4は，中卒後ホームレスで日雇い生活になっています。

　三つめは，若いうちに県外に出て職を探している人が多いことです。しかし，県

▶表8-2　沖縄に生まれた男性たちの生活史

	父子世帯	両親と同居だが貧困					両親と同居	
	M1	M2	M3	M4	M5	M6	M7	M8
	1955年生	1947年生	1964年生	1968年生	1969年生	1971年生	1948年生	1964年生
幼少期の生家	4人きょうだい四男	3人きょうだい次男	6人きょうだい四男	2人きょうだい長男	5人きょうだい長男	3人きょうだい次男	5人きょうだい次男	4人きょうだい長男
	父漁業2歳の時長崎から本島南部に転居12歳の時母死亡	那覇生まれ父は水道業母は左官土木作業の建設業	沖縄本島中部で生まれる	沖縄本島北部で生まれる、義理の父	那覇生まれ父パイナップル農家母つつじ園で働く叔父宅に居候	那覇生まれ父はタクシー運転手、母はスナック経営	沖縄本島しょ部生まれ父は警察官母しょ部で暮らす	那覇生まれ父は写真館小学校の頃は裕福
	小3まで腹部はれ叔父がおぶって通学、学校嫌い	聴覚障害あり小中とろう学校にかよう	貧しさと父の日常的な虐待		両親家賃払えず祖母宅へ引越し自分は高校寮生活	中高校時代は親が家にいないことが多かった	中高校時代は新聞帯立つ・パイン農家アルバイト	家業をしぶしぶ継ぐつもりでエン業高校印刷科へ
就職・転職	定時制高校中退	中卒	中卒	中卒	高卒	高校中退	高校林業科卒	大学夜間部中退
	1973年	1968年	1980年	1984年	1988年	1988年	1966年	1980年
	建築関係の職に就くが休職離職繰り返す	叔父の紹介で10人一緒に東京新宿の氷屋に就職無休	東京で木工の仕事5年、一時沖縄に戻る	84年からN市の公園でホームレス生活	88年から92年まで大阪の居酒屋チェーンに就職月給制	塗装職人他転職	島の県立高校に助手として就職月給93ドル（一般は30～60ドル）	ミシン健康食品温水器の営業職給を半年づつ転職
	76年21歳で東京に出るが十二指腸潰瘍手術沖縄に戻る	1年後沖縄に戻るが仕事なく同級生15人と東京飯場に	関東でリサイクル、アイロンかけ、清掃業転職	日給5500円の日雇い仕事を半年代わり中卒のため低額	92年沖縄に戻りN市の居酒屋チェーンで働く実家通勤	—	69年21歳で那覇の木材会社に就職月給最高時150ドル	24歳で腰痛25歳までガン27歳まで闘病生活
	翌年神奈川日雇い沖縄出身者が多い東京でタンクローリ	半年で辞め、近所の社長の紹介で大分県各地の飯場を回る	1995年父脳頭で死亡	86年新たな職を探すため公園を変える	95年知人の紹介で石川県鉄筋工場勤務社宅付、社保雇用保険なし	—	79年建設業界下火になり退職、島の先輩のシロアリ駆除仕事手伝う	92年ミシン会社に就職するもノルマ厳しく借金後退職
	父倒れ看病のため内地に戻る、妹は定時制高校	1983年母が浸水による傷が悪化して亡くなる	09年大阪西成で仕事高血圧で仕事不能生活保護申請	88年仕事関係がうまくいかず飲酒はじめる	2000年腰痛で退職スナックでアルバイト	—	81年入り土木会社手伝82年土木会社3年で退職	季節工で愛知へ手取り24万円
	知人紹介の仕事があると本土にゆき働く生活を4年	以後沖縄で左官手伝い2010年大腸ガンで死亡	2010年母大腸ガンで死亡	88年から08年まで公園を転々として日雇い生活	02年沖縄に戻りつくが仕事のない日々	—	86年38歳で土木会社で働くが社長気に入らず退職	沖縄に戻りカタログで販売のみ借金、その後新聞販売
	87年沖縄でタクシー運転手車内のワゴン車で暮らす	障害福祉年金を担保に借金で生活保護を打ち切られる	08年シェルターに、日雇いと食事場所、門限あり	2005年友人の居酒屋でアルバイトするも5年で閉店	2007年に退職	88年40歳以降アルバイト仕事を転々とする	2003年父がなくなり同居母の年金で暮らす
	09年高血圧でも給料低く病院に行かず、事故で解雇	労災補償金はNPOに管理依頼	2013年沖縄に戻り福祉事務所からNPO紹介	12年友人とシェルターを出て共同生活、NPOを知る	10年から知人の建設業、腰痛退職12年那覇で路上生活	病気で手術を3回し働けない		
結婚・出産・育児保育	未婚	未婚	未婚	未婚	未婚	結婚	結婚	結婚
						？	1972年	1998年
	単身	単身	単身	単身	単身	子ども4人	子ども3人	長男生まれ、妻の長女と4人暮らし
	—	—	—	妻は万引きで収容され一時不在中	—	妻は島から一緒に出てきた	86年離婚、妻が子どもたちを連れて出る	喧嘩が絶えず2000年離婚
				病弱身でこどもたちの世話を十分にできず食糧支援				08年姉が紹介してくれた女性と長女と一緒に暮らす
	生活保護受給	生活保護申請	緊急一時宿泊	緊急一時宿泊	生活保護受給	生活保護受給	食糧支援	
希望	今は生活できればいい兄にも甘えたくない	病気でフルタイム労働困難パート仕事さがす	楽しみは野球をテレビで見ること	警備員など給料が安くても続けられる仕事を希望	生活保護を受けるようになり、規則正しい生活がしたい	意識が朦朧としてふらつきもあり聞けず	テレビ見て勉強しているような毎日料理は自分で作る	息子には人並みに、人の道を外れないように生きてほしい

外でも不安定な職を転々とし，自身の病気・ケガ（M2，M5）や親の看病（M1，M2）を契機に沖縄に戻っています。

　四つめに，沖縄での仕事はタクシー運転手（M1），居酒屋アルバイト（M5）のほか，建設関係の職人・日雇いなどに就いている人（M2，M4，M5）は本土復帰後の建設ブームが過ぎた不況がひびき，劣悪な条件の職にしか就けていません。

　五つめは，働いていても住居を確保できず車上生活，路上や公園でのホームレス生活を経験している（M1，M4，M5）人があります。

　六つめは，1人（M6）をのぞき，未婚で単身生活を続けています。

　貧困連鎖のケースではないM7は，沖縄県島嶼部で警察官の家に育ち高校卒業後は県職員に就きました。その後那覇に出て木材会社の営業マンを10年勤めますが，建設業界が不況となった頃に31歳で退職します。その後は転職を繰り返し，この間に離婚し，やがて無職となりました。父が亡くなったあと母の年金で暮らしています。M8は写真店を経営する父の下で育ち，その後を継ぐつもりで進学しましたが，道路拡幅のために店と住居が立ち退きとなり，大学の夜間部を中退します。ミシン，健康食品，温水器等の営業マンと転職していきますが，20歳代半ばに健康を害して闘病生活に入ります。病気回復後はミシン会社に就職し営業を続けますが，ノルマが厳しく退職し愛知県の自動車会社の季節工に出ました。沖縄に戻ったあとも種々の営業職を転々とし，その間に妻と離婚をしました。現在は姉が紹介してくれた女性と再婚し長女と暮らしています。

▶4＿＿那覇で育つ子どもたち

　次に，上に見た母親や父親の子どもたち9人のケースをみます（▶表8-3）。9人の子どもたちうち6人（C1，C2，C3，C4，C5，C6）は母子世帯で育っており，そのうち3人（C2，C3，C4）は生活保護受給世帯でもあります。これ以外の3人のうちC7は母が病弱で父は入院中です。C8とC9はきょうだいで母は万引きのために収容されており，父親は病気で通常の労働は困難な状態にあります。このため，3人とも生活保護受給世帯で育っています。これらの9人の子どもたちが将来社会に出たときに，貧困が世代連鎖するかどうかは未確定であり，離脱の可能性もないわけではありません。とはいえ，この子たちの暮らしの中でのハンディとして次のような共通性を確認することができます。

　一つは，乳幼児の時期に母は働きに出ていましたが，保育所を利用していないことです。C1，C6，C9の3人は幼稚園に通っていました。C3とC4の母は，この子たちを祖母に預けて深夜に働きに出ていました。働きながら子育てをする母親を支援する保育条件がとぼしく，子どもたちにとっては集団のなかで育ったり，母親との濃密な関係を育んでいく上でハンディがあったことがうかがえます。

▶表8-3 那覇で育つ子どもたち

	母子世帯						両親と同居だが貧困		
	C1	C2 (F10の長男)	C3 (F9の長男)	C4 (F9の次女)	C5 (F2の三男)	C6 (F2の四男)	C7 (F4の長女)	C8 (M3の長男)	C9 (M6次女)
親の仕事・住居・家族関係・生保	1996年生女 3人きょうだい次女 母は大型ショッピングセンターでパート、疲れている様子 4人で民間借家、1部屋を姉と共同シングルベッドを姉と2人で寝る 母はアルバイトしてると言う、姉は高校中退し勤いている夜勤が多い ―	1996年生男 4人きょうだい長男 母はホームヘルパー 5人で民間借家 母とよく話す 生活保護受給	1997年生男 4人きょうだい長男 母はデイサービス有期雇用 民間借家、勉強机がなく畳の上で勉強 母親とあまり話はしないが、仲は悪くない 生活保護受給	2002年生女 4人きょうだい次女 母はデイサービス有期雇用 民間借家、自分の部屋はない 母の仕事が休みの時はよく話し、母は一番早く出勤し18:00帰宅 生活保護受給	2003年生男 5人きょうだい三男 母は食品会社パート職員、姉も同じ会社で深勤 4人で民間借家 姉が朝4:00の仕事が終わり帰り道に朝食を買ってくる ―	2007年生男 5人きょうだい四男 母は食品会社パート職員、姉も同じ会社で深勤 4人で民間借家 姉が朝4:00の仕事が終わり帰り道に朝食を買ってくる ―	2000年生女 一人っ子 母はホテル契約社員、父はタクシーの仕事で頑張ってくれている 5人で民間借家、引っ越して部屋が狭くなった勉強机の場所は寒い 家で母さんとよく喧嘩する塾に行きたいが反対、父と話すのは土日 生活保護受給	2005年生男 3人きょうだい長男 父は病気、母は万引きで収容中 5人で公営住宅 姉(中2)は夜9〜12時に帰宅 生活保護受給、食糧支援	2008年生女 3人きょうだい次女 父は病気、母は万引きで収容中 5人で公営住宅 姉(中2)は夜9〜12時に帰宅 生活保護受給、食糧支援
修学前・保育	4〜5歳の時両親離婚神奈川から母の実家の沖縄に来る 幼稚園に通う	ぜんそく、上に兄が2人、下に弟	生まれた時父は居ない母は同居の祖母に子どもを預けて21:00〜3:00深夜勤	生まれた時父は居ない母は同居の祖母に子どもを預けて21:00〜3:00深夜勤	母は18:00から深夜2:00まで弁当屋で働きその間末っ子育児、06年母離婚 6時起床、毎朝の薬が苦しい、昼は母か姉がつくってくれた弁当	幼稚園児、M塾に通う	父の兄の家に同居するその奥さんに助けられる、出産後母はノイローゼになる。立ち退きで父母とアパートに転居	父意識朦朧と調査できず	幼稚園児 朝食はなし、「三食食べられるおうちが普通のおうち」と話す
小学生生活	小2から同級生の陰口が気になり登校がつらくなる	学校に通っていたが好きではなかった 小2で両親離婚	嫌な行事やテストの時は休む、勉強について行けなかった 朝食は誰も食べない、放課後は宿題をしてから友達の家で遊ぶ。10年父と別居	現在小5、学校給食のカレーが好き 仲の良い友達とは遊ぶ	現在小4、体育が楽しい、M塾に通う 時〜5時に起床し宿題、朝食は母か姉がつく。15:00下校し家に帰りゲーム。		スイミングスクールに通っていたが勉強が大変になってやめた 07年母は胆石手術、10年にも手術、11年父入院	小学3年生 6:30起床朝食は食べずに登校、14:30〜15:00下校	―
中学生生活	中2の修学旅行の後学校に行けなくなる NPOの塾で歳の近いこと話すのが楽しく授権勉強ができた	学校に通っていたが好きではなかった きょうだい全員不登校になり姉が家に居るようになる	嫌な行事やテストの時は休む、勉強について行けなかった 家で読書、修学旅行に入った、中3でNPOの塾、10年祖母とは別居	―	―	―	スイミングスクールに通っていたが勉強が大変になってやめた 朝食は母がつくり7:00に食べる、休日の昼食は自分で、夕食は父か母がつくる	小学3年生 ―	―
高校生生活	普通科高校では同じ境遇の子があり話が合う週2回バドミントン部 ゲームセンターに寄り20時帰宅21時ころ母と弟と夕食	親と相談して定時制高校に進学、姉も行っている 12:00起床登校17.45帰宅22:00、5:00迄に就寝、母は12年よりヘルパー勤務	定時制高校1年毎日楽しい基礎から教えてくれる、自分から友達に声かけできる 12:00起床祖母食事準備22.00帰宅夕食は母がつくる3:00就寝	―	―	―	―	―	―
希望	ブライダル関係の職に就きたい専門学校行きたいがお金が心配	アルバイトをしたい、将来は働いて一人暮らししたい	アルバイトしたい、将来は働いて一人暮らししたい	小学校の先生になって沖縄で暮らしたい			普通高校に進学したいが特別支援学校の高等部を奨められている		

二つめは，小学校低学年の時に学校から下校する時間に，親は家に帰宅しておらず，子どもたちだけでゲームなどをして遊んで放課後時間を過ごすこともたちがほとんどでした。経済的な負担なく利用できる学童保育が整っていなかったからです。現状ではNPOによる支援が学童保育に代わる貴重な役割を果たしています。

三つめは，中学生生活を経験している４人（C1，C2，C3，C7）は全員，中学校での不登校を経験していることです。この不登校はちょっとした生活態度に対するいじめや成績不振，授業についていけないこと，などをきっかけにしています。C2の母親（F10）は自分の子どもたちが３人とも不登校になったショックでそれまでの仕事をやめ家にいるようになりました。現在はホームヘルパーに就いています。C1とC3は不登校ではあっても中学３年の時にNPOの支援があって受験勉強ができるようになり，高校進学を果たしました。

四つめに，中学で不登校を経験した生徒たちで，高校に進学した３人（C1，C2，C3）は，理解度にあった丁寧な指導をしてくれる先生と，よく似た境遇の学友との関係に助けられ前向きになってきています。この子たちに確かな学力と，安定した進路が保障されれば，貧困の世代連鎖から離脱できる可能性があります。しかし，C2，C3の定時制高校での生活は下校後の帰宅が夜の10時くらいになり，それから食事等をして就寝するのは深夜となります。翌朝に起床した時間には母親は仕事に出ており家には居ないという環境で高校生活を続けています。

また，起床時に母が家に居なかったり，時には母親が深夜の仕事で疲れて寝ていることがあります。きょうだいが朝食時間に揃わなかったりするために，朝食ぬきの生活をしている子どもたちもあります（C3，C4，C8，C9）。子どもたちの基礎体力への影響が危惧されます。

▶5＿＿＿県外から沖縄にやってきた男性たち

沖縄で貧困状態にある人の中には，県外からやってきて住みついた人もあります。▶表8-4にある５人の男性がこれに該当します。

沖縄出身ではない５人のうち，生家の暮らしが貧困状態であった人は２人（O1，O2）です。O1は，高齢前期の青森県出身の人でアルバイトをしながら通った高校を中退，親方に見込まれて，東京に板前修業に出ました。修業が終わり地元の青森に帰るのですが，それを生かす仕事場がみつからず，観光ブームを期待して2002年沖縄に来ました。しかし沖縄でも食文化の違いから板前の腕を生かす仕事が容易にみつかりませんでした。この間に貧困状態に陥り，窃盗未遂や万引で刑務所に入ったこともありますが，もう二度と入りたくないと言っています。もう１人のO2は，鹿児島県島嶼部出身で父は土木職人で母は機織りの共稼ぎの家で育ちました。生活は苦しく，就学援助を受けながら学校に通い，工業高校を卒業しました。地元での

▶表8-4　県外から沖縄に来た男性たちの生活史

<table>
<tr><td rowspan="2"></td><td colspan="2">両親と同居貧困</td><td colspan="3">両親と同居</td></tr>
<tr><td>O1</td><td>O2</td><td>O3</td><td>O4</td><td>O5</td></tr>
<tr><td rowspan="5">幼少期の生家</td><td>1952年生</td><td>1955年生</td><td>1943年生</td><td>1983年生</td><td>1989年生</td></tr>
<tr><td>4人きょうだい三男</td><td>6人きょうだい四男</td><td>一人っ子</td><td>一人っ子</td><td>一人っ子</td></tr>
<tr><td>青森県生まれ</td><td>鹿児島県島しょ部生まれ父は土木工母病弱で機織り</td><td>鹿児島県生まれ、父は軍人で戦死、母に育てられる</td><td>兵庫県生まれ親が自分を疎ましく思っていると思った</td><td>小3迄福岡県内に、父は会社員母は専業主婦沖縄出身</td></tr>
<tr><td>アルバイトしながら高校に通う</td><td>生活が厳しく小中と就学援助受け肩身狭かった</td><td>小学校、中学校、高校普通科と進学</td><td>2歳児にワクチン副作用郷里を離れY学園</td><td>父の勤務で転居続き小3から那覇に小5迄不登校、中2父別居</td></tr>
<tr><td>高校中退</td><td>工業高校卒</td><td>商船高専卒</td><td>中卒</td><td>通信制高校中退</td></tr>
<tr><td rowspan="8">就職・転職・病気ケガ</td><td>1968年</td><td>1975年</td><td>1964年</td><td>1990年</td><td>2010年</td></tr>
<tr><td>地元で生コン仕事のあとすぐ出稼ぎにでる</td><td>島に仕事なく1975年滋賀で化繊メーカーの開発部に就職</td><td>3等航海士見習いで大阪―沖縄航路に就職、妻の希望で1年で退職</td><td>劇団に入団、18歳退団、騎手の修行を勧誘される</td><td>父とは定期的に電話、定時制高校には殆ど行かず満期退学</td></tr>
<tr><td>70年県内の寿司店就職親方紹介で東京へ和食の修行</td><td>21歳で歯科技工士学校進学のため2年で退職</td><td>外洋航路に転職し85年に病気で下船</td><td>19歳で実家に戻り建設資材会社勤務、車免許取得</td><td>退学後原因不明の体がだるい状態</td></tr>
<tr><td>8年東京で板前をした後86年～91年まで青森で調理・寮の管理人</td><td>大阪で仕事が見つからず78年島に帰り土木業アルバイト92年沖縄へ</td><td>88年から板前修業に単身小樽へ、90年47歳で離職</td><td>98年20歳で顔面麻痺になり視力低下、21歳で会社倒産</td><td>2012年父の紹介でNPOに通うようになる</td></tr>
<tr><td>91年39歳の時仕事なく部屋代滞納時窃盗団未遂受刑</td><td>2000年看板会社倒産実家・友人・模合・サラ金借金</td><td>94年船員の時来た時そばと酒の味を思い出し沖縄へ</td><td>母の知人の紹介で障害者作業所手伝い、ヘルパー2級取得</td><td></td></tr>
<tr><td>93年料亭の板前任されるも倒産。2000年窃盗未遂受刑</td><td>2010年太陽光発電の営業、長女卒業妻パートに</td><td>居酒屋の住み込み板前の弟子・友人出来る</td><td>後遺送業につく08年頃店内仕事なく09年沖縄観光中日射病</td><td></td></tr>
<tr><td>2002年観光盛んな沖縄仕事求め本名も仕事なく万引1年半受刑</td><td>サラ金借金百万で2012年生活保護検討、妻は昔の経験から反対・離婚</td><td>98年55歳の時から船員保険年金を受給06年胆石で入院</td><td>金がなくなり路上生活、シェルターに、窮屈で車上生活</td><td>2013年NPOで緊急一時宿泊、生保受給</td></tr>
<tr><td>空き家に住みつき見つけられNPOの支援ホームに</td><td>友人宅や車上生活しつつ現在建設業日雇い</td><td>09年ハローワークでNPOを紹介されそば店出店</td><td></td><td></td></tr>
<tr><td rowspan="5">婚姻関係・家族・生保等</td><td>未婚</td><td>結婚</td><td>結婚</td><td>未婚</td><td>未婚</td></tr>
<tr><td></td><td>1989年</td><td>1964年</td><td></td><td></td></tr>
<tr><td>単身</td><td>市役所勤務の妻結婚退職、子どもが5人</td><td>娘3人生まれる。。</td><td>単身</td><td>単身</td></tr>
<tr><td>—</td><td>2012年56歳で離婚</td><td>90年に47歳の時に離婚</td><td>—</td><td>—</td></tr>
<tr><td>—</td><td>92年妻看護助手パートに出るが次女気管支弱く退職保育料が高く預けられず</td><td>11年友人に貸した借金担保の借金を持ち逃げされ家賃払えず緊急一時宿泊</td><td>—</td><td>父の仕送り</td></tr>
<tr><td></td><td>生保知らず</td><td>—</td><td>—</td><td>生活保護受給</td><td>—</td></tr>
<tr><td>希望</td><td>刑務所には二度と戻りたくない</td><td>自分が自立して子どもへの支援をしたい</td><td>大概のことは自分で出来る自信がある</td><td>今後は不安もあるが仕事に就きたい</td><td>人と顔を合わせないバイトができればいい</td></tr>
</table>

仕事がなく，関西に出て転職を繰り返しました。1992年に出身地に近くの沖縄に仕事がありそうだと判断し看板関係の会社を見つけ就職しました。しかし，その会社が倒産してしまい，太陽光発電の営業職をし，妻は保育所は利用せずパートに出ながらぜんそくの娘を看ていました。借金がかさみましたが生活保護は受けませんでした。その後妻とは離婚して建設日雇いの職に就いています。

　▶表8-5は，国勢調査結果にもとづき1975年以後の，府県別失業率のワースト5をリストアップしたものです。これでわかるように，1975年以後沖縄県は最も失業率の高い県となっており，O1さんの出身地である青森は1980年以来ワースト5に入っているのです。二人とも失業率の高い県を移動し貧困連鎖を経験していたことになります。

▶表8-5　都道府県別失業率ワースト5

	1位		2位		3位		4位		5位		全国
1975年	沖縄県	8.90%	高知県	3.93%	福岡県	3.93%	長崎県	3.44%	宮崎県	3.12%	2.30%
1980年	沖縄県	7.68%	福岡県	4.11%	高知県	4.04%	青森県	3.34%	大阪府	3.31%	2.48%
1985年	沖縄県	7.63%	福岡県	5.66%	高知県	5.58%	青森県	4.95%	徳島県	4.78%	3.37%
1990年	沖縄県	7.75%	高知県	4.74%	青森県	4.49%	福岡県	4.48%	大阪府	4.23%	3.01%
1995年	沖縄県	10.26%	大阪府	6.19%	福岡県	5.47%	高知県	5.36%	兵庫県	5.12%	4.29%
2000年	沖縄県	9.37%	大阪府	7.00%	福岡県	5.86%	青森県	5.42%	兵庫県	5.35%	4.72%
2005年	沖縄県	11.86%	大阪府	8.61%	青森県	8.38%	高知県	7.92%	福岡県	7.40%	5.95%
2010年	沖縄県	11.02%	青森県	8.98%	大阪府	7.97%	福岡県	7.85%	宮城県	7.79%	6.42%

（出所）「国勢調査」データより作成。

　生まれ育った家庭は貧困ではなかったが，沖縄に来て貧困状態となった人たちは3人（O3，O4，O5）います。鹿児島出身のO3は元船員であったが長期に航海にでたあと長い間家に戻らない生活に不安を抱いた妻の希望にしたがって船を降ります。その後板前修業で小樽に行きますが，妻と離婚し1994年に船乗り時代の懐かしいイメージで沖縄に来ました。居酒屋で板前の仕事を生かして転職を続けました。20年間船員をしていたので老齢年金は生活に不自由しない程度にありました。ところが2011年に年金を担保にして借りた金を友人に持ち逃げされるという事故に遭い貧困状態に陥りました。兵庫県出身のO4は，本土で中学校卒業後劇団に入るのですが，病気でやめます。その後いくつかの仕事を転職します。失業中に，かつて劇団時代に来た沖縄を思い出し，09年に沖縄に観光でやって来たのですが，お金と家族との関係が切れホームレスとなりました。福岡県出身のO5は，小学校3年のときに父の転勤で沖縄に来ましたが5年生のときまで不登校で，その後は保健室登校となりました。通信制高校を中退した後はひきこもり状態になりました。就職は一度もせず，母と2人で離別した父からの仕送りで暮らしています。

▶6＿＿貧困の世代連鎖の背景にあった産業構造と失業・不安定就労

　沖縄県出身者の貧困の世代連鎖の特徴で男性女性共に，沖縄での安定した就労の場の確保の厳しさが大きく関わっていました。とりわけ，中学・高校中退の学歴水準では，男性の場合は建設職人や運送業の運転手や営業マンの仕事に限られ，しかも転職を続けていたケースが多くありました。女性の場合は販売や飲食店の店員あるいはスナック等の仕事に就く人が多く見られました。そして結婚相手の夫の仕事は建設関係の仕事や販売職，タクシー運転手などで，不安定な状態で転職をしており，そのことが子どものことや家庭不和を介して離婚に至るケースも目につきました。また，沖縄出身ではないが観光地のイメージを頂いて沖縄に移ってきた人にとっても安定した仕事を得ることは容易ではありませんでした。沖縄出身者は男性・女

性ともに若い独身時代に仕事をもとめて本土に渡った経験のある人も多くありました。

　これらの特徴は，沖縄県内での就労環境の制約や失業・不安定就労の実態，そしてそれをもたらしている産業構造が背後にあることをあらわしています。まさに，このような就労環境の問題が低所得と家族の生活困難の決定的な要因として横たわっていることが明らかです。国勢調査データが存在する1975年以降のデータでは，沖縄県は一貫して失業率が全国一高いことも先に確認したとおりです。しかし，沖縄では戦前から一貫してこうであったわけではありません。とりわけ失業率の高さが深刻になっていくのは1975年の沖縄海洋博後からです。また沖縄の経済成長率の高さは，本土経済がオイルショックで冷え込んだ以降もしばらく継続していました。それでは，何故に失業率が全国一の県になったのか，今後の推移はどうなっていくのか。この点を明確にしないと貧困の世代連鎖の要因把握ができたとは言えません。[*12]

§5＿ 「貧困の世代連鎖」をくい止めるために

　私たちが，那覇市内で調査を実施している期間中に，那覇市内の書店で大量に横積みされている1冊の本が目にとまりました。その著者西本裕輝（2012）は次のように述べていました。

　　約10年間にわたって一研究者として沖縄の低学力問題に携わってきた。そして諸種の学力調査から，沖縄の学力が県外に比べかなり低いこと，家庭の教育力の弱さ，特に生活習慣が確立されていないことが低学力に深く関わっていることを，社会学や心理学の立場から指摘してきた。皮肉なことに，それが「全国学力・学習状況調査」によって改めて裏づけられることとなった。[*13]

　　沖縄の子どもの学力が低いのも，体力が向上しないのも，子ども自身の責任と言うよりは，保護者の責任によるところが大きい。学力や体力には生活習慣を含めた家庭環境が大きく影響しているからである。言い換えれば，保護者の教育意識が高い家庭では，朝食を抜くということはないだろうし，夜更かししている子どもを放任することもないだろう。つまり，生活習慣が確立されているということは，保護者の教育意識の高さを示しているとも言える。

　　例えば，何年か前に給食費の未納率が問題となった。沖縄県の未納率は，2005年度で全国平均が1.0%であるところ，6.3%でダントツの全国1位であった。これは，一人当たりの

---

*12)　那覇での貧困の世代連鎖に関しては次の文献もぜひ参照ください。荻原園子，黒川奈緒，池田さおり（2015）。復帰前の沖縄の福祉運動については，神里博武（1986）に詳しい。

*13)　西本裕輝（2012）3頁。

県民所得が全国最下位であるという，経済状況の悪さも影響しているとも言えるが，保護者の教育意識の低さ，子どもへの関心の低さを示す数値と捉えることもできる。[14]

「保護者の責任」を強調するその見解に，母親達の生の声を聴いた私たちは違和感を抱かざるを得ませんでした。厳しい環境で子育てしている多くの母親を，一層追い詰める言葉に聞こえたのです。そして「親の責任」に帰すだけで問題の解決につながるのだろうかとも思いました。しかし，著者は次のように提言していました。

> 学力問題を経済問題のみの観点から論じても生産的ではない（中略）。多くの家庭では，「早寝・早起き・朝ごはん」は，心がけ次第で明日からでもできることではないだろうか。特別なお金がかるわけでもないだろう。各家庭で意識を変え，できることからコツコツととりくむことが大切である。
> （中略）「社会で子どもを守る」という発想も必要である。例えば，「夜8時以降の子連れでの飲食店への入店は禁止する」というのはどうであろうか。これは経済界の協力も必要であるので難しいかもしれないが，社会全体で子どもを守るという観点からとても重要であろう。[15]

これは，生活安定層には受けとめられる提案ではあるでしょう。しかし，私たちが調査で出会ったような母子家庭で，夜も働きに出ざるを得ない母親にとっては，「心がけ」ようにもできない。親の養育責任が言われても，それができない故の罪悪感で親たちを追い詰めることになりかねません。むしろ学校の学力テストの平均点を押し下げているものとして子ども達と親が排除されることにつながりはしないかとおそれます。たとえ「親の責任」の自覚が弱くても，それは自ら育った家庭が貧困で親の濃密な子育ての中で育つ経験が希薄な環境で親になった，本人の責任を超えた貧困の帰結でもあります。

ここで紹介した提言は子どもたちの「学力問題」から迫った教育学者の見解で，貧困や福祉研究によるものではありませんが，学力問題の背後にある貧困問題への洞察を欠いた提起のもつ限界を示しているように思えます。

1970年代から80年代にかけて，「子どもの体力」に関連した「虫歯」「背中ぐにゃ」「すぐ疲れたという」「朝からあくび」という問題状況に着目し，その背後には親の生活問題があることを指摘し，家庭や地域や学校や自治体の保健師などの共同の取り組みが必要であると提起されたことがあります。[16] 今日の沖縄の子どもたちの問題の背後には貧困問題とそれを生み出す社会・経済的な構造の問題があることが共通認識として必要です。個々の親の「自己責任」ではなく，子育ては親を含む社会の

---

*14)　西本裕輝（2012）49頁。
*15)　西本裕輝（2012）29〜30頁。
*16)　正木健雄（1985）。

共同責任としてとらえた課題提起が必要だと言えるのではないでしょうか。そして貧困の世代連鎖をくい止めるためには少なくとも，次のような総合的な対応策が考えられなければならないと思います。

　①働く親の子育ての保育・学童保育などの公的支援の充実，②困難な中で子育てをしている親と子どもに寄り添うNPOの活動への財政支援，③家庭の所得によって子どもたちが必要な医療をうけることができなくなる事態を避けるために，子どもたちが高校を卒業するまでの医療費を無料化する，④中学での不登校を生み出さない丁寧で柔軟なとりくみの工夫やスクールソーシャルワーカーの常勤化，⑤親の経済水準にかかわらず高等教育を受けることができるよう無償化し，給付型の奨学金制度を拡充する，⑥失業が住居の喪失，ホームレスに繋がらないよう，子どもたちの家庭での学習環境が確保できるような「最低居住水準」の住宅を社会保障として保障する，⑦沖縄の風土や環境条件を生かした産業振興によるバランスある労働市場の形成，などです。

　ここにあげた⑦以外の課題は沖縄のみならず，全国の貧困の世代連鎖予防のために共通して取り組まれるべき課題だと言えるでしょう。

第**09**章 ....

部落問題の解決過程が示すこと

　日本において，貧困と差別といった基本的人権に関わる歴史的な要因をもった社会問題として，部落問題があります。しかし，21世紀にはいって,この問題は基本的に解決した段階にあるという認識が提示されるようになりました。この認識が基本的に妥当だとするならば，具体的な社会問題が解決された経験として私たちが共有すべきことがそこにはあると言えます。この章では，そのような「部落問題」の解決過程をたどることで，ひとつの社会問題が解決されていくプロセスに学ぼうと思います。

§**1**＿　社会問題としての部落問題

　1871（明治4）年に明治政府が発した太政官布告で「穢多非人ノ称ヲ廃シ身分職業共平民同様トス」とされました。それにもかかわらず，①「穢多非人」とされた旧身分集団の居住地とされた地域に暮らす人々のすべてではないが多数が住居や職業や子どもたちの義務教育の場において不利な立場に置かれ，その格差が再生産されたこと（＝貧困），そして②その居住地域の人々が周辺のより広域な地域社会における冠婚葬祭や日常生活における社会的交流から排除される（＝差別）状態が残存しつづけました。「平民同様」という公的規範と現実の社会関係との間に，著しい齟齬が残存しており，当事者集団から政治的・社会的に規範にふさわしく解決されるべき問題として提起されることで，社会問題としての部落問題が成立しました。身分制社会においては，身分によって生活水準に格差があったり，社会的な排除がなされることは当然のこととして容認されており，社会問題として成立しませんでした。明治以降の社会に於いては身分制度が廃止され，社会問題化しうる社会体制となったからです。1933（昭和8）年6月高松地裁は，いわゆる被差別部落の出身であることを相手に告げずに結婚したことが誘拐にあたるという検事の論告を認めて，二人の被告に有罪の判決を下したことがあります。そのときは，これを不当とする社会運動がひろがり，被告の仮出獄と，地裁所長の退職処分をかちとりました。それは，この判決が国家機構の一角である裁判所から出されたことを不当とする社

会認識を共有する人が広がり，当局もそれを否定し得ないと判断したからでしょう。

　第二次世界大戦後には，①人々の基本的人権の国家による保障を明記した日本国憲法の下での社会的・政治的民主主義の前進，②義務教育の場における教育基本法に基づく民主主義教育への転換，③高度経済成長による人々の階級・階層間移動や地域間移動の巨大な進行，④1969年の同和対策特別措置法から2003年まで実施され33年間で15兆円の予算が投入された「同和地区」と指定された地域での住宅や環境改善を中心とした同和行政施策の推進などが続きました。これらは相互に作用しあって部落問題解決の歩みを大きく前進させる条件となりました。そして，政府も2002年1月26日総務省地域改善対策室が発表した通達「今後の同和行政について」で，「同和地区・同和関係者」に対象を限定した「特別施策を終了し一般対策に移行する」と，同和行政施策の終結を宣言しました。その根拠は，対象地域や住民を特定した「特別対策は，本来時限的なもの」であり，「特別対策をなお続けていくことは，差別解消に必ずしも有効ではない」，「人口移動が激しい状況の中で，同和地区・同和関係者に対象を限定した施策を続けることは実務上困難」だからとしました。地区内外の格差の解消が進み，社会的な交流が広がっている中で，地区や住民を特定した特別施策を続けることは行政施策が差別を再生産し，有害な利権あさりを生み出しかねないことを憂慮する市民からも，上記の政府の判断は概ね妥当なものとして受け入れられました。[*1]そして国の同和行政施策は2002年度をもって終結したのです。

　ところで，部落問題解決とはどのような状態を言うのでしょう。これを測る指標は，人種差別や女性差別あるいは障害者差別とも異なる，部落差別固有の歴史的な属性に即し実証的に把握できるものである必要があります。論者により多少の表現の違いがありますが，次の四つの指標としてほぼ定着しています。「①同和地区と周辺地域とのあいだでの各種の格差の解消，②部落差別観念・意識が社会的に通用しなくなる，③歴史的な差別による部落の社会生活や文化などの後進性の克服，④一切の社会的障壁が取り除かれて社会的交流が進み融合が実現する」[*2]等がそれです。まず，これらの指標に準じて，第二次世界大戦後の部落問題解決の推移を，各

---

*1)　1990年代には，「部落解放基本法」を制定して，同和行政施策の永続化を求める運動がある一方で，地方行政当局と住民や運動団体が共同して，国の法律の廃止を待たずに同和事業の完了宣言を行う自治体が滋賀県，和歌山県，広島県，福岡県などで広がっていきました。

*2)　真田是（1995）12頁。1974年の八鹿高校事件を頂点とした，部落解放運動の排外主義的な暴力的糾弾路線をとる潮流の跋扈が部落内外で大きな問題となり，これを契機に部落問題の解決とはどのような状態を目指すことなのか，どのようにそこに接近をしていくのかが真剣に問われるようになり，国民融合論の路線に結実していきます。当初これに強く反発していた部落解放同盟やその影響下にある人たちも，滋賀や奈良をはじめ事実上この路線を容認するようになっていった地域は少なくありません。

地で実施された社会調査データにより確認することにします。

§2 ___ 同和対策事業特別措置法実施前で高度経済成長期前の実態

　戦後の早い時期の同和行政施策が本格的に実施される前で，しかも高度経済成長
による経済変動や住民の社会的移動がまだ広がっていない時期での，「同和地域」
の実態をまずベースラインとして確認しておきましょう。

▶1___1952年和歌山県同和問題研究委員会調査
　和歌山県同和問題研究委員会が和歌山大学経済学部山本教授の協力を得て1952
年に実施した調査データがあります[*3)]。この調査は，和歌山県下の市町村に存在する
同和地区を網羅して実施され，調査対象世帯は10,806世帯，24,819人の世帯員とい
う大規模調査でした。調査結果は和歌山県全体の数値と比較できるよう整理されて
います。

【1】　世帯主の産業構成
　世帯主の産業構成をみると（▶表9-1），「関係地区」（同和地区のこと）と「和歌山県」

▶表9-1　世帯主の属する産業構成（1952年，和歌山）

	関係地区		和歌山県	
	世帯数	%	世帯数	%
総数	10,806	100.0	214,717	100.0
農業	3,822	35.4	62,551	29.1
林業及び狩猟業	23	0.2	7,861	3.7
漁業及び水産養殖業	3	0.0	8,878	4.1
鉱業	50	0.5	1,142	0.5
建設業	795	7.4	10,790	5.0
製造業	1,212	11.2	30,665	14.3
小売業及び卸売業	1,015	9.4	24,536	11.4
金融保険及び不動産業	16	0.1	1,661	0.8
運輸通信及びその他の公益事業	475	4.4	11,507	5.4
サービス業	479	4.4	16,439	7.7
公務	184	1.7	6,781	3.2
分類不能の産業及び不詳	617	5.7	345	0.2
非就業のもの	2,115	19.6	31,561	14.7

---

*3)　和歌山県同和問題研究委員会と和歌山大学山本正治研究室（1954）。

▶表9-2　耕作面積広狭別農耕世帯数 (1952年和歌山)

	関係地区		和歌山県	
	世帯数	%	世帯数	%
3反未満	1,797	39.8	32,274	33.1
5反〜	1,275	28.2	18,148	21.4
1町〜	1,230	27.2	26,179	30.9
1町5反〜	194	4.3	6,830	8.1
2町〜	17	0.4	1,038	1.2
3町〜	3	0.1	170	0.2
5町〜	—	—	7	—
10町〜	—	—	1	—
計	4,515	100.0	84,774	100.0

▶表9-3　満14歳以上の製造業就業者の産業構成 (1952年和歌山)

	関係地区		和歌山県	
	満14歳以上の就業者数	%	満14歳以上の就業者数	%
総数	2,619	100.0	65,747	100.0
食料品製造業	155	5.9	9,339	14.2
煙草製造業	13	0.5	316	0.5
紡績業	592	22.6	17,580	26.7
衣服及び身廻品製造業	51	1.9	1,134	1.7
木材及び木製品製造業	539	20.6	9,491	14.4
家具及び建具製造業	25	1.0	3,869	5.9
紙及び類似製品製造業	24	0.9	1,439	2.2
印刷出版製本及び類似業	19	0.7	1,477	2.2
化学工業	24	0.9	3,793	8.0
石油および石炭製品製造業	21	0.8	1,316	2.0
ゴム製品製造業	—	—	69	0.1
皮革及び皮革製品製造業	560	21.4	753	1.1
ガラス及び土石製品製造業	203	7.8	1,810	2.8
金属工業	249	9.5	2,708	4.1
電気機械搬送用機械その他機械器具	54	2.1	5,865	8.9
その他の製造業	90	3.5	4,788	7.3

に共通する特徴として，農業の比率が最も高く，製造業，小売業及び卸売業が高い
ことが確認できます。しかし，ある程度以上の生産手段の装備が必要とされる漁業
及び水産養殖業は，「関係地区」では極めて少なく，「分類不能の産業及び不詳」の
比率が高くなっています。さらに，さらに「非就業」が「関係地区」では県全体に
比較して比率が高いのです。また，農業従事者の比率は，「関係地区」では県全体

よりも高くなっています。このように産業構成の差異が明らかに認められるのです。

【2】　農業者の耕作面積

　次に従事者の比率が最も高い農業者の耕地面積を比較すると（▶表9-2）,「関係地区」では3反未満の零細農業の世帯は，39.8%で，県全体の33.1%よりも比率が高くなっています。5反未満を含めると，関係地区は68%，和歌山県は54.5%と10ポイント以上の差があり，小規模農家の比率が高いことがわかります。1町以上の大規模農家の比率も「関係地区」では低くなっています。

【3】　製造業従事者の構成の共通点と差異

　次に，農業についで比率の高い製造業について，満14歳以上の製造業従事者の構成をみます（▶表9-3）。「関係地区」では紡績業（22.6%），皮革製品製造業（21.4%），木材及び木製品製造業（20.6%）に集中しており，これ以外では金属工業（9.5%），ガラス及び土石製品製造業（7.8%）くらいで業種が限られています。県全体の特徴をみると，紡績業（26.7%）で，木材及び木製品製造業（14.4%），食料品製造業（14.2%），電気機械搬送用機械その他機器器具（8.9%），化学工業（8.0%），家具及び建具製造業（5.9%）などの多様性があります。

　以上のように1952年では，職業構成において「関係地区」と県全体とではかなりの格差がみとめられるのです。

▶2＿＿1957年埼玉県の都市近郊農村調査

　次に関東地方の高度経済成長期初期の部落内外の実態を示すデータとして，早稲田大学部落問題研究会によって1957年に埼玉県X町で実施された調査を見ます。この調査では旧中山道の宿場町M地区，及びそこから少し離れた農村部にある同和地区B地区，その近隣にある一般農村のN地区の三地区が同一項目で比較できるよう調査設計がされています。[4]

【1】　職業別就業者の構成

　まず，職業別就業者比率をみると（▶表9-4），農業専業者の比率は，宿場町のM地区は36.4%ですが，同和地区のB地区，一般農村のN地区ともに61%となっており，両地区は農村集落としての共通の性格を示しています。しかし，同時にB地区は半農非熟練の兼業労働者の比率が10.3%，非熟練労働者が11.1%と一般農村のN地区に比べて高い比率となっています。旧宿場町で農業専業者比率の低いM地区でも，非熟練労働者は21.2%あり，その比率の高さは同和地区だけの現象ではなく，旧宿場町の地域には非熟練労働の職につく底辺層が存在していたことも示しています。事務労働者は同和地区のB地区は2.5%とごく少数であるのに対して，同じ農村

---

*4)　成澤榮壽他（1958）。

▶表9-4 職業別就業人口比率の同和地区内外比較（1957年埼玉県X町：同和地区はB地区）

職種	職業	男 人	%	女 人	%	計 人	%	職業	男 人	%	女 人	%	計 人	%	職業	男 人	%	女 人	%	計 人	%
									M地区								B地区				N地区
農業	農業専業	23	22.8	44	53.0	67	36.4	農業専業	92	50.3	129	73.3	221	61.6	農業専業	34	45.3	54	78.3	88	61.1
半農非熟練	日雇(農業手伝い)	2		1		3		屑屋	5		6		11		日雇(農業手伝い)	1				1	
	ミシン内職			3		3		シュロ表	3		5		8		養鶏養豚	1				1	
								日雇	5		2		7		新聞配達	1				1	
								屑屋日雇	3				3								
								行商	3				3								
								仕切り手伝い			1		1								
								ウズラ飼育			1		1								
								養鶏			1		1								
								精米手伝い			1		1								
								製糸業手伝い			1		1								
	計	2	2.0	4	4.8	6	3.3	計	20	10.9	17	9.7	37	10.3	計	3	4.0	0	0.0	3	2.1
半農半熟練	左官業	1				1									左官業	1				1	
	桶職	1				1									カワラ製造	1				1	
	椅子職	1				1															
	綿打ち業			1		1															
	計	3	3.0	1	1.2	4	2.2	計	0	0.0	0	0.0	0	0.0	計	2	2.7	0	0.0	2	1.4
半農販売								商業	1				1		搾油業	1				1	
								セールスマン	1				1								
								仕切屋	1				1								
								シュロ表問屋	1				1								
	計	0	0.0	0	0.0	0	0.0	計	4	2.2	0	0.0	4	1.1	計	1	1.3	0	0.0	1	0.7
非熟練	工員	4		?		?		ミシン内職			2		2		工員	1		2		3	
	ミシン内職	12		?		?		工員	15		6		21		運転助手	1				1	
	便丁	1		?		?		日雇	5		1		6								
	理髪見習	1		?		?		屑屋	2		3		5								
								日雇屑屋	1				1								
								日雇かつぎ屋	1				1								
								仕切り手伝い			2		2								
								シュロ表			1		1								
								左官見習	1				1								
	計	18	17.8	21	25.3	39	21.2	計	26	14.2	14	7.9	40	11.1	計	2	2.7	2	2.9	4	2.8
半熟練	工員	15		2		17		工員	21		6		27		工員	6		6		12	
	運転手	1				1		履物製造	1				1		運転手	3				3	
	運送業	1				1		靴工	1				1		国鉄工員	1				1	
	タタミ職	1				1									左官業	1				1	
	ブリキ職	1				1															
	折箱職	1				1															
	理髪助手			2		2															
	仕立手伝			1		1															
	計	20	19.8	5	6.0	25	13.6	計	23	12.6	6	3.4	29	8.1	計	11	14.7	6	8.7	17	11.8
熟練	工員	12				12		工員	5				5		工員	7				7	
	国鉄工員	1				1		鉄道工員	2				2		国鉄工員	2				2	
	仕立屋	1				1									瓦製造員	1				1	
	大工	1				1									大工	1				1	
	計	15	14.9	0	0.0	15	8.2	計	7	3.8	0	0.0	7	1.9	計	11	14.7	0	0.0	11	7.6
販売	食料品仲買業	2				2		店員	1		1		2		店員(デパート)			1		1	
	運転手(たばこ店)	1				1		雑貨商	1		1		2		食料品店			1		1	
	たねうち業	1				1		仕切屋	2				2								
	会社員	1				1		履物卸し	1				1								
	理髪業	1		1		2		袋物商	1				1								
	食料品店			1		1		精米業	1				1								
	バスガイド			1		1		そうめん業			1		1								
								食料品店			1		1								
	計	6	5.9	3	3.6	9	4.9	計	7	3.8	4	2.3	11	3.1	計	0	0.0	2	2.9	2	1.4
事務	会社事務員	5		4		9		公務員	1		4		5		会社事務員	1		1		2	
	国鉄駅員	1				1		会社事務員	1		2		3		国鉄駅員	3				3	
	公務員	5				5		鉄道職員	1				1		公務員	1				1	
	銀行員			1		1									警察官	1				1	
															大学職員			1		1	
															病院事務員			1		1	
	計	11	10.9	5	6.0	16	8.7	計	3	1.6	6	3.4	9	2.5	計	6	8.0	4	5.8	10	6.9
専門管理	教員	1				1		教員	1				1		教員	2		1		3	
	会社員	1				1									公務員	1				1	
	酒造業	1				1									ガラス製造業	1				1	
															僧侶	1				1	
	計	3	3.0	0	0.0	3	1.6	計	1	0.6	0	0.0	1	0.3	計	5	6.6	1	1.4	6	4.2
	総計	101	100.0	83	100.0	184	100.0	総計	183	100.0	176	100.0	359	100.0	総計	75	100.0	69	100.0	144	100.0

▶表9-5　専兼業別農家数（1957年埼玉県X町）

		M地区		B地区		N地区	
		農家数	％	農家数	％	農家数	％
専業農家数		24	9.2	37	23.6	74	54.8
兼業農家数		238	90.8	120	76.4	61	45.2
兼業農家	工業あるいは店を持つ商業を営む農家数	56	21.4	14	8.9	4	3.0
	賃労働者のいる農家数	63	24.0	79	50.3	24	17.8
	事務又は技術職員のいる農家数	123	46.9	17	10.8	33	24.4
総農家数		262	100.0	157	100.0	135	100.0

▶表9-6　耕作面積別農家数（1957年埼玉県X町）

	M地区		B地区		N地区	
	農家数	％	農家数	％	農家数	％
2町以上	0	0.0	0	0.0	3	2.2
1町5反以上	0	0.0	11	7.0	25	18.5
1町以上	14	5.3	17	10.8	43	31.9
5反以上	56	21.4	52	33.1	36	26.7
3反以上	44	16.8	35	22.3	10	7.4
3反未満	148	56.5	42	26.8	18	13.3
農家総数	262	100.0	157	100.0	135	100.0

部の一般地区のN地区は6.9％，旧宿場町のM地区は8.7％と相対的に高い比率を示しています。このような点に同和地区の低位性が表れています。このような低位性は住宅を含む生活水準や子ども達の生育条件の差異を規定していたと想像することができるでしょう。

【2】　農業世帯の差異

　同和関係地区であるB地区は1955年10月1日現在では人口1155人169世帯で，X町人口3903人660世帯のほぼ4分の1を占めていました。また規模としては「関東の中で2番目に大きい」と言われていました。しかし，同地区内には和歌山調査でみられたような，皮革や食肉関連の部落産業と呼ばれた伝統産業は存在しておらず，農業の比重が高くなっていました。農業専業の就業者人口では同和地区であるB地区と一般農村のN地区は，ほぼ同率の60％強でした。しかし世帯単位の農家数や耕作面積でみると格差が浮かび上がってきます。専業農家の比率は（▶表9-5），B地区は23.6％と4分の1弱であるのに対して，N地区は54.8％と半数以上あります。

　このような差異は耕作面積別にみた農家の比率の格差にも対応しています（▶表9-6）。1町以上層はB地区くらべN地区は半数以上の52.6％となっており，逆に3反未満の零細農家はB地区では26.8％で，N地区13.3％の2倍の比率となっている

	M地区		B地区		N地区	
	組	%	組	%	組	%
夫婦とも他地域出身	1	18	3	2	7	16
夫婦の一方が他地域出身	370	72	73	58	31	72
夫婦とも同一地区	5	10	50	40	5	14
計	31	100	126	100	49	100

のです。そしてB地区は，零細農業を補うための兼業労働者の比率が76.4%（▶表9-5）の高さとなっているわけです。ただし，小規模土地所有とはいえ，後に当該地域が宅地化の波が及び，農地を宅地に転用することで臨時的な土地売却収入が入ると同時に混住化していく条件が形成されていたのです。

【3】 通婚の実態

　次に社会的交流の範囲を示す通婚圏域をみます（▶表9-7）。同和地区のB地区は「夫婦とも同一地区」出身であるカップルが40%であり，M地区10%，N地区12%に比較してかなり高く，婚姻圏の閉鎖性が表れています。「夫婦の一方が他地域出身」のカップルはB地区では58%となっていますが，報告書には「配偶者のすべてが部落出身である」と記載されており，町外もしくは県外の同和地区の人との婚姻であることを意味しています。職業において非熟練や半熟練の「工員」として，職業を通じた地区外の人との交流が広がってきていても，婚姻においてはなお地区内外の壁があることが示されています。

§3 ＿ 高度経済成長期での変化過程——京都市内地区の変化

　1950年代半ばに始まり1973年の第一次オイルショックまで続く，高度経済成長は地域の産業・就業構造や，若者の進路に大きな変化をもたらしました。この間の変化を確認できるデータとして杉之原寿一らが京都市内のC地区を中心に実施・作成した調査報告書があります。[5]

▶1 ＿＿職業別就業者構成の変化

　まず，職業別就業者構成の変化から確認できることを列挙します（▶表9-8）。一つめは，農業就業者が1951（昭26）年から1970（昭45）年にかけて消滅に近い衰退状況にあります。二つめに，同和地区の伝統的な内職的しごととして存在して

---

*5) 杉之原寿一他（1975）。

▶表9-8　職業別就業者数の推移（1938～1974年C地区）

| | | C地区 | | | | | | | | 京都市 | |
| | | 1938年 | | 1951年 | | 1970年 | | 1974年 | | 1970年 | |
		就業者数	%	就業者数	%	就業者数	%	就業者数	%	就業者数	%
専門・技術	技術者	…	…	−	−	8	0.6	3	0.4	7,620	1.1
	教員	…	…	1	0.1	1	0.08	4	0.6	14,620	2.1
	助産・看護・あんま	…	…	−	−	…	…	1	0.1	6,660	1.0
	医師・その他医療	…	…	2	0.2	3	0.2	1	0.1	7,845	1.1
	芸術・芸能	…	…	4	0.5	…	…	1	0.1	7,480	1.1
	宗教家	…	…	4	0.5	…	…	−	−	2,540	0.4
	その他	…	…	−	−	9	0.7	−	−	11,280	1.6
	計	14	1.1	11	1.3	21	1.6	10	1.4	58,045	8.4
管理的職業		−				14	1.1	1	0.1	38,310	5.5
事務		6	0.5	*76	9.2	100	7.8	88	12.7	115,655	16.7
販売	食料品	64	5	…	…	…	…	…	…	…	…
	飲食店										
	その他	91	7.2	…	…	…	…	…	…	…	…
	計	155	12.2	82	9.9	121	9.5	82	11.8	117,065	17.0
農林漁業		13	1	30	3.6	3	0.2	−	−	12,460	1.8
採鉱・採石		−	−	−	−	−	−	−	−	80	0.01
運輸通信	陸上運輸	38	3.0	66	8.0	81	6.3	39	5.6	22,775	3.3
	その他運輸					23	1.8	−	−	535	0.1
	通信	−	−	1	0.1	3	0.2	2	0.3	3,100	0.4
	計	38	3.0	67	8.1	107	8.4	41	5.9	26,410	3.8
技能・生産工・単純労働	金属・金属加工	61	4.8	19	2.3	26	2.0	11	1.6	22,700	3.3
	電気・運輸・光学機械	…	…	…	…	86	6.7	23	3.3	27,195	3.9
	紡織	29	2.3	25	3.0	39	3.1	13	1.9	80,245	11.6
	かのこ絞り	353	27.8					−	−		
	木・竹・草・つる	…	…	…	…	…	…	7	1	6,460	0.9
	紙・印刷	…	…	6	0.7	…	…	2	0.3	14,950	2.2
	ゴム・プラスチック	…	…	…	…	…	…	…	…	2,435	0.4
	皮革	…	…	11	1.3	−	−	1	1	505	0.1
	窯業・土石	56	4.4	5	0.6	…	…	3	0.4	3,805	0.6
	食料品	…	…	5	0.6	10	0.8	7	1	9,015	1.3
	化学	…	…	2	0.2	…	…	3	0.4	2,420	0.4
	建設	109	8.6	146	17.6	169	13.2	33	4.8	31,685	4.6
	電気・運輸・光学機械							4	0.6	6,105	0.9
	単純労働	248	19.6	303	36.5	434	34.0	300	43.2	22,085	3.2
	その他	178	14.0	22	2.7	40	0.1	10	1.4	21,975	3.2
	計	1,034	81.5	544	65.5	804	63.0	417	60.1	251,580	36.4
サービス		1	0.1	9	1.1	102	8.0	38	5.5	61,825	9.0
保安サービス		3	0.2	…	…	4	0.3	5	0.7	8,150	1.2
不明		4	0.3	11	1.3	−	−	12	1.7	1,000	0.1
総数		1,268	100.0	830	100.0	1,276	100.0	694	100.0	690,580	100.0

（注）　＊印は公営官吏雇傭70人を含む。

いた「かのこ絞り」就業者は1938年には相当数あったのに，1970（昭45）年以降は
ほとんどなくなってしまいました。三つめは，陸上運輸や建設・電気関係の技能
工・単純労働者が戦前から一貫して相当のウエイトを占め続けていることです。し
かし，軌道人夫をふくめ多数の従事者があった京都市電は1970年から廃止から始
まり1978年には全面廃止に至りました。これに関わっていた乗務員の一部は市バ
スの従業員に転換しました。この影響で運輸従事者，運輸技能工の比率が低下し，
建設電気技能工の比率も70年から74年にかけて低下しました。四つめに，販売関
係の就業者の比率は戦前から一貫して一定の比率を占めています。事務系労働者
は1951（昭26）年くらいから一定の比率を占め続けており，サービス就業者は1970
（昭45）年くらいから増加しています。五つめに，「単純労働」と分類される就業者
が1970年の比率では京都市の3.2％に対して，C地区は34％と圧倒的に高くなって
います。六つめは，事務職につく人の比率が1951年の9.2％から1970年には7.8％，
1974年には12.7％と一定の割合をしめています。これには地方自治体の公務員の事
務職採用が一定数あったことが反映しています。

▶2＿＿＿男性に多い現業公務員，30歳代から高齢の女性に多い失対就労者

　次に，1951年以降から就業者の多数を占めていた単純労働者の1974年時点での
内訳を見ます（▶表9-9）。男性では「現業公務員」（市の清掃局，衛生局，水道局の現
業公務員）が多くを占めています。これらの職業は，行政が職業保障として優先的
に採用を進めてきたものです。次いで「土工・道路工夫」の比率が高くなっており，
女性では「会社などの用務員」が単純労働者で高い比率の職となっています。
　次に，C地区の性別・年齢別・失業率をみると（▶表9-10），女性の失業率が京
都市全体と比較して相当に高く，30歳代女性の42.5％，40歳代では52.6％，50歳代

▶表9-9　単純労働者の内訳（1974年C地区）

	男	女	計	
	度数	度数	度数	％
包装工・荷造工	—	5	5	1.7
倉庫夫				
沖仲仕・運搬夫	2	2	4	1.3
線路工人・駅丁		—	—	
配達夫	—	—	—	
会社などの用務員	14	23	37	12.4
し尿汲取員（民間）	—	—	—	
道路清掃夫	—	1	1	0.3
土工・道路工夫	31	4	35	11.7
現業公務員	170	17	187	62.5
その他	13	17	30	10.0
総数	230	69	299	100.0

▶表9-10　性別・年齢別・失業者数及び失業率（1974年C地区，1970年京都市）

		失業者数（A）						労働力人口（B）			失業率（A/B）		
		男		女		計		男	女	計	男	女	計
		人数	%	人数	%	人数	%						
C地区	15〜19	3	6.1	4	1.9	7	2.7	22	19	41	13.6	21.1	17.1
	20〜29	9	18.1	22	10.4	31	11.9	139	105	244	605	21.0	12.7
	30〜39	1	2	37	17.5	38	14.6	126	87	213	0.8	42.5	17.8
	40〜49	4	8.2	40	19	44	16.9	124	76	200	3.2	52.6	22.0
	50〜59	7	14.3	45	21.3	52	20	58	63	121	12.1	71.4	43.0
	60歳以上	25	51	63	30	88	33.8	55	84	139	45.5	75.0	63.3
	総　数	49	100	211	100	260	100	524	434	958	9.4	48.6	27.1
京都市	15〜19	848	12.1	284	7.6	1,132	10.5	21	857	43,559	3.9	1.3	2.6
	20〜29	2,626	37.3	2,170	57.8	4,796	44.5	138.688	89,895	228,673	1.9	2.4	2.1
	30〜39	1,130	16.1	547	14.6	1,677	15.5	105,260	45,098	150,358	1.1	1.2	1.1
	40〜49	673	9.6	349	9.3	1,022	9.5	73,959	46,005	119,964	0.9	0.8	0.9
	50〜59	787	11.2	266	7.1	1,053	9.8	53,529	33,719	87,248	1.5	0.8	1.2
	60歳以上	968	13.8	141	3.8	1,109	10.3	52,788	20,448	73,236	1.8	0.7	1.5
	総　数	7,032	100	3,757	100	10,789	100	445,916	257,122	703,038	1.6	1.5	1.5

（注）京都市は1970年の国勢調査結果（全数）による。

では71.4%，60歳代では75%となっています。これは，30歳代以上の女性では家計を支えるために就労する必要があり，失業対策事業での就労が多く，これが失業とカウントされていることが影響しています。このように，C地区では，男性では，現業公務員や土工，女性では，会社の用務員もしくは失業対策事業の従事者といった仕事に従事する人が多くを占めていたのです。また公務員を中心とした事務職の人も一定数で存在するようになっていました。これは，多数の中卒者と高卒以上はごく一部といった学歴構成の分布を反映しています。

▶3＿＿進学率の格差は1970年代以降に大きく縮小

　次に，学歴構成の推移を見ることにします。▶表9-11は義務教育の中学校卒業生の進路決定状況の推移を示しています。1963（昭和38）年時点の中学を卒業して高校に進学する人の比率は，C地区では23.4%で，就職その他は76.6%であったのに対し，京都市全体では75%が高校進学をし，就職その他は25%と，その比率は対照的で格差は歴然としていました。しかし，1966（昭和41）年にはC地区の高校進学率は68.9%まで上がっています。この時京都市全体では78.9%の高校進学率で，なお11ポイントの差がありました。1973（昭和48）年には同和地域の高校進学率も90%を超え，京都市とほとんど変わらず（公立と私学の進学についてはまだ若干の差があるとはいえ），少数の就職する人の割合も大差ない状況になってきたのです。第一次石油ショックによる狂乱物価と不況に転換した1974年にはC地区の高校進学率は84.0%にやや低下しているのは経済基盤の不安定な層があることが示されていま

▶表9-11　中学卒業生の進路決定状況の推移（％）

	C地区					京都市同和地区					京都市				
	進学者				就職その他	進学者				就職その他	進学者				就職その他
	公立	私立	定時	計		公立	私立	定時	計		公立	私立	定時	計	
1963年	6.3	17.2	—	23.4	76.6	8.6	20.6	5.5	34.6	65.4	32.8	36.3	5.8	75.0	25.0
1964年	15.4	21.5	3.1	40.0	60.0	8.2	22.2	7.5	37.9	62.1	34.4	35.2	5.7	75.3	24.7
1965年	15.0	21.7	5.0	41.7	58.3	9.6	22.4	6.8	38.8	61.2	34.7	35.6	5.6	75.9	24.1
1966年	28.4	37.8	2.7	68.9	31.1	13.1	27.1	7.2	47.2	52.8	36.3	36.7	5.9	78.9	21.1
1967年	35.6	17.8	8.9	62.2	37.8	15.8	31.3	6.5	53.6	46.4	39.9	37.6	5.6	83.1	16.9
1968年	33.3	46.3	1.9	81.5	18.5	24.9	29.3	5.9	60.1	39.9	43.6	37.0	4.5	85.4	14.6
1969年	22.7	40.9	2.3	65.9	34.1	29.8	38.0	4.2	72.0	28.0	46.2	37.3	3.4	87.2	12.8
1970年	44.7	44.7	—	89.5	10.5	32.6	38.4	3.6	74.6	25.4	46.3	40.0	3.4	89.7	10.2
1971年	48.5	36.4	—	84.8	15.2	44.0	42.9	1.1	88.1	11.9	48.4	40.3	3.2	91.9	8.1
1972年	41.0	48.7	—	89.7	10.3	45.1	40.2	1.5	86.7	13.3	48.3	42.0	3.0	93.3	6.6
1973年	25.0	68.8	—	93.8	6.3	39.8	50.6	2.4	92.8	7.2	48.8	41.9	3.0	93.8	6.2
1974年	24.0	52.0	8.0	84.0	16.0	36.3	54.1	1.8	92.2	7.8	45.9	44.0	4.0	94.1	5.9

（注）京都市の調査による。

▶表9-12　出生地別人口の構成（1974年C地区）

		計		男		女	
		度数	％	度数	％	度数	％
	総　　　数	1,699	100.0	810	100.0	889	100.0
同和地区	現住地区内	1,295	76.2	638	78.8	657	73.9
	市内の同和地区	40	2.4	12	1.5	28	3.1
	京都府下の同和地区	39	2.3	17	2.1	22	2.5
	他府県の同和地区	53	3.1	24	3.0	29	3.3
	同和地区計	1,427	84.0	691	85.3	736	82.8
同和地区外	市内の同和地区以外の地区	95	5.6	48	5.9	47	6.3
	府下の同和地区以外の地区	22	1.3	6	0.7	16	1.8
	外他府県の同和地区以外の地	72	4.2	33	4.1	39	4.4
	同和地区外計	189	11.1	87	10.7	102	11.5
	外　　　国	5	0.3	3	0.4	2	0.2
	不　　　明	78	4.6	29	3.6	49	5.5

す。とはいえ，高校進学率の上昇による格差の縮小は，高度経済成長の下で，職業の安定化をめざすために，高校進学が不可欠と考える同和地区の親たちの教育熱の広がりが示されています。同和教育や就職差別反対運動そして大学生の部落問題研究会も参加していた。子供会活動もそれを後押ししたことでしょう。

▶4＿＿地区外出生者は11％

　次に，地区外出身者の混住化や地区内外の人同士の通婚の度合いを反映した，出生地別人口の構成（▶表9-12）の1974年時点での数値をみます。同和地区外で出生

した人は男性10.7%，女性11.5%で女性の比率がやや高いが，なお少数で，8割以上は同和地区出身であり，混住化や地域を超えた通婚がまだ多くはなかったことがわかります。これが大きく変化するのは，1970年代中盤からの同和対策事業による公営住宅や道路・公園・上下水道の整備など居住環境の改善が進んでからでした。

§4 __ 同和対策事業実施後の到達段階

▶1 ___ 広島県農村部のT町での同和対策事業実施後の到達点

　次は，同和対策事業がほぼ完了した時期の農村部での実態について，広島県の中山間地域の農村部にあるT町（東広島市に合併）の1994年の調査データ[*6]をもとに紹介します。

　この地域の農村部では各集落が20戸くらいで，その集落の中に同和関係世帯が点在していました。各集落には「講中」と呼ばれる相互扶助組織があり，火事や冠婚葬祭の際の助け合い活動や諸行事を担ってきました。ところが，この集落ごとの「講中」組織から同じ集落内の同和関係世帯（同和関係世帯が地区を形成せず散在していたのでこのように呼ぶ）が排除されていたのです。このため同和関係世帯に冠婚葬祭の行事があっても同一集落からの応援や出席がなく，他地域の同和関係世帯に協力をあおぐほかなかったのです。その不合理さは常人では容易に納得のできないものでした。このT町では，先覚者によってこの不合理を克服する取り組みは，すでに戦前から始められました。1932（昭和7）年にひとつの集落では同和関係世帯を含む集落単位の「講中統合」が実現されたのです。しかし，戦時体制が強まる中で他の11の集落の講中統合は実現しないままでした。戦後になって，町内の区長，議員，町長，学校・教育委員会，住民をあげての地道な議論と啓発活動が重ねられました。1971年に2年1か月という時間をかけ，全町で講中統合を達成されたのです[*7]。このような部落問題解決にむけた地域ぐるみで取り組んだ歴史的経験をもつT町では1995年に同和対策事業の終了宣言を住民合意で行いました。これ以上の特別の同和行政施策継続は，問題の解決を推進するのではなく，依存や分断をもたらすことを危惧し，同和行政を終結して同和向けの特別施策行政からの自立を選択したのです。しかし，この選択は行政による支援策をすべて拒否したのではありません。営農支援や奨学金の給付などを必要とする場合には，施策の対象は同和関係者のみを対象とした特別施策ではなく，それを必要とする町民すべてが対象となる一

---

*6)　石倉康次受託調査（1995）『地域のくらしと民主主義に関する調査報告書』（広島県T町）。
*7)　石倉康次（2004）。石倉康次（2014）。

▶表9-13　男性生計中心者の職業（1994年T町）

	同和関係世帯		周辺地区		周辺外地区	
	度数	％	度数	％	度数	％
計	33	100.0	153	100.0	106	100.0
他人を3人以上雇って事業経営	2	6.1	6	3.9	4	3.8
農業	9	**27.3**	39	**25.5**	36	**34.0**
農業以外の自営業	4	**12.1**	15	**9.8**	9	8.5
部長以上（従業員300人以上）の管理職	0	0.0	1	0.7	1	0.9
専門・技術職	0	0.0	7	4.6	3	2.8
従業員30人以上事業所の事務セールス	0	0.0	8	5.2	2	1.9
従業員30人以上事業所の現業・労務職	5	**15.2**	13	8.5	13	**12.3**
事務系の公務員	3	**9.1**	11	7.2	10	**9.4**
現業系の公務員	0	0.0	0	0.0	2	1.9
従業員30人未満事業所の事務セールス	0	0.0	4	2.6	4	3.8
従業員30人未満事業所の現業・労務職	0	0.0	15	**9.8**	5	4.7
商業・サービス系に雇われている	0	0.0	5	3.3	1	0.9
運転手	3	**9.1**	4	2.6	0	0.0
大工・左官職などの職人	1	3.0	2	1.3	4	3.8
臨時・日雇い	1	3.0	2	1.3	4	3.8
パートタイマー	0	0.0	0	0.0	0	0.0
内職	0	0.0	0	0.0	0	0.0
その他	2	6.1	2	1.3	3	2.8
無回答	3	9.1	15	**9.8**	6	5.7

般施策として対応できるように，町単独事業を議会と町長とが一致して制度化したのです。この地域では，終結前の同和行政施策の実施においても，農道の整備など場合には，周辺地域の住民にも便益が及ぶよう工夫して，事業を実施してきました。

　この地域を対象とした1994年の調査は，「同和関係世帯」と，同和関係世帯に隣接する「周辺地区」，隣接はしないが同一小学校区内にある「周辺外地区」にわけて調査対象を設定しその結果を比較する方法をとっています。

【1】　生計中心者とその配偶者の職業

　まず，男性生計中心者の職業を比較すると（▶表9-13），いずれも農業が最も比率が高く同和関係世帯では27.4％，周辺地区では25.5％，周辺外地区では34.0％となっています。それに次ぐ上位の職業をみると，同和関係世帯では，従業員30人以上の事務所の現業・労務職（15.2％），農業以外の自営業（12.1％），事務系公務員（9.1％），運転手（9.1％）となっています。周辺地区では農業以外の自営業（9.8％），従業員30人未満の現業労務職（9.8％），事務系公務員（7.2％）の比率が高く，周辺外地区では従業員30人以上の事務所の現業・労務職（12.3％），農業以外の自営業（12.1％），事務系の公務員（9.4％），農業以外の自営業（8.5％）が高くなっています。このように運転手が同和関係世帯でやや比率が高いことと，従業員30人未満の現業・労務職が0％という以外では顕著な差はなくなっています。

	同和関係世帯		周辺地区		周辺外地区	
	度数	%	度数	%	度数	%
計	33	100.0	153	100.0	106	100.0
常勤の仕事	10	**30.3**	33	**21.6**	26	**24.5**
臨時雇い日雇い・パートタイマー	4	12.1	23	15.0	12	11.3
自営業（農業を含む）	5	**15.2**	26	**17.0**	24	**22.6**
自営業の手伝い	4	12.1	16	10.5	10	9.4
その他	0	0.0	2	1.3	1	0.9
専業主婦	2	6.1	21	13.7	14	13.2
無職	3	9.1	11	7.2	7	6.6
無回答	5	15.2	21	13.7	12	11.6

▶表9-15　同和関係世帯の生計中心者と子どもの婚姻類型別比率（1994年T町）

	生計中心者		生計中心者の子ども	
	度数	%	度数	%
計	42	100.0	56	100.0
夫婦とも同和地区出身	28	66.7	11	19.6
夫は同和地区出身，妻は同和地区外出身	8	19.0	20	35.7
夫は同和地区外出身，妻は同和地区出身	2	4.8	24	35.7
無回答	1	9.5	1	1.8

　男性生計中心者の配偶者の職業には若干の差異が認められます（▶表9-14）。同和関係者世帯の配偶者は常勤の仕事に就いている人が30.3％と最も比率が高く，自営（15.2％），臨時・日雇い・パート（12.1％），自営業の手伝い（12.1％）と続いています。

　周辺地区も周辺外地区も，これらの職が女性配偶者の上位にありますが，常勤の仕事の比率が同和関係世帯に比べて，若干低く（21.6％，24.5％）その分専業主婦の比率が高くなっています（13.7％，13.2％）。

【2】　婚姻関係

　次に婚姻関係をみます（▶表9-15）。結婚した時期による変化をみるために，親の世代でもある生計中心者の世代と，その子どもの世代にわけてみました。

　生計中心者の世代では，「夫婦とも同和地区出身」というカップルは66.7％と3分の2あり，婚姻関係の閉鎖性がみてとれます。ところが，生計中心者の子どもの世代になると，「夫婦とも同和地区出身」というカップルは19.6％で5分の1と少なくなり，「夫は同和地区出身，妻は同和地区外出身」のカップルが35.7％，「夫は同和地区外出身，妻は同和地区出身」というカップルは42.9％と両方合わせると78.6％となり，圧倒的多数が同和地区内外の壁を越えた結婚となっていることがわかります。

▶表9-16 従業上の地位別就業者構成比（2000年大阪府）

	男性		女性	
	同和地区	大阪府	同和地区	大阪府
該当数（人）	2,393	2,503,917	1,796	1,630,264
被雇用者	**70.7%**	**76.7%**	**79.5%**	**81.5%**
会社・団体の役員	6.6%	7.5%	2.6%	3.4%
自営業主（雇人あり）	8.4%	5.7%	3.0%	1.9%
自営業主（雇人なし）	10.8%	8.7%	5.0%	3.7%
自家営業の手伝い	2.3%	1.3%	8.1%	8.6%
内職	0.3%	0.1%	1.0%	0.9%
不明	0.9%	0.0%	0.8%	0.0%

▶表9-17 結婚時期別婚姻類型別回答者数・率（2000年大阪府）

		該当者数%	夫婦とも同和地区出身	一方が同和地区出身の夫婦	夫婦とも同和地区外出身	その他不明
総数	度数	4256	1113	1493	1083	567
	%	100.0	26.2	35.1	25.4	13.3
結婚時期別	1950年以前	302	140	60	63	39
		100.0	**46.4**	**19.9**	20.9	12.9
	1951年～1960年	637	246	149	172	70
		100.0	**38.6**	**23.4**	27.0	11.0
	1961年～1970年	987	279	149	172	70
		100.0	**28.3**	**29.4**	28.1	14.3
	1971年～1980年	775	198	275	208	94
		100.0	**25.5**	**35.5**	26.8	12.1
	1981年～1990年	757	142	331	178	106
		100.0	**18.8**	**43.7**	23.5	14.0
	1991年以降	705	86	365	156	98
		100.0	**12.2**	**51.8**	22.1	13.9

（注）結婚時期別「不明」（n＝93）は省略

▶2＿＿大都市部での同和対策事業実施後の到達点（2000年実施の大阪府同和地区調査より）

　都市部での同和対策事業後の到達点について大阪府実施の調査により確認しま
しょう。[8]

【1】　従業上の地位別就業者構成

　まず，従業上の地位別就業者構成をみると（▶表9-16），同和地区も大阪府全体
でも被雇用者の比率が70％を超えている点は共通しており，他の地位でも男女と
も構成比率に大きな差異が認められません。

【2】　結婚時期別にみた婚姻関係

　結婚時期別婚姻類型をみると（▶表9-17），1950年以前に結婚した人では，「夫婦

---

*8)　大阪府（2001）。

▶表9-18 住宅の所有形態別原住・来住者の構成 （2000年大阪府）

| | | 総数 | 原住者 | 来住者（計） | | | | | 不明 |
					出生地が現在地区の来住者	前住地が他の同和地区の来住者	前住地が同和地区以外の来住者	前住地不明の来住者	
総数	度数	7805	2494	5292	1179	668	2866	579	19
	%	100.0	32.0	67.8	15.1	8.6	36.7	7.4	0.1
住宅所有形態別	持家	2318	918	1396	330	236	677	153	4
		100.0	39.6	60.2	14.2	10.2	29.2	6.6	0.2
	公営・改良住宅	4796	1462	3323	799	382	1807	335	11
		100.0	30.5	69.3	16.7	8.0	37.7	7.0	0.2
	民間借家	520	74	446	34	39	309	64	—
		100.0	14.2	85.8	6.5	7.5	59.4	12.3	—
	その他	118	22	95	8	9	57	21	1
		100.0	18.6	80.5	6.8	7.6	48.3	17.8	0.8

とも同和地区出身」という人は46.4％で最も比率が高く，「一方が同和地区出身の夫婦」は19.9％となっています。1991年以降に結婚した人では，「夫婦とも同和地区出身」という人は12.2％で，「一方が同和地区出身の夫婦」は51.8％に達しており，地区内外の壁を越えて結婚した比率が多数になっていることがわかります。これは，先にみた農村部のT町の子ども世代の動向と同様です。さらに，「夫婦とも地区外出身」という人は結婚時期に関わらず20％を超えており，様々な地域から来住してきた人が多いことも表しています。

【3】 原住・来住者の構成

次に原住・来住者の構成をみると（▶表9-18），来住者は全体の67.8％と3分の2を超えています。さらに前住地が同和地区以外の来住者は全体の36.7％になっています。これは，▶表9-12でみたように1974年の京都市C地区では地区外出身者が10％程度であった状況とは大きな差です。これらの人が同和対策事業で整備された地区内の公営・改良住宅や持家，民間借家などに多数来住してきていることを示しています。このような実態は，当該地区を「同和地区」と呼ぶことは，もはや妥当とは言えないくらい住民構成に変化が起こっていることを示しています。

このように，農村部の広島県T町でも大阪府内の地域でも，同和地区内外を超えた結婚や居住が，若い世代ほど進展してきていることは明かです。これは，結婚の際に「同和地区」にこだわる人が少数となり，そのような意識も大きく後退していることを示しています。

▶3＿＿ 「人権意識調査」が示すこと

2018年度において，全国の少なくない地方自治体で「人権」に関する意識調査

▶表9-19　人権課題として関心をもっているもの

順位	京都市	尼崎市	生駒市	和歌山県	兵庫県	富山県	内閣府
1	子どもに関わる問題	障害のある人に関する問題	子どもに関する問題	障害のある人の人権	障害のある人に関する問題	子どもに関する問題	障害者
2	高齢者の関わる問題	高齢者の関する問題	高齢者の関わる問題	働く人の人権	インターネットの問題による人権侵害	障害のある人に関する問題	インターネットによる人権侵害
3	働く人に関わる問題	女性に関する問題	インターネットを利用した人権侵害に関する問題	情報化社会における人権侵害	女性に関する問題	インターネットによる人権侵害	高齢者
4	女性に関わる問題	子どもに関する問題	北朝鮮当局による拉致問題	子どもの人権	高齢者に関する問題	高齢者に関する問題	子ども
5	障害のある人に関わる問題	インターネットによる人権侵害の問題	女性に関する問題	女性の人権	子どもに関する問題	女性に関する問題	女性
6	インターネットによる人権侵害	犯罪被害者に関する問題	プライバシー保護に関する問題	高齢者の人権	働く人の権利に関する問題	北朝鮮当局によって拉致された被害者に関する問題	東日本大震災に伴う人権問題
7	犯罪被害者に関わる問題	外国籍住民に関する問題	障害者に関する問題	犯罪被害者とその家族の人権	東日本大震災や伴う福島第一原子力発電所の事故の発生による人権問題	犯罪被害者等に関する問題	北朝鮮当局によって拉致された被害者など
8	北朝鮮当局に関わる問題	部落差別に関する問題	非正規雇用など雇用形態の問題	医療の現場における患者の人権	北朝鮮当局によって拉致された被害者に関する問題	東日本大震災に伴う人権問題	犯罪被害者等
9	外国人・外国籍市民に関わる問題	性的マイノリティに関する問題	ワーキング・プアの問題	環境問題	犯罪被害者に関する問題	外国人に関する問題	性同一性障害者
10	LGBT等の性的少数者に関わる問題	刑を終えて出所した人に関する問題	ハラスメントなど職場での問題	公権力による人権侵害	環境と人に関わる問題	刑を終えて出所した人に関する問題	外国人
11	同和問題	エイズ患者・HIV感染者に関する問題	生活保護に関する問題	同和問題	日本に居住している外国人に関する問題	性的志向に関する問題	性的志向

が実施されました。各自治体で実施された調査の調査項目設定の基本形は，2017年度の内閣府『人権擁護に関する世論調査』[*9]によっています。この節では，内閣府，名古屋市，京都市，尼崎市，生駒市，和歌山，兵庫県，富山県などの調査報告書のデータを紹介します。[*10]

　市民に「人権課題として関心をもっているもの」を選択肢の中から選ぶ質問項目があります（▶表9-19）。それによると，最上位には①「子どもに関わる問題」②「障害のある人に関わる問題」などがあがっている。次いで③「高齢者に関わる問題」④「働く人の問題」（生駒市調査では「非正規雇用などの雇用形態の問題」「ワーキング・プアの問題」「ハラスメントなど職場での問題」にかけられている）⑤「インターネットによる人権侵害の問題」（もしくは「情報化社会における人権侵害」）があげられている。

---

*9)　内閣府（2017），調査実施は2017年10月。
*10)　名古屋市（2019），京都市（2019），尼崎市，2019，生駒市（2018），和歌山県（2019），兵庫県・公益財団法人兵庫県人権啓発協会（2019），富山県（2019）。

順位	名古屋市	生駒市	兵庫県	富山県	内閣府
1	結婚問題で周囲から反対されること	差別的な言動やうわさ話	結婚問題での周囲からの反対があること	わからない	結婚問題で周囲の反対を受けること
2	就職・職場で不利な扱いを受けること	わからない	いわゆる同和地区への居住の敬遠があること	結婚に際して周囲の反対を受けること	差別的な言動をされること
3	差別的な発言や落書きがあること	結婚問題での周囲の反対	わからない	差別的な言動をされること	身元調査をされること
4	交流や交際など日常生活における不利な扱いを受けること	同和地区への居住の敬遠	差別的な言動があること	身元調査をされること	就職・職場で不利な扱いを受けること
5	結婚や就職などに際して身元調査が行われること	インターネットを悪用した差別書込みや差別文書の掲載	身元調査を実施すること	就職・職場で不利な扱いを受けること	インターネットを利用して差別的な情報が掲載されること

これらに次いであげられるのは⑥「女性に関わる問題」である。これら六つが今日の市民が意識する人権問題の６大分野と見て良さそうです。

　ここで，留意すべきなのは尼崎市，富山県，内閣府調査の選択肢の中に，「働く人の問題」が入っていないことです。働く場における人権問題を関無視するのは重大な欠陥と言えます。さらに，人権問題として「部落差別（同和問題）」が上げられる順位は，尼崎市で８番目に上がっているのがもっとも上位で，他は11位以降になっています。このことは，同和対策特別措置法が制定された1969年から半世紀以上を経て，「同和問題」は人々の意識する人権課題からは下位に移動していることを示しています。これを同和問題の「潜在化」とみるのは，前節までみてきたような戦後の変化を無視した主観的な判断と言えるでしょう。これはむしろ，他の人権問題の重大さが意識される一方，部落問題の現実については長年の同和行政施策の成果による全般的な格差の解消や，混住や通婚の進展の中で社会的な交流も進展し，生まれによって差別をすることを批判的にみる民主的な感覚の浸透などが重なって，この問題の解決過程が進んできたことの反映とみてよいでしょう。[11]

　同和問題は，六大項目には入らず，市民の人権問題の関心項目では後景に退いているわけですが，「同和問題で問題になっていると思うこと」についての回答は次のようになっています（▶表9-20）。

　まず注目されるのは「わからない」という回答が生駒市，兵庫県，富山県で上位に来ていることです。「部落問題（同和問題）について初めて知ったきっかけ」をたずねる問いでは，たいてい「学校の授業で教わった」という回答がもっとも多く，それについで「家族から聞いた」という回答が多く，それ以外は極めて少なく，多

---

*11)　石倉康次（2017）。

くの市民は「同和問題」を社会的現実で体験することはまれになってきていることが示されています。

同和問題そのものは，これまでみてきたように，完全に解決をしている段階とは言えませんが，解決にむけて相当に進んだ段階にあるとみてよいでしょう。したがって，このような段階においては，その過程を逆行させるような効果をもたらすような社会的働きかけは避けなければなりません。このような点から見た場合に，例えば名古屋市の人権意識調査にあるような，「あなたは，日本の社会に『同和地区』とか『被差別部落』とよばれるところがあり，そこの出身であるとか，そこに住んでいると言うだけの理由で差別される人権問題を知っていますか」という問いや，兵庫県や富山県のような「あなたが結婚しようとする相手が同和地区の人であるとわかった場合，あなたはどうされますか」というような問いかけをしていることは，問題をはらんでいます。なぜならそのような設問を行政が市民にすること自体が，「同和地区」が今なお現存していて，問題とされているのだというようなイメージを広める効果をもたらすことになるからです。実際には，既にみたようにかつての「同和地区」は混住や通婚が相当に進んでおり，もはや「同和地区」あるいは「被差別部落」というような呼称で表現することは現実から大きくかけ離れてきています。このような段階で上のような問いかけを公的にすること自体が，誤った固定観念を生み出しかねないとも言わなければなりません。[*12]

§5＿ 社会福祉問題への示唆

最後に，部落問題解決過程の，社会福祉問題への示唆についてふれておきます。

まず，最初に確認をしておかなければならないのは，部落問題の属性です。この問題は地域の貧困と差別に関わる問題ですが，差別問題は，障害や女性，民族，人種，「能力」や宗教・思想にかかわるものなど歴史的・社会的系譜の異なる多様なものがあります。その違いを見極めず差別一般で把握してしまうと，道徳論や宿命論に陥り，問題解決のステップを一歩一歩進める道筋を見いだせなくなってしまいます。

問題解決を求める当事者の社会運動の蓄積と高まりが，政府に対策を決断をさせ，1960年政府に同和対策審議会を設置させました。部落問題に詳しい有識者，部落問題に精通した当事者を審議会委員に加え，調査部会を特別に設置して「全国基礎調査」と「地区精密調査」を実施して実態と課題の客観的な把握が施策立案の前提

---

*12)　石倉康次（2020）。

作業として行われたのです。同和対策審議会の答申は1965年に発表され，特別措置法は1969年に定められています。この間だけでも10年を費やしました。

　三つ目は，「同和対策審議会答申」を受けた「同和対策事業特別措置法」は自民党が主導で，社会党，民社党，公明党と協議して作成し，1969年に4月に参議院で満場一致可決されました。この時期，同和行政利権と排外主義をめぐり部落解放運動内部で分裂が起こり，1975年の，運動団体が高校の教師を集団リンチする「八鹿高校事件」が発生したことで頂点に達しました。この分裂は公務員や教員の労働組合運動の分裂に波及し，革新自治体運動の挫折の一つの契機になっていきました。同和行政施策は，このような当時の社会運動の帰趨に大いに影響を与えたのです。

　行政施策の，住宅建設や環境整備に膨大な資金が投入されました。地方自治体が実施する同和対策事業には原則として国が3分の2の補助をし，残り3分の1を都道府県と市町村が負担するが，その費用についても債券の発行によって調達することを認めるものでした。このため，各地方自治体は，積極的な施策を一気に推進することができました。

　全国での部落問題解決への取り組みは，住環境整備にもっとも重点が置かれました。これは，日本の社会福祉の中に住宅保障が前提になっていないことを踏まえると，注目すべきことです。それは生活向上と自立意欲の醸成に大きな効果がありました。この事業の関連で，地元での建設土木産業や関連雇用も生み出されました。しかし，住環境の整備だけが単独で進められても，あらたな特異な目立つ建築物を作り上げることになります。利権に群がる勢力への対応も必要になります。事業が部落問題の解決のために有効に機能するために，周辺地域との調和にも配慮した住・環境整備手法が和歌山県で先行的に開発され試みられていきました[*13]。義務教育での教科書無償化や「どの子も伸びる」教育実践，子ども会活動を通じた児童・青年の自主性のかん養，本人の力量以外のことで青年たちの就職先が閉ざされることを予防する就職の際の統一応募用紙の制定，高齢者や女性のための失業対策事業，公務部門での職員採用枠の拡大，地区関係業者の公共事業への入札促進等の総合的な取り組みがされました。さらに，利権や紹介窓口斡旋を介した住民や業界内の支配従属関係や排除の関係が発生することを許さない当該地区住民の自立運動や，公正で民主的な主体性をもった行政の確立を求める市民的な運動も重要な役割を果しました。

　以上のような総合的な取り組みによって，部落問題解決の大きな画期を作ったのです[*14]。このような，総合的な取り組みが，貧困・格差にかかわる社会福祉問題に取り組む際にも必要だと言えるでしょう。この点は，終章で再度ふれることにします。

---

*13)　東上高志他（1992）。
*14)　鈴木良（2010），杉之原寿一（1990）。

第10章

認知症ケアと本人視点の可能性

　この章では，高齢者の福祉や医療，そして地域生活支援において避けて通れない，認知症の人のケアについて考えます。そして，この問題の考察においては，人と人との関係をとらえる社会学の視点が不可欠であることを明らかにします。

§1＿＿ これまで認知症はどうとらえられてきたか

▶1＿＿＿認知症とは

　認知症とは，かつての「痴呆症」という名称が，人格を否定する響きがあることを考慮して，2005年から「認知症」に言い換えられ定着した名称です。認知症（痴呆症）はそれまでは「なにもかもわからなくなる」とか「子どもに還る」と一方的に解されてきました。「認知症」とは実は症状についての名称です。したがって，この症状を呈する背後にはその原因となる疾患や加齢あるいは脳の物理的損傷等に伴う神経細胞の萎縮や損傷など多様なものが想定されます。また症状に関しては，脳の神経細胞の変異から自ずと現れてくる「中核症状（記憶障害，見当識障害，思考障害，言葉や数の抽象的能力の障害）と，中核症状をかかえて生活する本人が環境や他者による対応に影響されて発する反応としての「周辺症状」（嫉妬妄想・幻覚妄想状態，不眠・抑うつ・不安・焦燥などの精神症状，徘徊・便いじり・収集癖・攻撃性などの行動障害）といった二つのレベルに分けてとらえられるようになってきています[*1)]。したがって，後者の「周辺症状」は適切な環境や対応によって本人の生活が安定すれば薄れる症状と解されます。

　認知症が問題になるのは，まずそのような症状をもった本人と暮らす家族が介護

---

*1)　精神科医の小澤勲医師は，小澤（2003）で「中核症状」には「記憶障害，見当識障害，判断の障害，思考障害，言葉や数のような抽象的能力の障害」があるとし，「周辺症状」には「自分が置いたところを忘れて『盗まれた』といいつのるもの盗られ妄想，配偶者が浮気していると思いこむ嫉妬妄想などのような幻覚妄想状態，不眠，抑うつ，不安，焦燥などの精神症状から，徘徊，弄便（便いじり），収集癖，攻撃性といった行動障害」をあげ，「周辺症状は中核症状に心理的，状況的あるいは身体的要因が加わって二次的に生成される」と説明されています。

に困ったり，あるいは介護のために仕事の継続や家族生活が困難になるからです。このため，まずは家族の大変さをどうしたらいいかという点に問題が焦点づけられてきました。また，多くの人が認知症に対してもっているイメージは，「自分がどうなっているか本人も知らないのではないか」，あるいは「周りの人が大変でも本人わからないのではないか」，「子どもの頃に戻っていっているのではないか」，といったようなものが，少なからずありました。ですから，「もし自分がそういう病気になったら大変だ，できたらなりたくない」というような，認知症恐怖ともいえる考えに少なくない人々がとらわれてきました。認知症予防と言われるとすぐ飛びついてしまうのも恐怖から来る反応とも言えます。しかし，原因疾患によっては予防や治療の効果もないわけではありませんが，多くの場合，老化の一過程としてとらえられるものも多いのです。したがって，これと付き合いつつ，周辺症状を抑えていく対応が重要となるのです。「認知症恐怖」が認知症と向き合い生きていくことを阻む要因にもなっていたとも言えます。

　認知症の人が見せる姿を外見的にみて判断していると，本人自身は，いろんなことがわかっていて，物忘れが進行していることに対して悩み苦しんでいる，という事実に想像力が向かなくなります。外見的な異常行動を，きつい言葉や力で制しようとしてしまうことにもなりました。ところが，その行為がますます本人を混乱の深みに追いやることにもなっていたのです。

▶2＿＿＿認知症の人の居場所がなくなってきた

　かつての日本社会にも数は少なくても認知症の痴呆のお年寄りはいたはずです。そして家族や地域社会で今日ほど問題視されずに，認知症を抱えている人を受け止め，認知症と共に生きていける余裕や居場所があったはずです。それがなくなったことが問題を大きくしたようにも思えます。

　その変化の様子をよく示しているのは1972年に発表された有吉佐和子の小説『恍惚の人』です。モデルは東京の下町で親子三世代で暮らしている家族です。核家族ではないのですが，お嫁さんも仕事についている共働きの世帯だというところに現代性があらわれています。妻を亡くしたおじいさんの認知症が進行していくのですが，孫は受験勉強，息子は会社人間で実父の介護を妻に任せきりにしているという設定です。作者の有吉はここに焦点を当て，高齢者問題は女性問題としてあらわれるという問題提起をしたのです。しかし，小説では認知症のお年寄りは，本人が認知症になっていることがわかっておらず，介護問題を引き起こす存在として描かれています。孫が「おじいさんは，飼い犬のようになったのではないか」と語る場面があります。おじいちゃんは実の息子である父のことを忘れても，いつも世話をしてくれる母のことは血のつながりがなくても覚えていることへの気づきから，いつ

も世話してくれる人を忘れないのはペットの犬と同じではないかと孫は思うわけです。そして，最後におじいちゃんは夢うつつの状態で，公園で神様のような表情で亡くなると描かれています[*2]。認知症のお年寄りの問題は，単に医学的な問題であるのではなく，社会的な要因も絡まった問題としても捉えなければならないことを教えています。つまり，認知症となった人の症状のうち，「周辺症状」が，社会的環境の変化によりあらわれやすくなり，本人と家族の生活困難として社会問題となったことを示しています。

§2 __ 認知症とともに生きる実践の開始

▶1 ___ 「認知症とともに生きる」先駆的実践

　1980年前後から，認知症（当時は認知症という表現はなく，痴呆症もしくはボケ症状と言われていました）に背を向けるのではなく，「認知症と共に生きる」ための実践が生まれてきました。まず，1977年9月から京都新聞紙上で，早川一光医師（当時，京都・堀川病院副院長）による「ボケ相談」が始まりました[*3]。そして，1980年1月に京都で「ぼけ老人をかかえる家族の会」が結成されました（現名称は「公益社会法人認知症の人と家族の会」）。

　80年代には，家族がかかえる問題だけではなく，本人にも安心できる居場所を模索する実践が始まりました。

　ひとつは，1984年岡山県笠岡市に日本で初めての認知症専門病院として「きのこエルボアール」が開設されました。その病棟は，回廊式で廊下の突き当たりにトイレのある病棟を配していました。しかしこの施設について，佐々木健院長は後に「徘徊には，『家に帰りたい』など，目的があった。どこにも行けない回廊は残酷だ。トイレは，近くにあれば混乱しないのだから，病室の中に作ればいい。間違いだらけのケアを一生懸命やっていた」と，反省されています[*4]。

　二つ目は，1988年，高知県安芸市で退職教員の女性ボランティアがリードしてつくった，認知症の人を昼間預かる託老所「わすれな草」です。まち中にある空き家を借りて，認知症のお年寄り3〜5人を毎日預かるのです。そのきっかけは，地域に住む一人の女性の夫が53歳で大工の棟梁でしたが，脳血管性の病気で倒れ，たちまち生活に困り，それをどう支えるか，という相談からでした。本人は，家族の

---

*2)　有吉佐和子（1972）。1973年には映画化もされ，後にテレビドラマにもなった。
*3)　早川一光（1979），早川一光編（1983）。
*4)　https://www.kinoko-group.jp/news/

名前すら忘れてしまい，大工道具の名称も言えなくなりました。3人の子ども達は
まだ学生で生計に困る。医者に相談すると「奥さんが仕事に出るためにはご主人は
精神病院に入るしかない」と言われてしまったのです。でもこの医師は「精神病院
は合わないよ，入院するのはやめた方がいい，障害年金をうけられるように援助す
るから，託老所のようなところで毎日預かってもらえないか」と助言してくれたの
です。その医者も実は末期がんにかかっていて，自分は医者としてどんな仕事がで
きるかと考えていたことが後でわかりました。仲間の女性達は，この助言を受けて，
毎日型の託老所を考案し，教員時代の教室を思い出し活動をはじめるのです。毎日，
みんなで歌をうたったり，踊ったり，散歩をしたりします。昼食は地域の人たちが
差し入れてくれたり，自前で栽培した野菜をつかってボランティアが調理し，みん
なで一緒に賑やかに食事をするようになりました。この「わすれな草」の活動につ[*5]
いてボランティアのリーダーであった故渡辺美惠さんは次のように語っておられま
す。

　　「私らは介護の試験も受けていないし，そういう資格もない。ないけれども，やっぱりお
　年寄りと接しているなかで，こんなことしたら，こういうやり方したらお年寄りは嫌いか
　な。こうやったら喜んでくれるなあと，自分たちがお年寄りに介護の仕方を習うことがいっ
　ぱいある。昔の話も出来るし，みんな一緒に楽しく大きな声で歌ったり，毎日が喜びと悲
　しみのドラマやけえね。(中略) 一日のうち少しでも楽しい，そういう生活があって欲しい
　と，すべてのお年寄りにこんなに思うのよ。こんな話があるの。『おみそ汁出来たから早く
　食べ』とお母さんが孫に言うてね，孫がね『誰が炊いたがや』とたずね，『おばあちゃんが
　炊いたがや』と聞くと，『ほんなら僕食べん』と。そんな話聞いてあんたらどう思う。そう
　いう，家族の中でのお年寄りの位置というもの。家の中で席のない，座のないお年寄りがいっ
　ぱいいる。この託老所へ来て少しでも愉しい時をすごさせてやりたいなと思います。」

　この先駆的実践は，後に介護保険制度の下で認知症対応型デイサービスとして制
度化される先例となりました。

▶2＿＿＿認知症の本人の思いに耳をかたむける
　もう一つは，このような託老所などの経験にヒントを得て，1993年に出雲市の
精神科クリニックで開設された認知症高齢者のデイケア施設「小山のおうち」です。
ここでは診療所に併設して，毎日通所でグループ活動ができる場を作りました。同
じような症状を抱えた人同士が毎日集まって季節の行事を交えた一日を過ごしま
す。書きぞめや，菊の展覧会を見に行ったり，花見をしたり，施設の隣の畑を借り
て野菜を作ります。また，台所を使った配膳や食器洗いなども行います。このよう

---

*5)　石倉康次編著（1999）。

な活動を通して，そこが安心して過ごせる場として本人達が実感するようになると，口をつぐんでいた人が自分自身から少しずつ気持ちを話し出すようになります。「小山のおうち」では，自分の思いを手記に書いてもらう援助もしています。「小山のおうち」では，こうして語られる思いにヒントを得て，手さぐりで支援の方法を見つけ出し，実践を切り開いていきました。

「小山のおうち」を併設した精神科クリニックを開設した精神科医の高橋幸男医師は初期の診療場面を次のように振り返っています。

　　「ふつう，痴呆老人はひとりで来院することはまれで，多くは家族に連れられて来院する。それも何らかの原因で家族が困って連れてくる。私はあらかじめ家族から情報を得ておいて，それを参考に痴呆老人に身近な話題について質問する。そして，身体所見とあわせてだいたいの痴呆の程度や種類を診断すると，あとは家族のほうを向いてどういう点で家族が困っているか，がもっぱらの話題だった。そして，なんとか薬物でそれを解決しようとした。副作用に注意をして効果が上がればそれでよいと納得していた。痴呆老人の自尊心を大切にしなければいけないと家族に話しながら，家族の思いに共感することだけで，痴呆老人の気持ちがどうであるのか，精神科医としてもっとも大切にすべきことをおろそかにしていた。痴呆老人がどんな気持ちでその場をみていたのだろうと思うと，恥ずかしさとともに申し訳なさでいっぱいである」。[*6)]

§3 ＿ 本人の思いをヒントに実践を開拓

▶1 ＿＿認知症高齢者の思い：三人の事例より

　ここで，「小山のおうち」での実践から引き出された，認知症高齢者の思いを紹介します。本人が語る言葉の断片は，本人が経験している不自由さと，それを本人がどのように対処しようとしているかを理解する手がかりとして実践にいかされただけではなく家族や市民にも講演等で公表されていきました。三人の例を紹介します。

【事例1】
　中学校教員を退職後地域の役職をこなしていたAさんは，1年前から物忘れがはじまり，数ヶ月前から無口になり妻への暴力が出て，妻とともに初めて診療に来られました。夫の様子を一方的に話す妻の横で困惑した表情で黙っているAさんの話

---

*6)　高橋幸男（1999）240頁，高橋幸男（2006）。

を聞くために，高橋医師は奥さんに診察室から出てもらい「ぼけはだれでも長生きすればなりうることや，はずかしいことでも恐いことでもない」と伝えて，ゆっくりAさんの返答を待っていました。するとAさんの口から次のような言葉がでてきました。

　「2，3年前までは，自信たっぷりでした。他の人の相談にのったりしていましたし……。他の人から『最近ぼけてきてねえ……』と言われても，自分はそんなことにはならないと思っていました……。昨年の春頃から物忘れするようになって，約束なんかしないようにしています……。話さなくなりました……。自信がユラリユラリと揺れ動くようになり，怖いほど自信がなくなりました。このままではいけないと不安です…。どうなったのかなあ，恥ずかしいなあ，という感じがします。……妻に，『あんた，何を変なことばかり言っているお』と，何回も注意されると腹が立って手が出るようになりました。妻に迷惑をかける，罪悪だと思っています……。話さなくなりました。まさか自分がこんな病になるなんて，思ってもみなかった……[*7]」。

【事例2】
　農家の主人として働き続けたBさんは，鍋や座布団などの所帯道具を持って，近くのスーパーの玄関先に毎晩出歩くようになり，そんな夫の様子に困惑した妻に連れられ，デイケアに来ました。Bさんは，ケアスタッフのリーダーの石橋典子婦長に「こんなところに来るくらいなら死んだ方がいい」と言い続け，他のメンバーともうち解けることができず，一人沈みこんでいました。あるとき婦長は，死にたくなるほど何がつらいのか聞き出せないかと思い「本当につらいんですね，だから死にたいんですね」とたずねました。するとBさんは目を見開き「死にたい者がどこにいるか！」と怒鳴り返されたのです。婦長はすかさず「そうですよね。死ぬか生きるかの瀬戸際で生きぬいてこられたBさんが死にたいわけないですよね。何が死にたいほど"つらい"のですか？」と問いかけ方を変えてみました。そうすると次のような答えが返ってきたので，さっそくそれを手記に書きとめてもらう援助をしました。

　「最近物忘れをするように成った。物忘れは悪い事です。なさけない事です。物忘れは人にめいはくかける事はない。だけどいやです。思うように言われないから。思うことが言えないのが悪い事です。早く死にたいです。それほど物忘れはつらいです。物忘れするのはもうどうしようもないがどうする事も出来ない。どうする事も出来ない自分は早く死にたいと思います。思うことが出来ないから。物忘れする以前は思う事が出来た。……畑仕事その他なんでも出来た。何がしたくてもやる気があっても，何をして良いかわからない。……する事を言ってもらったらまだやれる。何もする事がないから死んでも良いと思う。することが有ればまだまだ長生きしても良い」。

---

*7)　高橋幸男（1999）。

【事例3】

　Cさんは長年の高校教員をつとめあげ退職しました。地域でとりくんでいる「呆け予防教室」に教え子の保健師のすすめもあり，熱心に参加していました。そんな矢先，自分に呆け症状が始めていることを自覚し，「まさか自分が！あの一番恐れていた呆け老人になってしまったのか」と。日を追うごとに不安がつのり，そのつらさを紛らわすために，好きだった酒の量が増えアルコール依存症を引き起こし，家族への暴力へとエスカレートしていきました。一時は，精神病院の閉鎖病棟に入院し，意気消沈した結果，外からは一見穏やかになったので自宅に戻りました。しかし妻への暴力が再発し困り果てた妻と娘の強い希望でデイケアに通うことになるのです。ところが，デイケアに来ると水を得た魚のように，みんなで歌を唄うプログラムではいつも指揮をとり，みんなで習字をするときは先生役を引き受け，美術教師時代の経験を発揮して大いに自信をとりもどしていかれたのです。石橋婦長はCさんに「どういう社会があれば，Cさんのように痴呆を患った人が楽になるのでしょうか」とたずねて返ってきたのが次のような言葉でした。

　　「物忘れがあると恥ずかしい気持ちになり，適当に話を聞いて，分ったふりをする。でも，後から話が合わなくなってしまう事がある。そんな時には，くやしいことだけど仕方がないとあきらめる。そうすると気が楽になる。（中略）物忘れをしていたら又，人に聞けばいい。皆がしっかりしてくれと励ましてくれる。だけど，どんなに励まされても，できないことは出来ない。そんなことを理解してもらいたい」。

▶2＿＿＿認知症とともに生きる実践の特徴

　デイケア施設「小山のおうち」では，本人の声を引き出し，その意味を吟味することで必要とする援助課題を明らかにし，実践に一層の磨きをかけていきました。そのポイントはつぎのようなものです。

【1】　安全で安心でき寛げる環境を用意する

　自宅の居間を拡張したような空間をつくり，また長年家事が自分の仕事であった高齢の女性にとって安心できる台所を用意しました。昼食後に昼寝ができる畳の空間と布団も用意しています。働き者だった高齢者のために施設に隣接して農作物を栽培できる畑があります。利用者の人数は12〜15人に絞り，職員は常時4〜5人確保しています。プログラムの運営をリードする職員と，利用者それぞれの心身の状態を見極めながらプログラムに利用者が参加するのを個別に支援し，食事や排泄行為も大きな失敗なく行えるように介助する職員を常時配置できるようにしています。

【2】 記憶障害とつきあう術（すべ）の発見を支援

　認知症の本人は，記憶が続かないことを自覚し，そのことに深い不安を感じています。記憶障害が起こっていることを他人に気づかれないように振る舞おうとして失敗を重ねることもあります。記憶の不自由さのために忘れたり同じことを何度も言ってしまうのを他者から指摘され非難をされると本人は自尊心を深く傷つけられ，ますます話さなくなってしまったり，暴力的いらだちとして現れることもあります。「小山のおうち」ではその苦しみを言葉にしてはき出してもらい，記憶の不自由さは恥じることではなく，病気がもたらしている不自由さであり，その不自由さとつきあう術（すべ）を集団の中で本人自身が見つけることを支援します。

【3】 認知症となっても本人が主役となれる機会を作る

　認知症となった人は，記憶障害や失敗を繰り返すことで地域や職場で果たしていた役割から外され，「異常行動」や混乱の中で家族の中での地位も失ってしまうことがしばしばあります。しかも，そのことが本人には解っており，自尊心と自信を失い，一層自己の殻にとじこもってしまうことになりがちです。しかし，認知症になってもその人の能力のすべてが一気に欠落するわけではなく，残されている諸能力を発揮して社会的な関係を再構築できる居場所が確保され，そのなかで集団の中で有力なメンバーでいられる自己を再発見することができれば，本人は「することがあれば長生きしてもよい」と自信を回復することができるのです。それを援助するには，認知症の人それぞれの人の生活史や元気な頃の生活習慣を知り，その人らしい余暇活動や作業活動の場面作り，その人らしさを発揮し主役を演じられる場を演出するわけです。

【4】 家族や友人との人間関係を回復する

　認知症となっても，家族や親しい友人や仲間という，その人にとって重要な他者の存在はその人の自我に大きく影響し，その人が自分であり続けるために大きな意味をもちます。ところが，その重要な他者に「何もわからなくなった人」「何も任せられない人」「手に負えない人」として存在を否定されてしまうと，そのまなざしや関わり方が，認知症の人の自我に深刻な影響をあたえてしまいます。逆に認知症になっても重要な他者が，本人の病気や苦しみを理解し，以前の関係を回復できれば，それは本人にとって強い精神的な支えになるのです。「小山のおうち」では，「家族参観」や「連絡帳」や「手記の発表会」の手段を編み出し，日常的に本人と家族や友人に伝え，本人との関係を回復できる機会をつくる援助を行っています。[8]

---

*8) 　石倉康次（1999）石倉編第13章。石橋典子（2007）。

§4 ── 入所施設での先駆的実践

　次に，入所施設での認知症ケアの実践を紹介します。2001年に尼崎市に開設された社会福祉法人喜楽苑（市川禮子苑長）のグループホーム「いなの家」の実践です。グループホームは住居の延長ではありますが，大規模入所施設への反省から，より住居に近い居住環境を提供するために，高齢者や障害者の専門職員のいる小規模共同居住施設として開発されてきたものです。個室と共同の居間と食堂を配置し，およそ10人が24時間共同生活を行っています。昼間は 2 人，夜間は 1 人の職員が常時，生活全般の支援を行います。グループホームに入所する人は，本人が認知症の初期段階の自立度の比較的高い段階から入所され，徐々に本人の状態が変化していきます。家族はその変化が理解できずに悩むこともありますが，グループホーム職員は，そのような家族への支援も行います。

【1】　入所者同士のトラブルを避ける支援

　グループホームでの支援内容は日中の利用施設であるデイケア施設と共通する点がありますが，生活史の異なる人が，同じ空間で24時間共同生活をするので，認知症による障害から入所者同士の関係が衝突しないよう気をつける特別な支援も必要です。部屋の配置や，入所者の調子によっては，お互いに顔を合わせないように配慮し，食事の席に配慮したりします。

【2】　日常生活行為の支援

　日常生活行為の支援は 1 日24時間365日続けられ，季節に応じた行事も行われます。およそ10人の利用者を常時 2 人でお世話をするという仕事は，職員にとってはかなり忙しいものです。特に起床から朝食までの時間帯に支援課題が集中します。起床・排泄・洗面・化粧・更衣・身繕い・朝食などの行為を連続的にこなしていくのは，認知症の人には難しいです。「いなの家」では起床時間を一律に決めてはおらず，本人の目覚めの時間を尊重して，その時間に応じて個別的に朝食までの一連の行為を支援するようにしています。一人一人の時間は少しずつずれてはいますが，一人の人に一連の行為が終わるまでつきっきりでいることは出来ません。認知症の人にとっては，排泄という行為でもそれに集中するために意識付けの声かけが必要な人もいます。排泄が終わるまでに30分以上かかる人もあります。更衣には，その日の服装を選んでもらい，間違いなく着られるように順番に畳んでベッドの上に用意します。用意が出来しだい食堂まで誘導します。これら一連の行為を職員がそれぞれの人の進行状態を見極めながら見回っていくわけです。

【3】 共同生活に必要な自治会活動を支援

「いなの家」の実践で，注目されるのは，入所者同士の共同生活上での主なルールづくりや行事の確認，トラブルの解消のために，入所者の自治会が組織されていることです。会長・副会長が選任され毎月1回自治会の会議がおよそ90分かけて開かれます。議題は毎回一つくらいに絞り，議事の進行は職員がサポートしながら，入所者全員の意見が引き出されるようにしています。旅行の行き先の選定や，風呂の順番を間違えるのをどうすればいいか，などの議題におよそ，90分かけて行きつ戻りつの議論がなされるのです。やがて，落ち着くべきところに落ち着いたとき，議長はほっと一息つきます。こうしてみんなの意見を出しあって決めた行き先に旅行するようになってからは当日になって「行かない」という人が出るトラブルはほとんどなくなったと報告されています。[9]

その後，入所施設での，認知症の人を中心に据えた実践をとして，オムツをしないケア，機械浴を廃止したケアを開発した「十の基本ケア」を開発した，協同福祉会あるなら苑の実践も注目されます。[10]

§5 クリスティーンさんの報告からの示唆

オーストラリアやスコットランドやカナダでは，認知症の人自身が自らの考えを主張し「私たち抜きに私たちのことを決めないで」と提起する動きも広がっています。その先駆者とも言える，オーストラリアの若年認知症を有するクリスティーン・ブライデンさんの報告を次に紹介します。

クリスティーンさんは，オーストラリア政府の科学政策部門の高官でした。夫婦の問題を抱えながら単身で三人の娘を育てていました。ところが，49歳の時に前頭側頭型認知症と診断され，仕事を続けることができなくなってしまったのです。その後の認知症とともに生きていく様子を二冊の本に書き記してくれています。一冊目の著書『私は誰になっていくの』では娘三人と認知症の不安の中で手探りで暮らしていたような様子がよくわかります。二冊目の『私は私になっていく』[11]では，認知症とダンスを踊るように暮らしてきたと書かれています。症状の起伏や進行にあわせて夫のポールと二人でテンポを変えながらダンスを踊ってきたと表現されています。

---

*9) 東悦子（2004），石倉康次（2007）。
*10) 大國康夫（2014）。
*11) クリスティーン・ボーデン，檜垣陽子訳（2003），クリスティーン・ブライデン，馬籠久美子・檜垣陽子訳（2004）。

二冊の本と本人を訪問して得た情報を次に整理してみます。

【1】　認知症による不自由さ

　ここで彼女の，いわば認知症の本人からの報告を紹介しておきましょう。クリスティーンが1冊目の本で強調しているのは，当初は深い不安に陥るということです。その不安を崖淵で爪を立てながら滑り落ちていく恐怖を必死でこらえている状態だと表現しています。彼女は1冊の本を書き上げた後，認知症の父を介護した経験のある元外交官のポールと再婚し，自分の経験を語る講演活動のために二人で各地を回ることをはじめます。立派に講演をする彼女の姿をみて，本当は認知症ではないのではと言う疑いを持たれます。クリスティーンはそのような疑問に応えて，2冊目の本で自分の状態を「水面に浮かぶ白鳥」になぞらえて説明しています。活動的な彼女の姿は，他人からは水面を滑る白鳥のように見えても，見えない水面下では沈まないように，足で必死に水をかいているのだと書いています。また，クリスティーンは大変疲れやすくなった，しかもその疲れは，運動した後の疲れとは異質なものだと言っています。残された脳細胞を使って混乱を整理しながら，意味ある行動をとろうと必死に努力することからくる疲れなのでしょう。

　クリスティーンは物事を順序立てて処理することができなくなりました。例えば料理です。何を作るのかをまず決め，材料として何を手に入れるのか，そしてどのような順番で調理するのか，ひとつひとつ順を追ってこなしていかなければできない作業です。身の廻りの様々なものを，より分けて整理整頓をする作業も複雑で大変難しい作業となります。同時進行の作業が出来なくなるという報告もしています。例えば，お風呂に湯を張っていたときに電話がかかってきて出ると，お風呂のことを忘れてしまい湯が床にあふれ出てしまうというミスを重ねます。自分にあるそんな障害に気づいたクリスティーンは，お風呂に湯を入れているときは，たとえお客さんがきても電話が鳴っても湯が一杯になるまでじっと見て待っていることにしたのだそうです。

　彼女の報告によって分かったもう一つのことは，視覚や聴覚の障害も伴うということです。彼女は視野が狭くなっているのです。足下が見えずベットにつまづいて骨折したことがあり，エスカレータに乗るのが怖いとも言います。聴覚について，いろんな音が聞こえる場所では，人の声や雑踏の音だけでなく流れてくる音楽であっても，様々な音が混じり合って聞こえると騒音のように聞こえて頭が痛くなると言います。私達の脳は，いろんな音が同時に聞こえていても，聞くべき音に注意を向けると，その音に集中して他の音は気にならなくなるように脳の自動調整機能が無意識に働いてくれます。クリスティーンにはこの調整機能が働かなくなっているようなのです。彼女が自然の多い郊外に引っ越したのは，このような障害を考慮してのことでもありました。人によっては嗅覚や温度の感覚にも障害が生じること

が紹介されています。

　もう一つ大事なことは認知症の人がかかえる記憶障害や様々な感覚機能の障害とそれによる不自由はその人その人によって異なるし，また置かれている環境によって調整の仕方も異なってくる個別性の高いものだと言うことです。

【2】　ポールさんの語る援助のコツ

　ポールさんは，クリスティーンさんが認知症であることを了解して再婚しました。このため認知症になる前の彼女を知りません。多くの認知症の方は夫婦で暮らした長い期間があり，元気なときのことを知っているだけに，どちらかが認知症になったときに元気な頃と比較したショックや落胆が強くのしかかりがちです。それは，認知症になった配偶者をありのまま受け入れる際の足かせになります。その点で，元気で活動的なキャリアウーマンであった母親を知る娘さんたちとポールは違っていました。これが幸いしてポールさんは，ありのままのクリスティーンと向き合うことができたのです。しかも，ポールさんには認知症になった父親を介護した経験がありました。彼は，自らをクリスティーンの「ケアパートナー」と位置づけています。何でも手を出して代わりにしてしまうのではなく，本人ができることはできるだけ自分で行えるようにし，本人にとって負担になることだけを支援する，何かをするときは常に本人に何がしたいのか確かめてから行い，本人の意向を無視してリードすることは絶対に行いません。本人の苦手なこと，例えば料理，整理整頓，洗濯は代わりにします。クリスティーンが，本を読みたくなった時は寄り添って一緒に読む。そして一日の終わりにはその日に行ったことを一緒に振り返りながら，ヒントを出しつつ思い出しつつ記録する手伝いをし，明日に残した課題をメモに整理して床につきます。自分だけの息抜きの機会も折を見て持つようにすることもポールさんのケアパーナーとしてのコツです。

【3】　クリスティーンとアルツハイマー協会が作り上げた支援体制

　ポールさんと暮らす前のクリスティーンは，娘たちとオーストラリアの首都キャンベラで暮らしていました。そこは首都で働く政府要人や公務員とその退職者たちが住む街でした。子どもが成長すれば親元を去り，夫婦と未婚の子どもの世帯，夫婦のみの世帯，配偶者をなくした一人暮らしの高齢者などが住民の多数となっています。クリスティーンは先の夫と離婚した後，シングルマザーとしてまだ学生の娘3人を抱えて暮らしていたときに認知症と診断され，仕事を失ったのです。ショックで落ち込んでいた状態から立ち直りはじめたクリスティーンは，キャンベラのアルツハイマー協会（認知症の人と家族の会）に電話をしました。そしてクリスティーンは「若くして認知症になった人を紹介してほしい，同じ女性同士でその人たちと毎週1回集まるグループ活動をやりたい」と提案しました。協会のボランティアの支援で本人たちのグループ活動が始まりました。50歳前後から60歳前後の認知症

の当事者が，週に1回集まってはお互いの悩みは思いを話し合ったり，一緒に買い物に出かけたりする活動が開始され，やがて男性の若年認知症の人の会もできました。その後，クリスティーンも加わり若年人認知症の人のための次のような支援体制が先駆的に作られてゆきました。

① 診療をうけた認知症の人にはできるだけ早いうちに正確な診断がわかり，可能な治療の試みもできるだけ早いうちに開始されようにされ，本人に効果的な薬を利用する場合は負担がその利用をためらわせることのないように国から補助金が出る制度を実現します。

② 医師のあいだでは，家族だけではなく，本人に今どのような状態になっているかということを聞くという姿勢が不可欠だと合意されるようになりました。

③ アルツハイマー協会（認知症の人と家族の会）が家族だけではなく認知症の人本人に向けて病気と支援サービスについて講座やパンフレットを使って情報提供をします。

④ 本人と配偶者が共倒れにならないよう，通常の夫婦関係を回復できるように，協会のスタッフが支援します。夫婦にしかない力，家族にしかない力を回復し発揮できるように支援がなされるのです。夫婦のどちらかが認知症になってしまうと，介護する人とされる人との関係が重くのしかかり，夫婦という関係が一時的になくなってしまいます。このためにアルツハイマー協会では，配偶者のどちらかが認知症となったカップルに呼びかけ，それぞれのカップル用に台所付きの小さなロッジを借りて，数日間共同生活をして，夫婦がともに通常の生活を回復していくのに必要なアドバイスをしたり，カップル同士が互いの経験を交流するという企画を実施して以前の夫婦関係を取り戻す支援をするのです。

⑤ 仕事ができなくなったときの収入源として年金を受け取れる支援もします。

§6 __ スウェーデンの新しい動き

ここまで，認知症をかかえた本人を中心に据えた実践の日本とオーストラリアでの流れを紹介してきました。両国は，イギリスの影響を受けつつ，1980年代以降，新自由主義的市場原理主義的な医療・福祉・介護の政策が展開されてきた国でもあります。本人を中心に据えた実践は，「自由主義レジーム」[12]の国やその影響を受けている日本であっても，認知症ケアの分野において基本に置かれるべき原則を提起したものと評価することができます。さいごに，「社会民主主義レジーム」の国ス

---

*12) 本書第05章§3参照。

ウェーデンでの動向を紹介しておきます。スウェーデンでは，医療は保険ではなく，税財源にもとづいた県による公的サービスとなっており，社会福祉や介護サービスはコミューン（市町村にあたる）が税財源で提供します。社会福祉や介護施設・サービスの事業提供者はコミューン直営のものや協同組合経営をはじめとする非営利法人経営のもの，株式会社経営のものもあります。しかし，この場合も提供されるサービスの質についてチェックをした上で，コミューンがサービス提供者と契約します。日本の介護保険では，サービス提供者と利用者家族が直接利用契約を結ぶことになっています。しかし，スウェーデンは公的機関がサービス提供業者と契約するため，公的機関のチェックが強く働く仕組みとなっているのです。この国では，認知症のある人には，できるだけ自宅での居住を継続できるように，訪問サービスとデイサービスが基本とされ，在宅生活が困難になった場合は，グループホームがあらたな生活場所として提供されるようになっています。このグループホームの形態は知的や精神の障害を持つ人のサービスメニューとしても発達しています。

　そのような現場で，新しく登場しているアプローチは，「認知機能障害」という症状に焦点をあてたアプローチです[13]。このような症状をもたらす疾患や状態には，アルツハイマー病や脳卒中やパーキンソン病，多発性硬化症，外傷性脳損傷，のほかダウン症や自閉症スペクトラムなどの知的障害があります。この「認知機能障害」という症状に焦点をあてたジェーン・キャッシュらのアプローチの特徴は，病因の相違よりも，認知機能障害という生活に表れる症状の共通性に着目し，そのような症状をもつ人の理解と，「自我を支える対応法」に焦点をあてていることにあります。そのような症状をもって生きる人自身の日常の生と，それを支える家族や専門職に必要な知識と技能を提供することに主眼をおいているのです。

　日本では，医療の専門分野の違いと，それに関連した法制度の違いに強く影響されて，認知症や，高次脳機能障害，あるいは知的障害は，まったく別々に対応され，議論されてきました。そのことは，それぞれの分野での解明が進んでも，症状の共通性には議論が進みにくく，実践の経験交流も妨げていました。それは，ともすれば病因を過大にとらえ，人としての生活行為や行動と，それをつかさどる意識や認知機能における，障害と支援法の共通性や普遍性を理解することを妨げてきたように思います。この症状に目を向けたアプローチは，そのような傾向を脱する革新的な視野を提供するものだといえます。

　国際的には，アメリカ精神医学会によって提出されたDMS-5（精神障害の診断と統計マニュアル第5版）では，神経認知障害群という分類が導入され，複雑性注意，遂行機能，学習および記憶，言語，知覚－運動，社会的認知の6領域の中のひとつ以

---

*13)　ジェーン・キャッシュ/ベアタ・テルシス編著，訓覇法子訳（2018）。

上の認知領域で有意な低下がしめされることとしています。その中にせん妄のほか多様な病院による認知症も含まれています。このような脳神経科学の成果を反映した国際的な学会動向にも符合したアプローチを提供しているのです。認知障害を持つ人の理解と支援における，医学モデルの真に理論的な克服の方向性を示すものとして期待できます。

§7 ── 社会学の可能性

　本人を中心にすえた認知症ケアのありかたの探求は，本人と家族，地域社会における隣人との関係，専門職員と本人との関係，さらには医療や介護のシステムのあり方，そして脳科学の知見など，多様な分野に新しい光を当て直すことが必要となります。またその中で社会学という学問的アプローチの新たな可能性を再確認できるフィールドともなっているのです。

第11章

社会がつくる逸脱——多元的な価値の社会へ

社会福祉を必要とする人は，しばしば社会からの「逸脱者」としてレッテルを貼られ，「バッシング」を受けることがあります。また，受けた人たちも，そのようなレッテルを貼られることで社会から排除され，福祉給付やサービスの利用から遠ざかり，生活問題をこじれさせていく場合があります。第08章では，貧困による万引きから収容され，病弱の夫と子どもが復帰を待っている事例や，生活保護の窓口での対応にショックをうけて受給をためらう事例を紹介しました。多数者や権力を有する側が，社会の構成員が共有している価値から外れ，共有された規範を内面化できない人であると一方的に判断し，「逸脱者」のレッテルを貼って排除・差別する社会的メカニズムが働くわけです。この章では，「犯罪」や「非行」を行ってしまった人，障害を持つ人，認知症の人などを事例に，社会によって「逸脱」と定義されていく過程の問題性について考察してみます。同時に注目しなければならないのは，近年では「逸脱者」とされた人達が当事者集団を形成し，固有の価値観や文化を自己主張し，「逸脱者」のレッテルを貼る多数者の側が共有する「規範」を相対化し，社会に復帰していく動きも広がってきていることです。この両面を検討していきます。

§1 社会的世界の確認

私たちが生きる社会的世界は，自然界と比較して，そこにある問題の実態を具体的に把握しようとする際に，独特の困難さがあります。自然的世界の問題では，たとえばそれが鉱物や動植物なら目で見て，手で触れて具体的に認識することができます。引力のように，それ自体，目や手で実感できないのものでさえ，地球の公転や人工衛星の動きによってその存在を確認することができます。しかし社会的世界に存在する戦争やテロの場合，物が破壊され人が死ぬという物質的な側面だけなら，たとえば衛星放送で送られてくるテレビの画面をとおして視覚的に認識することができますが，その背景となる原因となると，もはや視覚で把握することは非常に困難です。社会的世界と自然的世界とのこのような相違は，社会科学と自然科学との

認識方法の違いに通ずるものでもあります。

　もう少し具体的に考えてみましょう。「社会的差別」や「しきたり」「貧困」なども社会的世界におこる事態ですが，これらを視覚的にとらえるには限界があります。身分によって着衣の種類や色彩が異なるというような目に見える違いがあれば，それを手がかりに差別を知ることはできます。しかし，そのような身分による差別が発生する原因やその帰結を衣服の種類や色から導き出すことはできません。それらは身分の違いを示す記号に過ぎないからです。

　「しきたり」というものの把握も容易ではありません。それが法律というかたちで明文化されれば明確に示すことができるでしょう。でも，多くの場合「しきたり」は成文化されてはおらず，一定の集団の人々によって確かに共有されているのですが，普段はそれを知ることがなかなかできません。その「しきたり」を破る人が出てきたときに，社会の側から何らかの追及や排除の行為が目に見える形であらわれ，そこではじめて人々が共有する「しきたり」の存在を確認することができるのです。

　「貧困」という社会現象は，衣食住という人間が生きていく上で不可欠のものが欠乏している状態として視覚的に確認できる側面があります。また，貧困な状態から抜け出すためにテロリストになったり，略奪から戦争に発展する場合もわかりやすい現象です。しかし，「貧困」がなぜ起こるのか，高度の技術力や生産力を有する社会でなにゆえに「貧困」が撲滅できていないのか，といった問題となると，社会全体の構造の解明が必要となります。視覚によって確認できることは限られます。このように，社会的世界に起こることで目に見えたり，手に触れて知ることができるのは，その一部でしかありません。社会的世界を客観的にとらえる困難さのもうひとつの要因は，私たち自身とその行動が社会的世界を構成する要素であるということです。つまり社会的世界のメカニズムを客観的にとらえるためには，私たち自身の主観的な価値観とそれにむすびついた行為をも対象化して，外から客観的にとらえる視点をもつ必要があるからです。

　社会的世界は大きく三つの領域に分けることができます。一つは経済社会のように，自然界のような強い外的強制力を持って，それに適応するよう私たちに迫ってくる領域です。二つ目は政治社会のように，諸勢力の力関係によって制約され，私たちの投票行為や政治的アクションもその変容にかかわっていると主体的にとらえられる領域があります。三つ目は，上の二つのあいだにある，日常の市民社会での人と人との関係に関わる領域です。この領域は日常の関係や私たちが判断する際に入手する情報によって社会的行為が再生産されたり変容していったりしやすい柔軟な領域です。この章でとりあげる「逸脱者」というレッテルが貼られるのは，この三つ目の日常の市民社会の関係性の中においてです。

　ただし，社会的世界と自然の世界が全く別々に存在しているわけではないことも

確認しておかなくてはなりません。社会的世界を作り上げている人間自身が生物という自然の一部であり，また自然環境に働きかけて生産活動を行い，自然環境の産物を享受し物質代謝をして存立しています。社会的世界の圧力が人間的自然としての私たち自身の身体を病いに陥らせることもあるのです。

§2 ＿ 社会規範からの「逸脱（deviant）」の諸局面

▶1＿＿「逸脱」とは

　現代社会には一定の行為を「犯罪」や「非行」みなすことで，社会の秩序を保とうとするメカニズムが働いています。また他の人と違うことをして目立ってしまうと「異常」だと思われたりしないかと周囲のまなざしを気にする傾向が人々にはあります。このようなことが一般的に行われる前提として，人々が所属する社会の成員によって共有され受容されている共通の基準や価値観が存在していることを想定することができます。そのような，ある社会集団において，その成員が共有して，その集団の秩序と統一を維持する機能を果たしている共通の「しきたり」や「慣習」あるいは「価値観」ないし「価値判断の基準」といえるものを，その集団の「社会規範」と言います。

　「逸脱」とは，そのような社会集団によって共有されている社会規範を侵犯する行為のことを指して社会的に定義づけられるのです。社会秩序を維持する立場から，それを乱す行為を「犯罪」や「非行」と定義づけ，このような行為をおこなった当事者が指弾され，矯正されるのです。また，かつては精神に障害のある人は，社会成員が共有する社会的規範を理解し，それにもとづいた行動ができないものとして，実際に逸脱行為をする以前に，社会防衛的に隔離して閉鎖的な施設に収容されました。それは客観的には，精神に障害を持つ人の居場所を提供できないという，その社会の側の弱さや不備や許容力のなさを不問にした対応なのです。そうして社会ではなく障害を持った人の側が指弾されたわけです。

　「犯罪」や「非行」の場合だけではありません。高齢者あるいは年長者に対する社会のまなざしは，かつては尊敬の眼が向けられていました。しかし，科学技術の発展のスピードについていけない存在として，あるいは，年金や医療や介護の社会的費用を消費する存在として，政策主体やそれに迎合したメディアによって，高齢者のマイナスイメージを振りまき，その尊厳が毀損されることが生じています。高齢者は社会のすべての人が自ら経験するはずであるのに，そのことに想像力が届かなくなっているわけです。ここに，高齢者や年長者を「逸脱者」と定義されかねない事態が生まれています。「高齢者」という若者と区別する表現にも問題性があり，

「高齢期にある人」とするのが妥当でしょう。

▶2＿＿＿「逸脱」の相対性

　どのような行為が逸脱とされるかという点に絶対的な基準は存在しません（これも自然界や数学の世界とは異なる点です）。ある社会で好ましくないようなことも、別の社会では許容されるというようなことがしばしばあります。たとえば、一夫多妻は今日の日本社会では不倫な行為として問題になりますし罪にも問われます。しかし、世界にはそれが容認されている社会があります。もうひとつの例をあげれば、今日の日本では企業の採用試験や大学の入学試験において性や職業によって差別扱いをしたことが判明すれば、それは人権侵害として法的処罰の対象になります[*1]。しかし、過去においては、性による別扱いや縁故採用が容認されていました。武家社会では、殺害された主君や親に代わって「あだ討ち」をすることは立派な行為として賞賛されました。しかし、今日それは重大な犯罪行為となるものです。長男が家の後継ぎとなって親の職業を継ぎ、親の老後の扶養の責任をもつということは戦前の日本では常識的な社会規範でした。しかし、戦後の新しい憲法の下で、高度経済成長の時期を経て、核家族化も進み、家業として継承されていた自営商工業や農業が衰退し、ほとんどの人が労働者となりました。現段階ではそのような規範は弱まり、存続はしていても機能せず高齢者の扶養は年金や福祉というような社会的なシステムによって対応する段階となりました。

　このように、時代や社会の違いによって同じ行為が「逸脱」行為として社会から否定される場合もあれば、肯定される場合もあるのです。どのような行為が「逸脱」であるかは常に特定の場所、時間、文化における社会集団の成員が共有する社会規範にしたがって定義されるものであり、その社会規範自体も大きな社会変動の影響をうけて徐々に変化していくからです。このような社会規範は見えるものではありませんが、確かに存在し機能しているものであり、人々の行為を律しているものであることが理解できるでしょう。

▶3＿＿＿規範の内面化

　社会規範は「人々の行為を律している」と表現しました。しかし、それはどのようなメカニズムによるのでしょうか。これも社会の仕組みを考える重要な問いです。法律に基づいて罰せられるからそれを恐れて規範を守るという場合もあるでしょう。

---

*1）　順天堂大学医学部の2011年度から2018年度の入試を受けた女性13人が、2019年6月に「性別を理由に差別された」と大学に約4270万円の賠償を求める訴訟を東京地裁に行いました。東京医科大学の入試判定では女性などを不利に扱う操作が大学当局の主導で行われていたことが内部調査で明らかにされました。

しかし，社会規範には法として明文化されていないものもあります。例えばかつて「村八分」（葬式と火事の時以外は困っていても助けないという意味）というような社会的制裁を与えることで，これを守らせようとした場合がありました。さらには，そのような社会的制裁もなされずに人々を律するメカニズムもあります。それは，他者からむけられる「まなざし」の力によって社会規範を構成員の内面に働きかけ，構成員が自発的に自己コントロールするよう仕向ける仕組みです。いわゆる「自粛」を迫るメカニズムです。

▶4 ___ 自我の二側面としての "ｍｅ" と "Ｉ"

「自己コントロール」や「自粛」によって社会規範を守るよう諸個人に仕向ける仕組みを理解するにはG. H. ミードによって解明された自我の二側面（Iとme）に関する概念を知ることが手がかりになります。[*2]

彼は，社会の中に生き，他者と関係を取り結ぶ人間の自我には二つの側面があるとして，それを英語の基礎単語であるI と me によって説明しました。しばらく，その見解に耳をかたむけることにしましょう。

"me" とは，他者の態度が私に（me）ある反応を命令しているものではないかと意識する自我の側面です。言い換えれば，他者が私に向ける「態度や期待」もしくは「他者のまなざし」を私自身が意識する側面なのです。これを，ミードは，所属している集団内の他のメンバーの立場から私を（me）ながめている側面であり，「自己の検閲官」でもあると表現しています。

自我のもう一つの側面としての "I" とは，他者の態度や期待やまなざしとして，私に命令していることがらに対して私が（I）反応・応答していく際にはたらく自我の側面であると述べています。この側面は，社会状況に対して私が（I）行う「新しい反応・応答」であり，したがって「自由」とか「自発性」の観念や「自尊の念」をもたらすものであり未来に踏み出すものであるとも述べています。

この他者に対し自己の意志を提示していく，いわば自我の能動的側面としての "I" には，二種類の場合があるとしています。一つは，他者の「態度や期待やまなざし」に積極的に応えるかたちで示される場合です。もう一つは，他者の「態度や期待やまなざし」を否定したり，乗り越えていくかたちで提示される場合があり得るとしています。いわゆる優等生や常に観客の期待に応える人気プレイヤーは前者の例であり，観客や相手の意表をつく天才プレイヤーや創造的な芸術家のファインプレイは後者の例だと言うわけです。

他者のまなざしを意識する自我である "me" は，他者に対して積極的に自己に固

[*2]　G.H.ミード，河村望訳（2017）。

有の意志を提示していこうとする "I" の限界を定め制限する役割を果たします。この意味で、他者のまなざしを意識する自我である "me" は、「自己の検閲官」として機能するのです。重要なのは、その際自己に制限を加えているのは他者のまなざしを意識する自分自身であり、他者が直接手を加えて制限をしているわけではないということです。他者の期待に反する逸脱行為をした場合に他者が自分に向けるであろう批判的な「まなざし」を意識したり、社会的に居づらくなるのではないかという心配や恐れをあらかじめ抱くわけです。ここで、自分が属する集団の多数が共有していると想定される「社会規範」は、自己判断されたものです。客観的にそれに逸脱した場合に制裁を伴う場合もあるし、単に自己の思い込みの強さから来るものであるかも知れません。しかし、いずれにせよ、みずからの想定でそれに逸脱しないよう、自分で自分を律するわけです。これが、社会的な規範の「内面化」のメカニズムであり、これこそが逸脱行為に対して裁判や罰則によらず、社会的制裁の執行以前に機能して、人々の社会的行為をコントロールするメカニズムなのです。これが行きすぎると規範に無条件に従う「制度化された個人」となってしまいます。その場合、その人自身の人間的自然としての身体が拒否反応を示して、病的状態に陥っていくこともあります。

▶5___「逸脱的アイデンティティー」

　何が逸脱行為とみなされるかは相対的なものではあっても、それが個人に与える影響は決して軽いものではありません。ある人が共有された規範を守らない「逸脱者」だと、いったんレッテルを貼られると、その人に対する社会的評価に変化が生じることは不可避です。個人に対するそうした見方は、本人が行った逸脱行為にたいする評価にとどまらず、しばしば「逸脱者」としてその人の人格全体に拡大されます。「罪を憎んで、人を憎まず」ということわざが容易に忘れ去られるのです。それは歪んだレッテル（＝ラベル）でありスティグマ（烙印）なのですが、いったんそれが社会に広がると、本人の個人の力でそのレッテルをはがすことはほとんど不可能に近いものとなります。現代ではSNSで、レッテルが瞬時に拡散されることがあります。レッテルを貼った社会に本人が復帰しようと思えば、たとえ不本意であっても、「逸脱者」というレッテルを受容しないことには、社会が迎えてくれないほどそれは強力なものとなります。「逸脱者」であることを認め、悔い改めないことには、社会は受容してくれないわけです。

　このとき、その社会にはもどらない選択や、あえて孤立をおそれず生きていく生

---

*3)　望月衣塑子・前川喜平・マーティン・ファクラー（2019）で指摘されているのはこのような事態です。

き方もあり得ます。しかし，社会に復帰しようとする個人は，社会の否定的な評価が，過大であったり虚偽のもので受け入れがたいと思っていても，社会の側が自分に貼り付けた「逸脱者」としてのレッテルをあえて受け入れ，「自分はだめな人間だ」と言い聞かせたり，「子どもっぽく」振る舞ったり，「病者」として振る舞うようになっていくことがあります。このようになった場合その人は，以前の自分とは異なる新たな「逸脱的アイデンティティー」を受け入れ形成していくことになるのです。

▶6＿＿「逸脱」の正常性

　すでに述べたように，どのような行為が「逸脱」と定義づけられるかは，その集団の中で形成され，多数者によって共有されている社会規範が基準となります。このことから多数者によって「逸脱者」とのレッテルを貼られた少数者も，レッテルを貼った多数者の側も，同じ社会で自己形成をしてきたが故に，相互に異なるという以上に似ていることがしばしばあります。

　また逆に，多数者によって「逸脱者」とされた方が正常であり，逸脱者と定義づけた側が不正常であったと，後に社会的に指弾を受けることが歴史的な経過のなかでは起こり得ます。例えば軍国主義的天皇制下のわが国で侵略戦争批判をした人たちは「国体」を否定する「国賊」であり，危険人物として投獄され「逸脱者」として裁かれました。第二次大戦後，「国体の維持」を掲げた側が間違っていたと認定され，投獄された人の権利と名誉は回復されました。このような逆転現象は，多数者が基準としていた「旧い社会規範」が民主主義をはじめとする戦後の「新しい社会規範」によって否定されたから生じたのです。

　より身近な例をあげると，子ども同士のいじめの場合です。いじめられっ子の方がむしろ正常であったり，いじめる側もいじめられる側も，違いをみとめたうえで互いの人間関係を形成していく能力が育っていないという点で共通の弱点がみとめられます。それゆえに，いじめ，いじられる関係しかつくれなかったとも言えます。

§3＿＿「逸脱」行為生成の社会的メカニズム

　前節では，「逸脱」とは社会的に形成されるものであり，そうであるが故に絶対的なものではありえない。しかし，逸脱者とされた側には深刻な影響を及ぼすものであるということをみてきました。

　次に，「逸脱」行為とされるものがどのようにして生成されるのか，その仕組みを説明するいくつかの見解を紹介することにします。

▶1 ___ アノミー（anomie）論

「逸脱」行為が大量にあらわれる現象は，社会の成員を結びつけていた社会規範の権威が失墜した時に起こると指摘したのは，フランスの社会学者デュルケームです[*4)]。社会規範が権威を失墜し社会のメンバーをコントロールする力をなくし，諸個人がそれぞれに思い思いの動機から行為を行うようになって，しばしば逸脱行為としてあらわれるのだととらえ，そんな事態を彼は「アノミー」と表現しました。

しかし，デュルケームは，逸脱行為をかならずしも「不正常な」行為ととらえていたわけではありません。逸脱行為が社会的に目につくようになった事態は，社会的規範が社会成員を結びつけるものとしては有効でなくなってきている兆候であり，個人ではなく社会の側に問題が出現していることを社会的背景とした「正常な」反応とみていたからです。

▶2 ___「逸脱」行為の諸類型

逸脱行為は個人の側の問題ととらえず，社会の側に存在する問題が背景にあるととらえる「アノミー論」の視点を発展させた人に，アメリカの社会学者マートンがいます[*5)]。彼は，アノミーな状態を社会規範に非同調的な逸脱行為を生み出す社会的文化的状態ととらえました。彼は社会の文化構造を，社会の成員が正当だと認めている文化目標（cultural goals）と，この目標を達成するために容認される手続を規定した制度的な規範（institutionalized norm）とに分けました。その上で，目標達成が過度に強調される一方で，目標達成の正当な手段や機会が社会構造上閉ざされていたり，少なすぎる場合には，目標達成という至上命令の前に制度的規範を無視する，「目標のために手段を選ばない」逸脱行為があらわれる一方，この目標達成競争に脱落した場合には「敗北者」の烙印が押されるのだととらえました。

さらに，目標を無視して制度的規範のみが過度に強調される場合には別の逸脱パターンが発生するとしました。そのひとつとして，社会的に強調される目標を追求することを評価しないか諦めているのに，制度的規範だけは守ろうとする行為を「儀礼主義」と表現しました。例えば学歴社会の目標を肯定はしないか諦めているのに，それに順応する行動様式をとってしまっている場合がこれにあたります。このような行為は内面的には「逸脱」しているのですが，外に現れる行為は順応しているので逸脱行為としては認められにくいものです。

また，文化目標と制度的規範とが共に過度に強調される場合には，目標と目標達成手段をともに放棄して浮遊する「逃避主義」を生む一方で，既存の社会的目標と

---

*4) E. デュルケーム（1897）／宮島喬訳（2018）。
*5) R. K. マートン（1949）／森東吾他訳（1961）。

目標達成手段とをともに拒否し，新しい目標と手段についての観点を持って逸脱する「反抗型」の逸脱行為を発生させるととらえました。

▶3＿＿逸脱的下位文化（deviant subculture）

　逸脱現象をとらえるもうひとつの興味深い説明があります。それは，アメリカのギャングの研究をおこなったコーエンによって提起されたものです。[*6)]彼は下層社会に暮らす青少年のギャング集団のあいだには，アメリカ社会に支配的な中産階層的価値・規範に対抗的な文化が形成されており，おなじような境遇に置かれた青少年はこのような集団と接触し同調性を強めるようになっていることを参与観察によって発見しました。そのような小集団内部での同調性が結果的に，支配的な価値・規範からは逸脱した行為者を増やしていく契機になっているととらえたのです。このような小集団の内部で共有されている，社会全体の規範とは異なりしばしば対立するような文化を，逸脱的下位文化（deviant subculture）と呼びました。

　このような現象は「類は友を呼ぶ」という諺を連想する事態ではありますが，これを否定的な意味でとらえるだけではなく，大きな社会からは「逸脱者」とみなされた人たちが，アイデンティティーを保持するよりどころとしてとらえられるわけです。かつては社会的にマイナーな存在とされてきたアルコール中毒患者や精神障害者の人たちが，今日では多様な当事者組織を結成して集いつつありますが，これらの諸組織の成立根拠や存在意義をとらえる論理としても有効なものです。

▶4＿＿ラベリング（labeling）とスティグマ（stigma）

　「逸脱行為」あるいは「逸脱者」という定義づけは，その社会の多数者によって共有される社会規範に照らしながら，多数者の側から個々の人々に対してラベルを貼る結果として成立するものです。逸脱行為の定義づけ自体がひとつの社会的過程を通してなされるわけです。この過程それ自体が様々な問題性をはらんでいることに着目したのがアメリカのレマートやベッカーに代表される「ラベリング理論」と呼ばれる流派です。[*7)]

　ラベリング理論が強調する主要なポイントは次の点にあります。①「逸脱」は社会的に定義づけられる，②社会統制機関（これは警察，裁判所，医療機関，社会福祉サービス利用の判定機関などの専門諸機関をさす）は「逸脱」というラベルを貼るうえで決定的に重要な役割を果たす，③「逸脱者」というラベルがいったん貼られると，そ

---

*6)　アメリカの犯罪学者アルバートK.コーエンは都市の非行集団の「サブカルチャー（下位文化）理論」を掘り下げました。Albert K. Cohen（1971）。
*7)　H. S. ベッカー（1963）／村上直之訳（1993），I. ゴッフマン（1963）／石黒毅訳（2001）。

の逸脱的ラベルは，貼られた個人にとってスティグマ（烙印）化する，などです。

　ここで言われるスティグマ（烙印）とは古代ギリシャの奴隷に刻印された焼き印から転じた表現です。それは，非常に否定的に評価される行為や特徴をさし示すラベルで，あたかも奴隷の皮膚の上に刻印された焼印のように終生離れないものとなるという意味で使われます。つまり，「逸脱者」としての「ラベリング」は「逸脱」行為にとどまらず，その人の他の人格全体にまで過剰に拡大され，その人が社会の他のメンバーから排除される事態を表現しています。今日では，このようなラベリングの過程に，マス・メディアによる人権の配慮に欠けた報道やSNSによる一方的で瞬時の拡散も，取り返しできない事態を招くものとして付け加えることができるでしょう。

▶5＿＿一次的逸脱と二次的逸脱

　「逸脱」は，逸脱者のラベルを貼られた側の行為に内在する負の属性によってではなく，むしろ外部から加えられる一方的な負の判断とそれに関連する作用によって作り上げられるのだとベッカーは主張しました。このような解釈は，風変わりな青少年を見て「非行少年」とみる見方を批判的にとらえる場合には有効です。しかし，本人が明確な犯罪行為をおこなったり，犯罪ではないが心身機能の障害によって社会規範を考慮した通常の社会生活を送ることが困難となっている状態の人をとらえる表現としては不十分さがあります。この弱点を補うものとして，レマートの提起した一次的逸脱と二次的逸脱という区別をする捉え方があります。[8]レマートは社会規範からはずれていると見なされる最初の逸脱行為を「一次的逸脱（primary deviance）」と表現し，その「逸脱」行為に対する社会の反応が影響して生み出される「逸脱」行為を「二次的逸脱（secondary deviance）」として，逸脱行為を二段階に区別して捉えることを提起しました。

　ある個人の最初の行動が，社会の他のメンバーから「逸脱者」として社会的に定義づけられると，ミードの言う他者のまなざしを意識する自我 "me" がその影響を強く受け，周囲の人々や社会の反応は自分を特別視しさげすむもののように経験されます。そのことによって本人は苦しみ，引きこもるようになり，自己を周囲に提示していく自我"I"にも深刻な影響を与えるのです。そして，最終的には生活様式としての逸脱を受容してしまうことになる。このようにして生み出される逸脱の局面を「二次的逸脱」として重視したのです。

　犯罪者に対する社会的なバッシング，あるいは障害をもった人が人権についての配慮に欠けた施設（社会福祉施設や医療施設のすべてがこうではない）に入所する状態

---

*8)　E. M. Lemert（1972），E. M. Lemert（2000），佐々木嬉代三（1998）。

が長期化することの問題性を指摘しています。そのことが「一次的逸脱」的行為を増幅させるだけでなく，閉鎖的環境に合わせた生活様式の定着や自我形成に至ることで，社会復帰を一層困難にすること（二次的逸脱）の問題性をうきぼりにしているのです。[*9)]

§4　社会病理学理論と社会福祉

▶1　二次的逸脱の問題性と認知症

　レマートが言及した二次的逸脱の局面は極めて重要な問題です。それは，いわゆる不登校問題や重度の精神障害をもつ人への閉鎖病棟の問題，あるいは認知症と判定された人への扱いなどをみれば，その現代的意義は明らかです。このことを，認知症の症状が出始めた高齢者への例で示してみましょう。

　認知症が進行し始めたお年よりをもつ家族は，まず，本人が示す「異常な行動」に気が付きます。例えば，徘徊や暴力や昼夜逆転，衣服の着脱の順番を忘れて異様な容姿になったり，コンロを使って調理をはじめたのにそのことを忘れて火災の危険を犯す，このような行為は，周囲の人の通常の行動様式や規範から逸脱しているという意味で「一次的逸脱」ととらえることができます。このような「異常行動」に気付いた家族は，医師を訪ねその診断を受けることになります。そして，たとえば脳梗塞もしくやアルツハイマー病に関連した認知症だとの診断結果をもらって改めて大きなショックを受けることになります。適切な医療・介護サービスにすぐつなげられれば良いのですが，その体制が十分でないと，長く続く家族介護と生活を両立させていく困難さのなかで，疲労困憊していくことになります。また，本人の幻覚によって家族が他人扱いされ「どろぼう」よばわりされると，家族は悲嘆に暮れることになります。家族の一員として関係を維持していくことが困難とあきらめ，家庭から隔離し意識的にコミュニケーションをとろうとはしなくなることも起こりえます。しかし，実は，この段階では本人には周囲のことが，察知されており，周囲の冷たい対応を敏感に感じ取っています。周囲の人が，それに気付かないまま放置したり冷たく接していると，本人を一層孤独な苦しい世界に追い込む結果となり，ますます，「痴呆老人らしく」なっていくことになるのです。この局面が「二次的逸脱」なのです。

---

*9)　マイケル・ムーアの映画（2016）『世界侵略のススメ』で紹介された，ノルウェーの受刑者に対する隔離施設（島）は人権に配慮した受刑施設のあり方として衝撃的です。またスウェーデンの支援策やアルコールや約物依存者の自助活動については，河野喬（2016）で紹介されています。

このことの問題性は，第10章で紹介した，「小山のおうち」のお年寄りの「手記」から明らかです。

　　最近，物忘れをするようになった。
　　物忘れは悪いことです。情けないことです。
　　物忘れは人に迷惑をかけることではない。だけど嫌です。
　　思うように言われないから。
　　思うことが言われんことは悪いことです。早く死にたいです。
　　それほど物忘れは辛いです。
　　物忘れをするのはどうしようもないが，どうすることもできない。
　　どうすることもできない自分は早く死にたいと思います。
　　思うことができないから。物忘れする以前は思うことができた。
　　畑仕事その他何でもできた。
　　何がしたくても，やる気があっても何をしてよいかわからない。
　　することを言ってもらったらまだやれる。
　　何もすることがないから死んでもよいと思う。
　　することがあればまだまだ長生きしてもよい。

▶2＿＿＿健康な部分・共感できる部分に眼を向ける

　このような手記を書けるようにまで回復したこのデイケア施設の実践を，ミードの自我論とレマートの「二次的逸脱」の理論で説明することが可能です。

　認知症になっても，その人には健康な部分が残っており，その人の人格のすべてが変わってしまうのではありません。周囲の人たちが，本人がなお保持している健康な部分があることに目を向けることがまず大切になります。野菜作りができる，自分の思いを言葉にできるし手記にも書ける。昔からだで覚えた技術は忘れずにある。それらの健康な部分に働きかけ，共感しながらその人の社会的な力を発揮できる場を用意するのです。そのような働きかけが，問題のある部分しか見えず，大変で嫌な面ばかりに目を奪われた周囲の人のまなざしに打ちひしがれ，「二次的逸脱」に追いやられた本人を救い出す契機となるのです。

　この支援の過程を，ミードの自我論を借りて表現すると次のようになるでしょう。

　認知症のお年寄りにかかわる周りの人は「認知症になってしまった」と落胆した視線で本人を見てしまう。本人は生活行為のなかで失敗を重ねると，周囲人はそれをとがめてしまう辛さから，それまで本人がやっていた仕事もやらせないでおこうとしてしまいます。そのような周囲の対応を，本人は自分は何もできない人間として見られていると意識するのです（Me）。自分を出そうとしても失敗をとがめられるので自信がなくなり，一人にされると失敗も重なります（I）。本人に対して向けられる周囲の行為や眼差しが，不安に思っている本人を一層深みに追い込んでいく

のです。ここで「二次的逸脱」とされる現象が起きます。

　しかし，本人を中心に据えた先進的なケア実践を知る介護者は，「物忘れは恥ずかしいことではない」，「まだまだできることがあるはずだ」，「こういうことをやってみたらどうか」という視線でかかわろうとします。本人はそのような周囲のプラスの眼差しで安心感や生活意欲が芽生えてきます（Me）。野菜を作ったり，手記を書いたりして自分の意思や意欲を表現しようとする本人の意欲を引き出す支援をして，その発揮を（I）周囲の介護者がサポートします。本人がそれぞれにふさわしい形で自己表現ができるようになると，そのことに周囲の人は喜び共感します。周囲の人たちのそのようなプラスの眼差しを本人が感じることができる（Me）と，自信が生まれ，さらに新しいことにチャレンジしようとより積極的になれます（I）。こうして，前進的な方向に自己が切り拓かれていくことになるのです。

▶3＿＿＿社会規範の相対化と多元的な社会

　認知症ケアの先進的な実践にとどまらず，社会の側から「逸脱者」としてスティグマを付与された人々やその関係者達が，最近ではしだいに「逸脱者」とされた人たち自身の生活を支援し，人としてのあたりまえの生活関係の再構築をめざす「居場所づくり」や「自助グループ」，「当事者組織」をつくって社会に働きかける活動が広がってきました。これらの比較的小さな集団や組織は相互にネットワークを構築して交流し学習しあう活動を展開し，行政機関にも活動場所を提供したり，財政支援をするサポートするところが出てきました。

　これらの諸活動の共通した特徴のひとつは，全体社会でスティグマ化された人や行為が，スティグマ化された集団内部においては積極的な価値をもつものに転換（stigma conversion）されることです。もうひとつの重要な特徴として，社会への個人的な適応を求める旧来の支援のあり方を問い直すようになってきていることです。さらに，その活動は全体社会が共有する社会規範を相対化し，自分達固有の価値・規範の社会的承認を求め，全体社会の側の態度や政策や法の変革を主張するようになってきているのです。自らの価値規範を絶対化して社会に対抗しようとする傾向も一部に生ずることがあります。しかし，大きな流れとしては多様な価値観を許容する多元的な社会を志向するものとみることができます。

　それは，人権を守るための長い人類の歩みが，互いの個人としての尊厳を尊重する段階に到達しつつある段階だと言うことができるでしょう。このような段階においては，社会規範にかかわるひとつの新しい課題が提起されることに気付かされます。それは，「逸脱者」を社会的に排除することで済まされていたかつてとは異なる社会規範としてどのようなものが可能なのか。他者を傷つけるような逸脱をのぞいて，社会はどこまで多様性を許容できるか，どのくらいの「逸脱」まで社会は許

容することが可能なのか，そのような多元的な社会で共有しうる社会規範は，どのようなものでなければならないのか，そのような多元的な社会規範を共有する社会では社会的格差や社会保障・社会福祉はどのようなものでなければならないのか明らかにする課題です。これは21世紀に生きる課題と言えるでしょう。

社会福祉の労働と事業

第3部では
社会福祉にとりくむ最前線である
社会福祉労働と社会福祉事業の現場を
総合的にとらえる視点を考えたいと思います

第12章

社会福祉労働の専門性と労働者性

　第12章と第13章では，社会福祉の最前線にある社会福祉労働と社会福祉事業体の経営の特質に就いて考察することにします。

§1 ＿ 「社会福祉労働」と「ソーシャルワーク」，労働者性と専門性

　社会福祉の三元構造を説明した本書の第05章§2で「社会福祉労働」と「社会福祉労働者」の位置づけと，その二重の性格について次のように説明しました。

　　成立した制度により切り取られた「対象化された対象」に働きかけ，所得保障や，相談・保護・援助等の施設・サービスの提供業務を行う社会福祉労働の直接の担い手は「社会福祉労働者」です。この福祉労働者は社会福祉の行政機関で働く公務員がそれです。公務員以外にも，社会福祉法人やNPO法人，また株式会社等の営利企業等で雇用されて働く民間事業所の労働者も多数あります。彼／彼女らは自らの労働力を販売し，雇用主の指揮監督の下で働く労働者としての性格を有しています。同時に福祉を必要とする人に対して社会福祉サービスを提供する専門的な担い手としての性格も有しています。

　「社会福祉労働」とは，成立した制度により切り取られた「対象化された対象」に働きかけ，所得保障や，相談・保護・援助等の施設・サービスの提供業務を行うことであり，「社会福祉労働者」とはその担い手として使い分けています。そして，社会福祉労働者は，「労働者」であるとともに，「社会福祉サービスを提供する専門的な担い手」としての二重の性格を有していると規定しました。

　他方，今日の社会福祉領域では「ソーシャルワーク」と「ケアワーク」という分類や，「ソーシャルワーカー」や「ケアワーカー」という分類法が使われてもいます。前者の「ソーシャルワーク」と「ケアワーク」は「社会福祉労働」とほぼ対応する用語で，この職業の社会的機能を総称しています。後者の「ソーシャルワーカー」や「ケアワーカー」はその担い手を意味しており，こちらは「社会福祉労働者」の概念にほぼ対応するものです。

　これら二系統の使用法のうち前者の社会福祉労働（者）の用語は，戦後日本の社

会福祉論争における技術論と政策論との分裂状態から社会福祉労働者の労働組合運動の形成を踏まえてまず「社会福祉労働者」概念が提出され[*1]，次いで革新自治体の下での公務労働としての「社会福祉労働」論の展開として形成されてきた概念です[*2]。後者のソーシャルワークやケアワークの用語は欧米の概念を輸入して普及してきました。イギリスでは1970年代に，ラディカル・ソーシャルワークの潮流が形成され，反戦運動やフェミニスト運動の影響を受けて1990年代にはクリティカル・ソーシャルワークの諸潮流に発展し，新自由主義がソーシャルワークの現場に経営・管理主義的傾向を広めていることに違和感をいだく，伝統的ソーシャルワークの潮流との対話が広がっています[*3]。日本でも，1987年に社会福祉及び介護福祉士法が公布され，社会福祉士と介護福祉士の名称独占による国家資格化がなされました。これと並んで，公立社会福祉施設の民営化が進み，2000年の介護保険法で，ケアマネジメントが導入されました。これによって日本でもほぼ10年のタイムラグをもちながらイギリスと同様の傾向が進んでいることを読み取ることが可能です。このような流れの中で，社会福祉労働論の系譜と，ソーシャルワークの系譜のあいだでの市場化の進展を危惧する双方での対話をより促進するためには，理論的系譜の相違を強調することよりも，その共通性をふまえた理論的交流がより生産的であると考えます。

§2 __ 社会福祉領域の従事者

▶1 ___社会福祉領域の従事者の多層構造

　社会福祉領域で働く従事者は実際にはどれくらいいるのでしょうか。▶図12-1は，地域社会における社会福祉領域で働き活動する従事者を示した概念図です。「社会福祉領域」とは社会福祉に関わる法に基づく制度・政策領域のことです。この領域における関連従事者にはまず，「公務員社会福祉従事者」がいます，国や地方自治体で働く公務員で，社会福祉事務所や児童相談所，身体障害者更生相談所，知的障害者更生相談所等や，国公立の社会福祉施設・事業所で働く公務員がこれに含まれます。「民間社会福祉従事者」とは，社会福祉協議会，社会福祉法人の他，NPO法人や協同組合その他で社会福祉事業（介護保険事業を含む）に従事する労働者や経営者たちです。ここまでが，社会福祉領域において職業として関わっている従事者

---

*1)　鷲谷善教（1968）。
*2)　真田是編（1975）。
*3)　イアン・ファーガソン，石倉康次・市井吉興監訳（2012）第7章，第8章，サラ・バンクス，石倉康次・児島亜紀子・伊藤文人監訳（2016）。

▶図12-1　社会福祉領域の関連従事者概念図

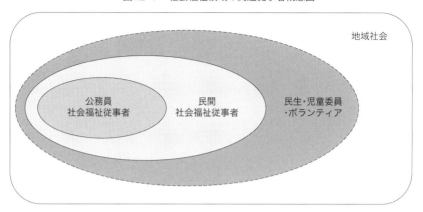

▶表12-1　地方公務員の福祉・保健・医療系職種別職員数2017（平成29）年

		生保担当ケースワーカー	五法担当ケースワーカー	査察指導員	各種社会福祉司	保育所保育士	施設保育士・寄宿舎指導員等	生活・作業等指導員	ホームヘルパー	医師・歯科医師	看護師	保健師・助産師	食品・環境衛生監視員	合計
一般行政職	都道府県	1,434	630	315	2,559	5	2,403	2,097	0	1,576	2,648	4,856	2776	21,299
	指定都市	6,037	2,399	995	812	11,821	858	673	36	366	865	3,907	1697	28,769
	市町村	11,030	4,601	1,987	867	72,494	3,698	2,376	38	346	2,303	20,517	1108	120,257
	計	18,501	7,630	3,297	4,238	84,320	6,959	5,146	74	2,288	5,816	29,280	5581	167,549
総職員数	都道府県	1,434	630	315	2,559	5	5,547	2,228	0	8,372	38,862	6,149	2780	66,101
	指定都市	6,039	2,471	1,001	818	11,821	865	695	56	1,819	9,212	4,730	1701	39,527
	市町村	11,033	4,742	1,991	1,162	72,679	4,203	2,804	163	11,695	65,149	26,567	1111	202,188
	計	18,506	7,843	3,307	4,539	84,505	10,615	5,727	219	21,886	113,223	37,446	5592	307,816

（資料）　総務省（2018）「平成29年地方公共団体定員管理調査結果」より作成。
注1）　社会福祉司には児童福祉司，身体障害者福祉司，知的障害者福祉司などがある。
注2）　総職員数は，一般行政職の他に公営企業等会計部門（病院，介護保険事業，その他を含む）
　　　との合計である。
注3）　五法担当ケースワーカーとは，生活保護法を以外の児童福祉法，母子及び寡婦福祉法，老人
　　　福祉法，身体障害者福祉法及び知的障害者福祉法に定める援護・育成・更生の措置に関する事
　　　務を司るケースワーカーのこと。

と言えます。さらに，この外側に，地域住民の中から選ばれて，それぞれの地域社
会で活動する民生・児童委員がいます。そして地域社会や社会福祉施設等で活動す
る多数のボランティアの人たちがあります。社会福祉の領域は，これらの多層な人々
の労働と活動によって成り立っています。

▶表12-2　社会福祉施設の種類別に見た職種別常勤換算従事者数

	総数	保護施設 1)	老人福祉施設	障害者支援施設等	身体障害者社会参加支援施設	婦人保護施設	児童福祉施設等（保育所等を除く）1)	保育所等 2)	母子・父子福祉施設	その他の社会福祉施設等（有料老人ホーム（サービス付き高齢者向け住宅以外）を除く）1)	有料老人ホーム（サービス付き高齢者向け住宅以外）
総　数	1,007,414	6,293	44,719	101,443	2,796	,370	105,263	577,577	206	3,741	165,006
施設長・園長・管理者	48,910	211	3,331	3,688	216	28	6,992	25,226	24	1,036	8,159
サービス管理責任者	3,828	…	…	3,828	…	…	…	…	…	…	…
生活指導・支援員等 3)	84,463	753	4,613	57,597	270	143	13,828	…	3	742	6,514
職業・作業指導員	4,107	75	133	2,720	111	11	454	…	4	274	325
セラピスト	6,216	7	132	929	74	7	3,526	…	-	4	1,537
理学療法士	2,047	2	35	465	25		961	…	-	2	557
作業療法士	1,409	3	21	304	21		772	…	-	-	285
その他の療法員	2,760	1	76	160	26	7	1,792	…	-	2	696
心理・職能判定員	67			67							
医師	3,169	28	135	302	6	5	1,346	1,265	-	4	78
歯科医師	1,233						81	1,153			
保健師・助産師・看護師	44,029	417	2,834	4,870	78	23	10,477	9,488	-	35	15,807
精神保健福祉士	1,145	97	25	879	2				-	0	142
保育士	379,839	…	…	…	…	…	16,830	363,003	6	…	…
保育教諭 4)	65,812							65,812			
うち保育士資格保有者	59,217							59,217			
保育従事者 5)	16,607							16,607			
家庭的保育者 5)	320							320			
家庭的保育補助者 5)	110							110			
児童生活支援員	609						609				
児童厚生員	10,843						10,843				
母子支援員	674						674				
介護職員	134,258	3,264	17,805	12,019	96	2		…	-	54	101,017
栄養士	25,449	198	2,065	2,301	6	17	2,242	17,120	-	2	1,499
調理員	74,997	548	4,811	4,735	16	52	5,745	47,219	7	177	11,687
事務員	36,935	448	4,815	4,911	587	38	4,303	13,271	74	845	7,643
児童発達支援管理責任者	989						989				
その他の教諭 6)	3,139							3,139			
その他の職員 7)	59,668	247	4,020	2,597	1,336	43	9,290	30,883	87	568	10,599

（出典）厚生労働省「平成29年社会福祉施設等調査」表6より。
（注）従事者数は常勤換算従事者数であり，小数点以下第1位を四捨五入している。
　　　従事者数は詳細票により調査した職種についてのものであり，調査した職種以外は「…」とした。
　1）保護施設には医療保護施設，児童福祉施設等（保育所等を除く）には助産施設及び児童遊園，その他の社会福祉施設等（有料老人ホーム（サービス付き高齢者向け住宅以外）を除く）には無料低額診療施設及び有料老人ホーム（サービス付き高齢者向け住宅であるもの）をそれぞれ含まない。
　2）保育所等は，幼保連携型認定こども園，保育所型認定こども園及び保育所である。
　3）生活指導・支援員等には，生活指導員，生活相談員，生活支援員，児童指導員及び児童自立支援専門員を含むが，保護施設及び婦人保護施設は生活指導員のみである。
　4）保育教諭には主幹保育教諭，指導保育教諭，助保育教諭及び講師を含む。また，就学前の子どもに関する教育，保育等の総合的な提供の推進に関する法律の一部を改正する法律（平成24年法律第66号）附則にある保育教諭等の資格の特例のため，保育士資格を有さない者を含む。
　5）保育従事者，家庭的保育者及び家庭的保育補助者は小規模保育事業所の従事者である。なお，保育士資格を有さない者を含む。
　6）その他の教諭は，就学前の子どもに関する教育，保育等の総合的な提供の推進に関する法律（平成18年法律第77号）第14条に基づき採用されている，園長及び保育教諭（主幹保育教諭，指導保育教諭，助保育教諭及び講師を含む）以外の教諭である。
　7）その他の職員には，幼保連携型認定こども園の教育・保育補助員及び養護職員（看護師等を除く）を含む。

▶表12-3　障害福祉サービス等事業所・障害児通所支援等事業所の常勤換算従事者数 (2017年)

	総数	常勤	非常勤
居宅介護事業	100,328	60,825	39,503
重度訪問介護事業	37,877	23,403	14,474
同行援護事業	28,845	17,907	10,939
行動援護事業	5,732	4,118	1,614
療養介護事業	18,070	16,512	1,558
生活介護事業	56,088	40,734	15,354
重度障害者等包括支援事業	17	15	1
計画相談支援事業	14,047	12,991	1,056
地域相談支援（地域移行支援）事業	889	812	77
地域相談支援（地域定着支援）事業	1,263	1,168	94
短期入所事業	32,561	24,337	8,224
共同生活援助事業	41,428	26,414	15,014
(再掲) 外部サービス利用型共同生活援助事業	3,869	2,718	1,150
自立訓練（機能訓練）事業	607	472	135
自立訓練（生活訓練）事業	3,346	2,852	495
宿泊型自立訓練事業	1,116	963	153
就労移行支援事業	12,623	11,152	1,471
就労継続支援（A型）事業	15,730	13,208	2,522
就労継続支援（B型）事業	52,987	42,379	10,608
児童発達支援事業	23,808	18,485	5,323
放課後等デイサービス	45,827	34,765	11,062
保育所等訪問支援事業	1,105	984	120
障害児相談支援事業	7,619	6,976	642
合計	505,782	364,190	141,589

（出典）厚生労働省「社会福祉施設等調査」第49表より作成。
（注）　障害者支援施設の昼間実施サービス（生活介護，自立訓練，就労移行支援及び就労継続支援）
　　　を除く。

▶2＿＿日本の社会福祉従事者の職種と人数

　つぎに，実際の社会福祉従事者の職種と人数を，2017年時点での数値で確かめ
てみましょう。

【1】　公務員として働く社会福祉従事者

　日本で地方公務員として働く福祉・保健・医療系従事者の職種と人数を2017年
の数値で示したものが▶表12-1です。一般行政職と総職員数の数値を示していま
すが，一般行政職員には公立病院等で働く医師・看護師が含まれず，総職員数にそ
れが反映されています。福祉職としては，生活保護担当ケースワーカー，五法（児
童福祉法，母子及び寡婦福祉法，老人福祉法，身体障害者福祉法，知的障害者福祉法）担当ケー
スワーカー，査察指導員，各種社会福祉司，保育所保育士，施設保育士・寄宿舎指
導員，生活・作業等指導員ホームヘルパー等があります。これ以外に，医師・歯科
医師，看護師がありますが，その多くは公立病院等で働く専門職です。この他保健
師・助産師，食品・環境衛生監視員がありますが，保健所や保健センター等で働く

▶表12-4　介護保険サービス施設・事業所の種類別に見た職種別常勤換算従事者数

	総数	施設長	相談員・支援員	専門職員	介護支援専門員・計画担当	介護職員	精神保健福祉士等	栄養士・管理栄養士	調理員	保健師・助産師	看護師・准看護師	医師	歯科医師	歯科衛生士	薬剤師	機能訓練指導員	理学療法士	作業療法士	言語聴覚士	その他の職員
総数	1,993,097	5,556	107,175	25,249	144,189	1,062,597	96	5,549	31,691	4,744	206,852	15,115	149	1,124	2,159	45,545	36,740	19,317	3,773	154,801
介護保険施設 介護老人福祉施設	327,105	5,556	9,712		8,781	217,295		1,643	14,266		16,746	1,509	84	291		5,649	1,025	696	129	26,521
介護老人保健施設	207,721		6,516		6,070	109,212		906	6,196		39,483	4,261	19	315	1,126		7,564	5,220	1,080	15,598
介護療養型医療施設	40,188				1,214	15,297	96	278			14,633	2,984	46	122	1,033		1,974	1,023	469	
居宅サービス事業所 訪問介護	217,666					203,194														14,472
訪問入浴介護	9,096					5,660					2,848									588
訪問看護ステーション	66,060									971	45,885						9,364	4,173	853	4,815
通所介護	230,040		29,060			125,865		794			25,381	78				20,346	3,296	1,754	187	18,458
通所リハビリ（介護老人保健施設）	43,051					27,253					3,834	2,195					4,873	2,894	509	
通所リハビリ（医療施設）	34,459					19,028					3,908	2,548					6,043	2,159	334	
短期入所生活介護	172,032		7,781		3,388	115,063		1,362	8,309		16,008	1,475				4,063	631	384	55	13,513
特定施設入居者生活介護	115,004		5,063		3,952	76,446					13,296					2,768	517	279	39	13,480
福祉用具貸与	30,512		23,542	25,249																6,970
居宅介護支援	100,961				90,230															10,731
介護予防支援	28,762				10,717					3,751	3,024									3,513
地域密着型サービス 定期巡回・随時対応型訪問介護看護	12,370				4,271	6,495					1,134						103	54	15	298
夜間対応型訪問介護	1,969		302		649	967														52
地域密着型通所介護	102,199		21,192			48,128		166	2,920		9,008	56				11,244	1,180	553	89	9,282
認知症対応型通所介護	26,152		3,785			16,731		39			1,533	9				1,320	81	81	6	2,098
小規模多機能型居宅介護	54,715				3,156	43,164					4,820									3,576
認知症対応型共同生活介護	163,057				11,333	141,521					4,173									10,203
地域密着型特定施設入居者生活介護	4,517		222		184	3,079					477						15	7	1	399
看護小規模多機能型居宅介護	5,461				244	3,262				22	661						74	40	7	234

（出典）厚生労働省「平成29年介護サービス施設・事業所調査」より作成。

注1）機能訓練指導員には理学療法士・作業療法士・言語聴覚士・あん摩マッサージ指圧師等も含まれ再掲。
注2）介護予防支援の専門職員には保健師・看護師・社会福祉士。介護支援専門員・介護福祉士。介護職員は計画作成担当者の再掲。
注3）認知症対応型通所介護・認知症対応型共同生活介護・准看護師・夜間対応型訪問介護、准看護師、夜間対応型訪問介護の介護支援専門員は介護支援専門員の再掲。
注4）定期巡回・随時対応型訪問介護看護、夜間対応型訪問介護の介護支援専門員の数値はベーターの数。

▶表12-5　都道府県社会福祉協議会の職員設置状況

	正規職員	非正規職員		合計
		常勤	非常勤	
2017年	1,855	1,759	414	4,136
2018年	1,866	1,740	527	4,133

（出典）全国社会福祉協議会（2019）「Action Report」第138号，都道府県・指定都市社協「平成30年度取り組み課題，予算について」調査結果。
注）2017年度は職員の内103人は正規・非正規の区分不明。

▶表12-6　指定都市社会福祉協議会の職員設置状況

	正規職員	非正規職員		合計
		常勤	非常勤	
2017年	2,467	2,420	6,426	11,313
2018年	2,491	1,891	6,502	10,844

（出典）全国社会福祉協議会（2019）「Action Report」第138号，都道府県・指定都市社協「平成30年度取り組み課題，予算について」調査結果。
注）2017年度は職員の内103人は正規・非正規の区分不明。

▶表12-7　市区町村社会福祉協議会職員の設置状況（2018年1月1日現在）

		正規職員		非正規職員		合　計
			兼務者数	常　勤	非常勤	
1.	事務局長（事務局組織全体を代表する方）	1,192	266	488	39	1,719
2.	法人運営部門職員	4,964	1,379	1,640	702	7,306
3.	地域福祉活動専門員等の地域福祉推進部門職員	4,906	2,812	2,027	1,575	8,508
4.	ボランティア・市民活動センター職員	1,247	0	613	395	2,255
5.	福祉サービス利用支援部門職員（①＋②）	5,185	1,270	3,487	5,317	13,989
	①日常生活自立支援事業，地域包括支援センター，障害者相談支援事業，生活困窮者自立支援事業等	4,793	1,177	2,990	4,852	12,635
	②①以外の相談担当	392	93	497	465	1,354
6.	介護保険サービス担当職員	16,004	1,681	13,302	29,769	59,075
7.	障害福祉サービス担当職員	2,682	503	2,549	4,453	9,684
8.	6. 7. 以外の在宅サービス事業担当	3,148	212	5,504	12,960	21,612
9.	会館運営事業担当職員	203	65	557	1,433	2,193
10.	その他職員	1,590	177	1,387	1,918	4,895
合　　計		41,121	8,365	31,554	58,561	131,236

（出典）社会福祉法人全国社会福祉協議会(2018)「平成29年度市区町村社会福祉協議会職員状況調査報告書」。

専門職です。公務員の福祉職で数が最も多いのは，保育所保育士で約84,000人，次いで生活保護担当ケースワーカーが約18,500人となっています。

　この表以外に国家公務員の福祉職がありますが2017年では257名，医療職は3,224人でした（人事院「平成29年度一般職の国家公務員の任用状況調査」）。

【2】　社会福祉施設・事業所の従事者

　次に，社会福祉施設・事業所の職種別従事者について，厚生労働省の「平成29年社会福祉施設等調査」に基づき確認します（▶表12-2）。なお，この数値には公立，私立の施設・事業所が含まれているので，前項の▶表12-1で紹介した地方公務員のうち保育士他施設・事業所の従業員数は重複していることに留意が必要です。全体では常勤換算数で100万7千人で，数が多いのは，保育士約38万人，介護職員約13万4千人，生活指導・支援員が約8万4千人，調理員約7万5千人となっています。

　▶表12-3は，障害福祉サービス等事業所・障害児通所支援等事業所の常勤換算

	2014年度	2015年度	2016年度	2017年度	2018年度
総　数	231,339	231,689	230,739	232,041	232,241
男	91,598	91,483	90,273	90,522	90,210
女	139,741	140,206	140,466	141,519	142,031

（出典）　厚生労働省「平成30年度福祉行政報告例」の概況第7表男女別民生・児童委員数の年次推移。

従事者数です。職種は明示されていませんが，全体では約50万人の従事者数となっています。

【3】　介護保険サービス施設・事業所の従事者

　介護保険サービス施設・事業所で働く従事者の2017年時点での状況は▶表12-4で示しています。全体では約200万人に達します。最も多い職種は，介護職員で約106万人になります。次いで看護師・准看護師が約20万7千人，介護支援員・計画策定担当職員が約14万4千人，相談員・支援員が約10万7千人となっています。

【4】　社会福祉協議会の従事者

　社会福祉従事者には，社会福祉協議会で働く職員も含まれます。社会福祉協議会職員の中には地方自治体から出向している職員が若干ありますが，そのほとんどは社会福祉法人格をもった社会福祉協議会に雇用された民間社会福祉従事者です。その2017年での数値を見ますと，都道府県社会福祉協議会の職員は正規・非正規職員を合わせて4,136人（▶表12-5），指定都市社会福祉協議会の職員は正規・非正規職員を合わせて11,313人（▶表12-6），市区町村社会福祉協議会の職員は正規・非正規職員を合わせて131,236人（▶表12-7）となっています。▶表12-7の市区町村社会福祉協議会職員の業務で明らかなように，法人運営部門職員，地域福祉推進部門の職員，ボランティア・市民活動センター職員，福祉サービス利用支援部門職員などが社会福祉協議会の事業の中核的な職員です。このほか社会福祉協議会には介護保険担当職員，障害福祉サービス担当職員，在宅サービス事業担当など上記【2】や【3】の従事者と重なる福祉サービス事業に関わる職員も多数占めています。

【5】　民生・児童委員やNPO・ボランティアの現代的役割

　民生・児童委員は有給の専門職員ではありませんが，地域社会における自治会や町内会から推挙され都道府県知事の推薦により，厚生労働大臣によって委嘱されます。地域で社会福祉に関わる相談や援助活動を住民の立場に立って推進していくことが期待されています。2017年では，全国で約23万2千人の民生・児童委員が活動しています（▶表12-8）。男性よりも女性の担い手が多数を占めています。

　これ以外にも，市民社会で活動するボランティア組織やNPO法人などで活動する人たちが膨大に存在しますが，その数は災害時等には多数出現し，増え続ける傾向にあります。それは，第02章で見た，福祉的営みの本源性の現代的な発露と捉

	総数	男性	女性
社会福祉専門職業従事者	1,013,210	175,210	838,000
保育士	542,600	15,980	526,620
その他の社会福祉専門職業従事者	470,610	159,240	311,370
介護サービス職業従事者	1,552,410	348,170	1,204,250
介護職員（医療・福祉施設等）	1,262,250	320,130	942,120
訪問介護従事者	290,160	28,040	262,120
保健医療従事者	2,805,360	816,420	1,988,940
医師	275,250	216,320	58,930
歯科医師	95,320	73,400	21,930
獣医師	23,000	15,940	7,060
薬剤師	218,740	73,800	144,950
保健師	39,530	820	38,710
助産師	25,650	-	25,650
看護師（准看護師を含む）	1,300,060	86,710	1,213,350
診療放射線技師	50,480	38,940	11,540
臨床検査技師	76,480	22,480	54,000
理学療法士，作業療法士	143,490	74,690	68,800
視能訓練士，言語聴覚士	19,210	3,620	15,590
歯科衛生士	106,890	190	106,700
歯科技工士	42,790	35,570	7,220
栄養士	114,370	4,890	109,480
あん摩マッサージ指圧師，はり師，きゅう師，柔道整復師	119,920	87,780	32,140
その他の保健医療従事者	154,170	81,290	72,880
保健医療サービス職業従事者	324,610	23,720	300,880
看護助手	141,740	11,220	130,520
その他の保健医療サービス職業従事者	182,870	12,510	170,370
福祉・介護・医療専門職業従事者総数	5,695,590	1,363,520	4,332,070
15歳以上就業者総数	58,890,810	33,077,800	25,813,000

（出典）「平成27年国政調査抽出詳細集計」第9表職業（小分類），年齢（5歳階級），男女別15歳以上就業者数より作成。

えることもできます。これらのボランティア活動や福祉系NPO法人の活動は社会福祉制度が制度化され職業としての社会福祉労働が登場している段階で持っている現代的な役割について付言しておきます。これらの活動は，職業として展開されていないからと言って社会的な位置は決して低くありません。社会福祉制度としての対応が十分でない領域や，未対応の新しい問題を発見し，自発的な見識をもって，自らの労力を投入し，広く社会に協力を訴え資金や物資を確保して，柔軟な支援活動として展開されているものです。その先駆性に対し，公的サポートや制度化へのアプローチがなされるべきなのです。

【6】　社会福祉従事者総数の推計

　以上みてきた社会福祉従事者数は，公務員が約31万人，社会福祉施設従事者が

約100万人，障害福祉サービス関係事業所従事者が約50万人，介護保険施設・サービス事業所従事者が約200万人，社会福祉協議会職員が約15万人，重複を加味しても全体で約350万人に及ぶ人が社会福祉領域で働いていると推定されます。

　2015年「国勢調査」の職業小分類によれば（▶表12-9），社会福祉専門職業従事者は約101万人，介護サービス職業従事者は約155万人で，合計で約256万人，しかもその80％が女性となっています。社会福祉労働者には，これ以外に，保健医療従事者や保健医療サービス従事者の一部が含まれ，公務員や管理部門の事務系従事者や，調理員，運転手に分類されている人も含まれますので，上で推計した2017年時点で，約350万人という数値は過大だとは言えないでしょう。

§3＿　社会福祉労働にとって基礎となる三つの合理性

　前節では，社会福祉領域の従事者には，公務福祉労働者，民間社会福祉従事者，社会福祉協議会の職員などの職業として公的制度に基づく社会福祉領域で働く従事者があり，この周囲に地域社会を基盤とする民生・児童委員や市民社会における多様なボランティアがあり，その従事者数についても確認しました。次はそれらの福祉労働者によって遂行される社会福祉労働の質的な内容を明らかにしてゆきます。

　社会福祉労働は，支援を必要とする人とその人の置かれた環境に働きかける実践的な営みです。慈善活動からソーシャルワークの成立への道を導いた，メアリー・リッチモンドは，その専門的技術の構成要素として@個性および個人的特徴についての洞察，ⓑ社会的環境の資源，危険および影響についての洞察，ⓒ心と心の直接的活動，ⓓ社会的環境を通じての間接的活動，の四つを挙げ，それらを総合的に遂行していくことであると述べました[4]。ここには，援助対象となる人と社会を観察し洞察すること（@とⓑ）および実践的に活動していくこと（ⓒとⓓ）とが結びつけられています。つまり，客観的な観察にとどまらず，それが対象に働きかける実践的活動と結びつけられているのです。もっと言えば，対象に働きかける実践を効果的なものであるために観察と洞察が必要とされるわけです。ソーシャルワークには，このような観察と洞察を不可欠な要素とし，それを導く倫理や価値観が無意識的にせよ意識的にせよ，その背後に存在しているのです。

　国際ソーシャルワーカー連盟の新しいグローバル定義では「社会正義」「人権」「集団的責任」「多様性の尊重」という四つの概念に集約して表現されています。この

---

*4)　M.リッチモンド（1922, 1991）。

ような根底にある倫理や価値観，援助対象の個人と社会環境についての洞察，援助対象に働きかける直接的・間接的な活動という一連の過程を，国際ソーシャルワーカーのグローバル定義では，次のように表現されています。[*5)]

　　ソーシャルワークは，社会変革と社会開発，社会的結束，および人々のエンパワメントと解放を促進する，実践に基づいた専門職であり学問である。社会正義，人権，集団的責任，および多様性尊重の諸原理は，ソーシャルワークの中核をなす。ソーシャルワークの理論，社会科学，人文学，および地域・民族固有の知を基盤として，ソーシャルワークは，生活課題に取り組みウェルビーイングを高めるよう，人々やさまざまな構造に働きかける。

　メアリー・リッチモンドの提起や，ソーシャルワークのグローバル定義の内容は，実際のソーシャルワークの一連の過程を整理した概念のように見えます。これをより学術的・構造的に把握するためには，社会学者マックス・ヴェーバーの「社会的行為」概念や，ユルゲン・ハーバーマスの「コミュニケーション的行為」の考察が有力な手がかりを与えてくれるように思います。私はこの両者の考察にヒントを得て，実践概念としての社会福祉労働を「科学的・技術的合理性」，「規範的合理性」，「コミュニケーション的合理性」の三つのレベルから整理してみることで，その学術的で構造的な把握が可能になると考えています。ここではそのことを少し説明しておきます。

　マックス・ヴェーバーは人と人が関わる社会的関係行為を，行為者の行動とその行動に対する主観的な意味づけに着目して次の四つに分類しました。[*6)]

①　目的合理的行為：外界の事物の行動および他の人間の行動についてある予想をもち，この予想を，結果として合理的に追求され，考慮される自分の目的のために条件や手段として利用するような行為。
②　価値合理的行為：行為者が課せられていると思う命令や要求に従うところの行為。ある行動の独自の絶対的価値――倫理的，美的，宗教的，その他の――そのものへの，結果を度外視した，意識的な信仰による行為。
③　感情的，特にエモーショナル（情緒的）な行為：これは直接の感情や気分による行為。
④　伝統的行為：身についた習慣による行為。

　①と②の行為類型には「合理的」という形容詞が付されています。これは，それらの行為はその行為者の目的や信ずる価値に照らした合理的判断にもとづいて行っている行為として，他者がその経過を知的に理解したり予測することが可能な行為であるからです。③と④の行為類型は「合理的」の形容詞がついていません。それ

*5)　日本社会福祉士会のWebページより https://www.jacsw.or.jp/06_kokusai/
*6)　M. ヴェーバー（1922，1972）。

は，この二つの行為は，合理的に意識され根拠づけされた行為ではなく，その経過を感情的に追体験できたり，慣習から予想しうるものではあっても合理的根拠を示すことが困難な行為だとされているわけです。

　「科学的・技術的合理性」は①の目的合理的行為一種ですが目的・条件・手段の判断根拠が科学的・技術的知見にあることが重要です。「規範的合理性」は②の価値合理的行為一種です。根拠とされる「価値・規範」は人権思想とその法・制度化された憲法や社会福祉関連の法の法規範，あるいはソーシャルワーカーの倫理綱領や，所属する法人の定款や経営理念に明示されたものとなります。

　つぎにコミュニケーション的行為の特質を要約するとつぎのようになるでしょう。[*7)]

⑤　コミュニケーション的行為：何らかの成果を期待する行為でも，価値・規範に従うことをめざした行為でもなく，対面する相互の行為者が互いに了解し合うこと，解り合うことを志向する行為。

このようなコミュニケーション的行為における合理性の条件としてはつぎのような諸点があげられるでしょう。

ⓐ　自分の感情や慣習，自己の信ずる価値観から相手を判断して一方的に（しばしば無意識的に）関わる非合理性を排除する。

ⓑ　相互の行為者が置かれている社会的環境や社会関係と関連づけて行為の内面的な動機を理解し・共感する。

ⓒ　個人が有する自発性を尊重し，それぞれの個人は自発性をエネルギーとして自己と他者に働きかけようとする主体性を有していることを見極めてお互いに働きかける。

ⓓ　自らの対応が相手に影響を及ぼし，相互行為の成り行きに影響をおよぼすことを見通しながら，気持ちや意志を調整し誠実に伝える。

　社会福祉労働における「コミュニケーション的合理性」とはこのような条件をみたすものと言えます。

§4＿　社会福祉労働を貫く三つの合理性──専門性の内実

　次に，社会福祉労働において「科学的・技術的合理性」，「規範的合理性」，「コミュニケーション的合理性」がどのように貫かれているかを確認していきます。ここで

---

*7)　J. ハーバーマス（1981）。

は，順序を入れ替えて，まず社会福祉労働という実践を基底で支える「規範的合理性」，次いで対象の洞察と援助活動の指針となる「科学的・技術的合理性」，対象者と援助者の実践的相互関係にかかわる「コミュニケーション的合理性」の順で整理していきます。この考察は社会福祉労働の専門性の内実に迫る基本点を確認する作業となります。

▶1＿＿憲法の人権保障規範にもとづく規範的合理性

社会福祉労働という実践労働の基底をささえる価値規範として，もっとも根底に置かれるべきなのは憲法で，国や政治・行政機関に課している人権保障規定です。なぜなら，社会福祉労働は，社会保障や社会福祉制度に基づいて国や地方自治体の行政機関の責任において遂行されるものだからです。憲法とは，国民の権利を保障し守るために国や行政機関を縛り規制するものであり，社会福祉事業者やそこで働く従事者にはこの規定を遵守して業務に専念することが求められるのです。

日本国憲法は，本書第03章で述べたように，すべての人は「健康で文化的な最低限度の生活」「個人の尊厳」と「人格の自由」「幸福追求の権利」がそれぞれの「国の組織及び資源に応じて」保障されなければならない。それによって「全世界の国民が，ひとしく恐怖と欠乏から免かれ，平和のうちに生存する」ことが可能となり，そのことが「世界における自由，正義及び平和の基礎」となるという信念で貫かれています。この信念は，第二次世界大戦の犠牲と反省から導きだされたものだということも第03章で確認しました。

公務員や義務教育課程の教員には憲法の理解と遵守が要請され，職員採用試験の必須項目でもあります。社会福祉現場で働く労働者や管理者にも当然同様のことが要請されているとみなければなりません。とりわけ重要なのは，憲法25条の「すべて国民は，健康で文化的な最低限度の生活を営む権利を有する。国は，すべての生活部面について，社会福祉，社会保障及び公衆衛生の向上及び増進に努めなければならない」の規定。さらに，憲法13条の，「すべて国民は，個人として尊重される。生命，自由及び幸福追求に対する国民の権利については，公共の福祉に反しない限り，立法その他の国政の上で，最大の尊重を必要とする」という規定。憲法12条の，「この憲法が国民に保障する自由及び権利は，国民の不断の努力によって，これを保持しなければならない」という規定の二つは社会福祉における最重要な法的規範と言えるでしょう。

日常の社会福祉実践には，このような憲法規範が根底にあることは誰も否定し得ません。しかし，現実の具体的実践レベルになると，法制化とともに即実現されるものではなく，「国民の不断の努力」と政治的力関係の下で進展していくものと見ておかなければなりません。それを具体的に示すものとして，「朝日訴訟」をはじ

めとする生活保護裁判運動の経緯や，高齢者ケアの現場における「身体拘束」廃止にむけた実践の経緯，ハンセン病患者やその家族に対する人権保障の歩みや精神障害者の閉鎖病棟を克服しようとする実践経過をみれば明らかです。また，社会福祉施設がその法人理念等でケアの質に関する目標を市民や利用者に明示するようなことは今日では広がっていますが，最初から実現されていたわけではありません。そこで働く社会福祉の専門従事者と当事者や利用者の共同の歩みがこの進展の原動力となっていました。この点は第05章でも考察しました。

▶2＿＿＿科学的・技術的に合理的な診断と実践（科学的・技術的合理性）

　憲法の人権保障規範にもとづいた社会福祉実践には，非合理的で流動的な感情や伝統やしきたりや経験に無意識的・無批判的に流されるのではなく，援助を必要とする人とそれを取り巻く環境といった対象にしっかり向き合うことが求められます。そして科学的で客観的な診断により援助課題を析出し，その課題の達成に適合的だと判断される技術的手段を見いだして援助実践を遂行し，その結果を再吟味し，診断内容と実践方法を再調整していくという一連の作業が続けられていくのです。この過程は，感情や，根拠のない推測あるいはドグマを廃して，科学的・技術的知見に照らしつつ合理的な判断を積み重ねながら遂行されなければなりません。そしてまた，その過程は後の再検討のために記録として残されておかなければなりません。

　ここで必要となる科学的・技術的知見とは，社会学，経済学，社会政策学，社会保障論，社会福祉論，ソーシャルワーク論，行財政論，政治学はじめとする社会科学，心理学，社会教育学などの人文科学，さらには保健・医療・看護，公衆衛生学に関する理論や生活科学や建築学などの知見を指します。そして，それらも固定的なものではなく様々な論争点を有しながら日々変化発展を遂げているものです。与えられた時点で社会的に到達している科学的・技術的な成果を吸収し，自らが直面する個別的な援助対象に必要と判断した支援を提供する任務があるということです。医師がドクター（＝博士）として認められているように，「福祉労働者集団」にも専門分野の科学的・技術的な知識や情報を吸収し，それを援助対象者にふさわしく具体化し，その効果を実践的に検証し，既存の知見を批判的に吟味できる力量が必要となります。ここで，「福祉労働者集団」としたのは，福祉労働者の個人的力量として要請されるのではなく，職場でチームを形成して集団的に労働を行っている福祉労働者の集団的力量としてそれが要請されるということを強調するためです。この点で，医療の現場で医師個人に求められる水準とは性格が異なっています。

　したがって社会福祉労働は研究労働としての性格も強いと言えるでしょう。個別の援助対象の必要としている対象者と課題は，共通性と特殊性を有しており，それ

にふさわしい個別的な援助方法や既存制度の活用方法を発見する作業が必要なのです。既存制度の活用では課題に答えきれない場合は，新たな方法や制度の探求と提案していく力量も期待されるのです。

　社会福祉の各分野では，研究者中心の学会とは別に，現場の社会福祉従事者を中心に当事者の参加も得た研究団体が早くから形成・発展してきました。福祉事務所労働者を中心とした全国公的扶助研究会（1965年結成），児童養護施設従事者を中心とした全国児童養護問題研究会（1972年発足），障害者福祉や障害児教育の分野では全国障害者問題研究会（1967年結成），保育分野では全国保育問題研究会（1936年発足，1953年再建），保育研究所（1979年設立），高齢者福祉の分野では全国老人福祉問題研究会，社会福祉分野横断的な民間研究組織として総合社会福祉研究所（1988年設立）などがあり。日常的な研究交流や情報交換のための定期刊行物が発行され，毎年大きな研究交流集会が継続的に開催されています[*8]。

▶3＿＿＿援助者と被援助者の相互理解に基づく支援（コミュニケーション的合理性）

　社会福祉援働は，人がものに働きかける労働ではなく，人が人に直接働きかける労働です。しかも，援助を要する人の主体的意思を尊重し，そのエンパワメントをめざす労働でもあります。ところが，この労働過程には社会福祉現場特有の困難ささが横たわっています。①被援助者が乳幼児であったり，知的障害や認知症による認知機能の障害をかかえていたり，DVによるトラウマをかかえて通常の言語的コミュニケーションが困難なケースがあること，また②援助する側とされる側が，大人どうしてあっても援助する側とされる側という立場の違いや有する権限の違いが横たわっていること，③そのことを援助される側が負い目として認識していたり，不信感を抱いていたりする場合があること，④医療ほどではないが援助する側とされる側との間に専門的知識の差があることなどです。

　援助者の側は，被援助者とのあいだにこのような困難さが横たわっていることを前提にし，引き受けながら，働きかけを継続していきます。援助者は被援助者のエンパワメントをめざしつつ働きかける相互了解関係であるということです。この了解関係は，最初から，あるいは速やかな相互了解が可能である場合はむしろまれであり，援助過程を通して，相互了解が深まっていくことをめざす関係でもあります。

　この点で，社会福祉労働を「感情労働」の一種と捉える見方の限界について指摘[*9]しておかなければなりません。「感情労働」という把握は，自己の感情をコントロー

---

*8)　ここにあげた研究会や研究所は現在も活動が継続されており，それぞれが開設しているWebページからその様子がうかがえます。『総合社会福祉研究』第2号（1990）掲載の「特集：社会福祉研究運動の現状と課題」も参考になります。

*9)　A. R. ホックシールド（1983），石川准・室伏亜希訳（2000），水谷英夫（2013）。

ルしつつ対面的にサービスを提供するという社会福祉労働のもつサービス労働としての共通面を捉えてはいます。しかし、これはサービス提供をする側からの一方通行的な側面を問題にしています。社会福祉労働のもつ、相互作用過程という特質、しかも支援を提供する側と、される側との相互了解をめざすコミュニケーション労働という特質を見落とすと社会福祉労働の独自な性格は把握できません。それゆえ、社会福祉労働は、マニュアル労働ではない個別性を有し感情労働という側面はあるがそれに留まらない相互了解を志向する労働である点が見落とせないポイントなのです。

　このような社会福祉労働の過程で、相互了解のコミュニケーション的合理性が必要となる場面はつぎのような諸段階に分解することができるでしょう。①援助を必要とする人のニーズを認定する段階での相互了解、②認定されたニーズにもとづく援助計画を立てる段階での相互了解、③援助計画に基づいて援助を遂行していく過程での変化や効果あるいは不具合、新たに浮かび上がってきた援助課題などについての相互確認と相互了解、④新たなニーズ認定の相互了解、⑤援助計画の修正に関する相互了解、⑥新たな段階の援助の遂行に関する相互了解、等々。そのような諸段階の全過程に、コミュニケーション的合理性が貫かれることが、援助を必要とする人の状態の改善とエンパワメントが実現されていく必須の条件となるでしょう。もし、コミュニケーション的合理性から外れる働きかけがあれば、状態の改善とエンパワーメントの実現から逸れていき、新たな問題を招来することになるか、援助関係の拒否や中断に帰着することでしょう。

　コミュニケーション的合理性にもとづく実践は相互了解を追求するものであり、援助者と被援助者の間には相互的コミュニケーションの困難さが横たわっていることを指摘しました。これを乗り越えていくために、必要となるのは、被援助者である当事者組織の集団的形成です。あるいは、施設利用者の会や自治会組織のようなものの形成です。援助者との立場の違いを認め合いながら相互に対等な了解関係を形成していく上での拠り所となるからです。また、同時に援助者の側にも、雇用された労働者であり、労働条件や現場での裁量権の度合いによって利用者に働きかけることのできる範囲や実践的に応答可能な範囲の制約を受けているからです。また他方、福祉労働者側の使用者との労使関係、労働者としての職場組織や労働組合の存在如何も、ここでいうコミュニケーション的合理性を貫けるかどうかに影響を及ぼす重要な要件として無視できません。この専門性を支える労働条件等については節をあらためて検討を進めます。

　さらに、付け加えておかなければならないのは、社会福祉労働の三つの合理性である「規範的合理性」「科学的・技術的合理性」「コミュニケーション的合理性」を貫徹するには、社会福祉労働の専門職集団には、学校の教員や医師に付与されてい

るような現場で専門的な判断にもとづいて業務を遂行できる裁量権の確保が必要です。具体的には，サービス管理者やケアマネージャーの判断が，事業所の経営判断からは独立して行えるような制度的な保障が必要なのです。介護保険での要介護認定の審査において，認定審査会の判断が上位に置かれる仕組みやケアプランの作成や見直しの仕組みに，利用者の意向を踏まえた専門的判断が尊重されることが重要です。

§5 __ 社会福祉労働の専門性を支える労働条件——労働者性

　社会福祉労働における「規範的合理性」「科学的・技術的合理性」「コミュニケーション的合理性」が，社会福祉労働の専門性の基本点であることを明らかにしました。このような専門性を有した福祉労働は，福祉労働者の集団的労働によって担われます。つまり，単独の専門性の高い労働者が個人として存在するのではなく，社会福祉施設や事業所ではたらく福祉労働者集団のチーム労働に，その専門性が体現され，そのチームの力量として専門性が保持され，先輩から新人へと知的に，かつ経験的に継承されていくのです。このチーム労働の構成員として，基礎的に必要な知識や倫理観そしてチーム実践力は，単なる資格の取得や，研修の履修によって獲得できるものではなく，日常の実践の中で形成・維持・継承され習得されていくものなのです。もし，職員の中に勤続年数の長い職員が少なく，定着率が低いと，このチーム力の水準を高めたり，職場実践を通じて経験的に継承していくことも困難になります。したがって，ここから社会福祉労働者の労働条件の一定の水準を維持確保することが求められるわけです。次にその基本的な条件を規定する，職員配置基準と賃金についてみておきます。

▶1 ___職員配置基準
　社会福祉施設やサービスは国と地方自治体の責任で制度化されたものであり，公的資金によって運営されています。このため，その質を担保するために職員の配置基準，もしくは施設指定のための人員基準が設けられています。紙幅の制限と，煩雑さを避けるために，その主なものを提示します。
　▶表12-10は児童福祉施設の職員配置基準，▶表12-11は主な介護保険施設・サービス事業所の人員基準，▶表12-12は障害福祉サービス事業所の人員基準です。

---

*10)　黒川奈緒（2020）。
*11)　社会福祉現場で働く労働者の労働条件に関する包括的なしくみについては次の書物が基本点を押さえており参考になります．伊藤博義編（2002）。

▶表12-10　児童福祉施設の職員配置基準

施設種別	職員	配置基準	
児童養護施設	児童指導員・保育士	0・1歳児	1.6：1
		2歳児	2：1
		3歳以上児	4：1
		小学生以上	5.5：1
乳児院	看護師・保育士・児童指導員	0・1歳児	1.6：1
		2歳児	2：1
		3歳以上乳児	4：1
情緒障害児短期治療施設（児童心理治療施設）	児童指導員・保育士		4.5：1
	心理療法担当職員		10：1
児童自立支援施設	児童自立支援専門員・児童生活指導員		4.5：1
母子生活支援施設	母子支援員	10世帯未満	1人
		10世帯以上	2人
		20世帯以上	3人
	少年指導員	20世帯未満	1人
		20世帯以上	2人
保育所	保育士	0歳児	3：1
		1・2歳児	6：1
		3歳児	20：1
		4・5歳児	30：1

（出典）　厚生労働省「児童福祉施設の設備及び運営に関する基準」2012年5月改正。

▶表12-11　主な介護保険施設・サービス事業所の人員基準

施設・サービス種別	職員	配置基準	
特別養護老人ホーム	医師		非常勤可1名以上
	介護・看護職員		3：1以上
	機能訓練指導員		1名以上
	看護師	入所者30人未満	常勤換算1名以上
		入所者50人未満	常勤換算2名以上
		入所者130人未満	常勤換算3名以上
		入所者130人以上	50人ごとに1名増
老人保健施設	医師	常勤1以上	常勤100：1以上
	薬剤師	実情に応じて	300：1標準
	看護・介護職員	3：1以上，うち看護職員は2/7以上	
	支援相談員	1以上	100：1以上
	理学療法士, 作業療法士, 言語聴覚士		100：1以上
	栄養士	入所定員100以上	1名以上
	介護支援専門員	1以上	100：1以上標準
	調理員，事務員その他		実情に応じて
通所介護	管理者		常勤1名
	生活相談員		1名以上
	看護職員	利用者が10人以下の場合は看護職員または介護職員1名で可	1名以上
	介護職員		1名以上
	機能訓練指導員		1名以上

（出典）　厚生労働省による介護保険施設・事業所の「指定基準」の「人員基準」。

▶表12-12　主な介護保険施設・サービス事業所の人員基準

施設・サービス種別	職員	配置基準	
生活介護	管理者	常勤1名	（管理業務に支障なければ兼務可）
	医師	嘱託医で可	
	看護職員	単位ごとに1人以上	
	理学療法士または作業療法士	単位ごとに必要な人数	
	生活支援員	単位ごとに1人以上	
	サービス管理責任者	利用者60人以下	1人以上
		利用者61人以上	60を超えて40又はその端数を増すごとに1人増、1人以上常勤
	看護職員、理学療法士または作業療法士及び生活支援員の総数は常勤換算で、①平均障害支援区分4未満の利用者数を6で除した数以上、②区分4以上5未満の利用者数を5で除した数以上、区分5以上の利用者数を3で除した数以上。		
就労移行支援	管理者	常勤1名（管理業務に支障なければ兼務可）	
	職業指導員及び生活指導員	総数は常勤換算で利用者数を6で除した数以上。1人以上は常勤	
		職業指導員の数	1人以上
		生活指導員の数	1人以上
	就労支援員	常勤換算で利用者数を15で除した数以上。1人以上は常勤	
	サービス管理責任者	利用者61人以上	60を超えて40又はその端数を増すごとに1人増、1人以上常勤

（出典）　厚生労働省による介護保険施設・事業所の「指定基準」の「人員基準」。

　これらの基準が，社会福祉を必要とする課題を受け止め対応していく職員体制となると同時に，社会福祉労働者一人一人にかかってくる労働の強度を規定し，またそれは社会福祉利用者が受け取るサービスの質にも影響を及ぼすものです。サービス産業や飲食業などの一般企業においては，従業員の配置は経験値をもとに，市場と労使関係を考慮した経営者の時々の自主的判断に委ねられています。しかし公的責任による社会福祉領域では法的に確定された基準によって規制されているのです。

　入所施設の場合はこの体制で夜勤を行っていくことになります。しかも同時に労働者の労働基本法で定められた，1週40時間（小規模事業所の場合44時間の特例あり），1日8時間労働週休2日，休日や有給休暇，育児・介護休暇が労働者に保障されなければなりません。つまり，労働者の働く権利を保障しつつ，社会福祉利用者に必要なサービスを提供していく基本的条件となっています。標準的な基準よりも労働の負荷かかかる場合，例えば特別養護老人ホームのユニットケアなどの場合は，一定の基準を満たした場合に費用の「加算方式」によって追加的に職員補充がされる

しくみとっています。このように，社会福祉施設は，一般企業や自営業者の経営体のように，経営者が恣意的に従業員数を調整することは認められていません。もしこのような「職員配置基準」や「人員基準」が定められていなければ，社会福祉利用者に対するサービスの質を一定の水準で維持することはできなくなるでしょう。

ただし，このような規制の仕組みには二つの弱点があります。一つは，この基準が「常勤換算方式」によって示されていることです。常勤換算方式とは，1ヶ月（4週間）を基準として，常勤・非常勤の雇用形態に関係なく，正規職員が勤務すべき週40時間の労働時間を1人分とカウントした数値です。したがって，複数のパート職員の労働時間を合算してフルタイム職員1人分となれば常勤換算の1人分となるわけです。このため，事業所によっては人件費を圧縮するためにパート職員依存を強めてもそれが容認されるという弱点があるのです。パート職員が中心では福祉労働者の集団的力量を維持しえないおそれがあるのです。もう一つは，これらの基準が，労働者の労働条件を保障した上で，必要とされるサービスの質を保証する基準であるのか，また加算によって対応されているものは本来基準の中に組むこまれるべきものではないかという疑問があります。現場職員や利用者の声に耳を傾けながらこの点を吟味し社会的な合意を図っていくことが必要です。

コロナ禍で，小学校のクラス規模が問題となり，40人から35人学級にすることが打ち出されました。ヨーロッパの先進国と比べるとまだ多いですが前進です。社会福祉の現場でも保育所保育士の配置基準の引き上げ論が出されていることは重要です。

▶2＿＿社会福祉労働者の賃金

労働条件のもう一つの重要な要素は賃金です。社会福祉施設やサービスの提供が地方自治体の直営で行われていたり，民間社会福祉法人に地方自治体から業務委託をされる『措置制度』の場合には，公私間格差是正のしくみ等によって，公務員の賃金を基準に，福祉労働者の賃金額もほぼ決まっていました。1993年4月に厚生省から告示された「社会福祉事業に従事する者の確保を図るための措置に関する基本的な指針」では，「職務内容，公務員の給与水準及び賃金状況を勘案するなど，人材確保が図られるような適切な給与水準の確保に努めること[*12]」と強調されていました。

ところが，社会福祉基礎構造改革の出発点となった，1995年の「社会保障制度審議会95年勧告」以降，公立施設の民営化，上記の常勤換算方式の導入が進み非

---

*12)　平成5年4月14日，厚生省告示第116号「社会福祉事業に従事する者の確保を図るための措置に関する基本的な指針」。

正規雇用の採用が容認されていきました。またそれと同時に営利企業の参入も促進されました。このような動向の先頭を切ったのが介護保険施設・サービスの領域でした。やがて，このしくみは障害福祉分野や保育・学童保育分野に広げられていきました。このような動向が，社会福祉労働者の賃金の水準の標準となっていた公務員基準を切り崩し，非正規労働者の採用も促進されることとなってしまったのです。

　2007年8月に告示された「『社会福祉事業に従事する者の確保を図るための措置に関する基本的な指針』の見直しについて」では，「キャリアと能力に見合う給与体系の構築等を図るとともに，他の分野における給与水準を確保すること。なお，給与体系の検討に当たっては，国家公務員福祉職俸給表等も参考とすること」とされました。[*13]

　国家公務員の福祉職俸給表の金額は改正されていきますのでWebページで検索し確認してください。[*14] 俸給額は水準を示す号と職務別の違いを示す級とで示されています。号は1号から153号まで段階を追って昇級し，退職後の再任用職員の額が明示されています。職務内容を示す級は次のように示されています。

1級：　生活支援員，児童指導員，保育士又は介護員の職務
2級：　1．相当困難な業務を行う生活支援専門職又は困難な業務を行う介護員長の職務
　　　　2．相当困難な業務を行う主任児童指導員又は主任保育士の職務
3級：　1．困難な業務を行う生活支援専門職の職務
　　　　2．特に困難な業務を行う主任児童指導員又は主任保育士の職務
　　　　3．児童福祉施設の相当困難な業務を行う寮長の職務
4級：　1．障害者視線施設又は児童福祉施設（以下「障害者支援施設等」という）の課長の職務
　　　　2．困難な業務を行う主任生活支援専門職の職務
　　　　3．児童福祉施設の困難な業務を行う寮長の職務
5級：　障害者支援施設等の困難な業務を所掌する課の長の職務
6級：　障害者支援施設等の特に困難な業務を所掌する課の長の職務

　国家公務員の福祉職俸給表が基準として示されたことは重要ですが，ここにはつぎのような課題が残されています。
　①　各地方自治体における公務員給与水準ではなく，国家公務員福祉職俸給表という基準が明示がされましたが，民間施設ではその「確保に努める」ではなく，「参考とすること」という弱い表現にあらためられている。

---

*13)　平成19年厚生労働省告示第289号「社会福祉事業に従事する者の確保を図るための措置に関する基本的な指針」。
*14)　kyuuryou.com/w497.htmlがわかりやすいです。

② 各職場の労使関係や経営者の判断によって良くも悪くも裁量が働くようになっている。福祉厚生条件や夏期・年末の賞与や諸手当，退職手当等も国家公務員並みに適用されるのかも明確ではない。

③ 公的責任による，社会福祉分野の労働者の賃金水準が，経営者の「裁量」が働く決められ方では，法の前の平等に反しないか。

④ 全国一律の最低賃金制度がなく，地域による賃金格差や地方公務員賃金にも差があるなかでは国家公務員の福祉職俸給表の給与体系が社会的に妥当な水準なのかは，地域によって異なってくる。

⑤ 福祉労働者の専門性が「級」で示されるような職務・職階によって反映されわけでは必ずしもない。感染症のリスクや感情労働としての負荷，コミュニケーション労働の専門性はどう加味されるのか。措置制度にある「特殊業務手当」にあたるものはどうカウントされるのか。

⑥ 介護保険事業所の労働者の賃金水準もこれに準じると判断して良いか。

⑦ 社会福祉現場に広がっている非正規労働者の賃金水準はどのようになるのか，とりわけ登録型ヘルパーの待機のための拘束時間や，突然のキャンセル時の給与補償が必要ではないか。

⑧ 外国人労働者も研修名目ではなく長期滞在や家族の同伴を認めるのならば，同様の処遇がなされるべきではないか。

▶3 ＿＿労働者性と専門性の関係

社会福祉労働の専門性を支えるのが，福祉労働者の労働条件であり，それを職員の配置基準と賃金設定に焦点を絞って検討し，それを労働者性ととらえました。しかし，この労働者性と専門性との関係はもう一つの関連があります。それは，社会福祉労働者の専門家としての力能や感覚能力が，社会福祉を必要とする人から遊離してしまうことを避け，その苦悩や喜びを知的に了解するだけではなく追体験的に共感できるために，社会福祉を必要とする人たちにも共通している労働者性の自覚が必要であるということです。この労働者性の自覚に基礎づけられた専門性を獲得してこそ，社会福祉労働者は市民社会の一員として連帯できると共に，市民にとっての専門家＝有機的知識人[15]として存立しうるからです。社会福祉労働者の多くが東北や熊本の震災時のボランティアとして登場したことがそれを実証しています。

---

*15）「有機的知識人」という概念は，イタリアのアントニオ・グラムシによって提起され，フランスの社会学者ピエール・ブルデューが注目した概念でもあります。石倉康次（1988），松田博（2003）第4章も参考になります。

第**13**章 ···

社会福祉施設・事業の経営と運営

　第05章で明らかにしたように，社会福祉制度にもとづいて，社会福祉を必要とする人に施設やサービス事業を提供する直接の担い手は社会福祉労働者であり，社会福祉事業者です。社会福祉労働者については前章で明らかにしましたので，この章では，社会福祉労働者が雇用されて働く社会福祉施設やサービス事業を提供する事業者についてみることにします。

　社会福祉施設・事業の経営主体としては，戦後日本においては，社会福祉事業法にもとづき，社会福祉に責任を有する市町村や都道府県，国が直営で施設・サービス事業を提供するか，非営利の公益法人である社会福祉法人にその事業を委託して実施してきました。しかし，1980年代からは公立施設の民営化が進み，1990年代半ばに開始された「社会福祉基礎構造改革」により，社会福祉施設や事業の経営主体に社会福祉法人以外のNPO法人や協同組合，営利法人（株式会社等）の参入が促進されてきました。それは，介護保険事業から障害福祉サービスに広げられ，保育・学童保育にも広げられてきています。本章では，その経緯とそこで浮かび上がっている社会福祉事業の運営や経営に関する問題点・課題等についてみていきます。

§1 ＿ 社会福祉法人を中心とした戦後社会福祉施設の形成

▶1 ＿＿社会福祉施設の整備の進展

　日本において，戦後の社会福祉施設の規定は福祉三法（生活保護法，児童福祉法，身体障害者福祉法）が出発点となりました。それは戦後直後の戦災により住まいを失った人，戦地より引き上げてきた失業者，身寄りをなくした戦災孤児，あるいは戦火により生み出された大量の身体障害者などの救済に焦点を当てられました。「生活保護法」（1946年）により，生活扶助，医療，助産，生業扶助，葬祭扶助を目的とする施設，宿所提供施設，託児施設，授産施設などの施設が整備されました。「児童福祉法」（1947年）では，助産施設，乳児院，母子寮，保育所，児童更生施設，養護施設，精神薄弱児施設，療育施設，救護院などが児童福祉施設とされました。「身体障害者福祉法」（1949年）により，肢体不自由者更生施設，失明者更生施設，ろ

193

うあ者更生施設，身体障害者収容授産施設等が整備されていきました。これら福祉三法の規定では，社会福祉施設は国，都道府県，市町村などの公的主体を中心に整備することとされていました。しかし現実には，社会福祉施設のすべてが公営施設として提供されることはありませんでした。社会福祉事業法（1951年）により，国，地方公共団体はその責任を民間社会事業に転嫁しないことを条件に民間社会福祉事業者に委託できるようにされたのです。その背景には，公立施設として整備していくことに財源投入することよりも他の戦後復興への資金投入が重視されたことがありました。また，戦前からの社会事業施設の資源と伝統がある事業所では戦後の経営方策を模索しており，これに政治的に対応していくという必要もあったのです。

社会福祉施設数と公営・社会福祉法人経営別にみた推移を▶表13-1に示しました。この表では，1952年から2002年までの推移を示しています。それは2000年に社会福祉基礎構造改革を先導してはじまった介護保険実施までの実態を確認しておくためです。1960年までは，社会福祉施設の中心は，福祉三法にもとづく保護施設，身体障害者更生援護施設，児童福祉施設で，公営施設が多数でした。そのなかで医療保護施設，乳児院，児童養護施設等は社会福祉法人が多数を占めていました。ここには，戦前や戦後直後の児童福祉の分野で活躍した民間社会事業者の伝統が反映しています。

1960年代前半に成立した「精神薄弱者福祉法」（1960年），「老人福祉法」（1963年），「母子福祉法」（1964年）にもとづく施設の整備状況を1970年時点で確認すると，生活保護法による養老施設を引き継いだ養護老人ホームで公営施設が多数を占めているのをのぞき，特別養護老人ホーム，軽費老人ホーム，知的障害者入所更生施設，知的障害者入所授産施設など社会福祉法人経営によるものが大半を占めており，母子福祉施設も公営施設の比率は低下していきました。

そんな中で，福祉施設の中で保育所は，1952年時点では公営は全体の38％でしたが60年代に入って「ポストの数ほど保育所を」を訴えた保育運動の全国的な展開を背景に公立保育所の設置が進み，その比率が民間保育所の比率を上回っていきました。この保育所は都市部の教員・公務員・医療の他中小企業で働く女性労働者の多い地域，あるいは紡績工場など女性労働者が多い地域，農村部で女性の多数が農業労働に携わっていた地域，あるいはほとんどの女性が働いていた「旧同和地区」などで保育所は切実に求められました。また軍需工場で働く女工さんの戦時保育所が戦後の公立保育所に転換していったところもありました。[*1)]

1971年から実施された「社会福祉施設緊急整備5カ年計画」により収容保護の必要のある老人福祉施設，重度身体障害児（者）の施設，保育所や児童館の整備拡充，

---

*1)　佐々木さつみ（2015）では広島市や呉市の戦時保育所の事例が紹介されています。

▶表13-1　経営主体別にみた社会福祉施設等数の推移（1952〜2002）

	1952(昭和27)年			1960(昭和35)年			1970(昭和45)年			1980(昭和55)年			1990(平成2)年			1999(平成11)年			2002(平成14)年		
	総数	公営	社福	総数	公営	社福	総数	公営	社福	総数	公営	社福	総数	公営	社福	総数	公営	社福	総数	公営	社福
保護施設																					
救護施設	23	74%	26%	81	44%	56%	131	40%	58%	160	34%	66%	173	29%	71%	177	26%	74%	180	20%	80%
更生施設	119	44%	39%	54	56%	44%	55	50%	50%	16	50%	50%	18	44%	56%	19	26%	74%	17	24%	76%
医療保護施設	129	11%	86%	103	6%	94%	78	4%	94%	68	4%	93%	68	3%	93%	65	3%	95%	63	3%	95%
授産施設				245	83%	16%	118	79%	21%	76	74%	26%	76	71%	29%	62	69%	31%	22	32%	68%
宿所提供施設	146	90%	10%	118	66%	31%	51	69%	29%	27	59%	37%	16	44%	56%	12	25%	75%	10	20%	80%
養老施設	325	72%	28%	1208	65%	34%															
老人福祉施設																					
養護老人ホーム（一般）							810	68%	32%	910	65%	35%	904	62%	38%	902	55%	45%	906	50%	50%
養護老人ホーム（盲）										34	0%	100%	46	0%	100%	47	0%	100%	48	0%	100%
特別養護老人ホーム							152	16%	84%	1031	17%	83%	2260	12%	88%	4214	7%	93%	4870	12%	88%
軽費老人ホーム							52	29%	69%	206	18%	80%	295	13%	87%	1272	4%	96%	1714	3%	96%
軽費老人ホームA型（再掲）										170	15%	84%	254	9%	91%	249	9%	91%	241	7%	93%
軽費老人ホームB型（再掲）										36	35%	61%	38	13%	84%	33	24%	76%	36	22%	75%
軽費老人ホーム介護利用型（再掲）													3	0%	100%	985	1%	98%	1437	2%	96%
老人福祉センター							180	71%	23%	1173	70%	28%	2024	72%	26%	2269	56%	40%	2203	53%	43%
在宅老人デイサービスセンター													977	13%	86%	7401	7%	90%	10485	5%	70%
老人短期入所施設																79	4%	93%	5149	7%	63%
老人介護支援センター																5636	11%	64%	7984	14%	62%
身体障害者更生援護施設																					
肢体不自由者更生施設	12	75%	17%	43	100%	0%	50	92%	8%	51	82%	18%	44	64%	36%	37	70%	30%	36	67%	33%
視覚障害者更生施設	6	33%	67%	11	45%	55%	13	54%	46%	13	54%	46%	16	38%	63%	14	43%	57%	14	43%	57%
聴覚・言語障害者更生施設				3	67%	33%	3	67%	33%	4	50%	50%	3	33%	67%	3	33%	67%	3	33%	67%
内部障害者更生施設							28	71%	29%	21	48%	52%	13	15%	85%	6	17%	83%	6	17%	83%
身体障害者療護施設										109	4%	96%	199	3%	96%	352	1%	98%	427	1%	98%
重度身体障害者更生援護施設							18	56%	4%	39	38%	62%	61	25%	75%	73	21%	79%	73	19%	81%
身体障害者福祉ホーム													10	0%	100%	39	0%	100%	58	0%	100%
身体障害者授産施設	26	81%	19%	31	58%	42%	59	25%	71%	76	22%	76%	85	14%	86%	81	6%	94%	80	6%	94%
重度身体障害者授産施設							12	8%	92%	79	14%	85%	119	5%	95%	127	3%	97%	129	3%	97%
身体障害者通所授産施設										8	25%	75%	1109	11%	88%	244	4%	95%	277	4%	96%
身体障害者小規模通所授産施設																			61	0%	95%
身体障害者福祉工場										19	0%	100%	24	0%	100%	35	0%	100%	36	0%	100%
身体障害者福祉センターA型										14	43%	50%	33	24%	61%	40	20%	65%	41	0%	68%
身体障害者福祉センターB型										30	77%	0%	157	59%	34%	208	45%	48%	215	42%	49%
在宅障害者ディサービス施設													25	20%	76%	271	9%	86%	417	8%	87%
身体障害者更生相談所	37	95%	0%																		
障害者更生センター													9	11%	78%	9	11%	78%	9	11%	78%
補装具製作施設	30	57%	10%	28	54%	4%	30	53%	17%	29	45%	28%	28	43%	39%	24	38%	42%	41	41%	36%
盲導犬訓練施設																			7	0%	14%
点字図書館	9	33%	44%	18	56%	39%	41	44%	46%	70	37%	56%	74	28%	59%	73	23%	64%	72	22%	65%
点字出版施設	25	8%	88%	5	0%	100%	9	0%	89%	10	0%	92%	19	0%	95%	13	0%	92%	13	0%	92%
聴覚障害者情報提供施設																18	0%	83%	26	0%	80%
婦人保護施設	11	9%	45%	65	60%	64%	61	54%	41%	58	50%	50%	53	47%	53%	51	45%	55%	50	44%	56%
児童福祉施設																					
助産施設	219	19%	7%	288	29%	8%	950	61%	5%	937	57%	10%	635	45%	9%	530	45%	11%	492	46%	11%
乳児院	147	26%	32%	131	30%	48%	126	21%	55%	125	16%	74%	118	11%	81%	114	10%	83%	114	10%	83%
母子生活支援施設（母子寮）	465	75%	19%	650	74%	21%	527	73%	24%	369	64%	34%	327	53%	44%	293	45%	55%	285	41%	56%
保育所	5568	38%	6%	9782	56%	6%	14101	62%	16%	22036	60%	31%	22703	59%	35%	22275	58%	38%	22298	56%	40%
児童養護施設	495	21%	40%	551	15%	65%	522	12%	79%	521	11%	86%	533	10%	87%	553	8%	69%	552	6%	92%
知的障害児施設	63	48%	24%	131	39%	42%	315	29%	64%	349	29%	68%	307	28%	71%	278	26%	75%	276	25%	74%
自閉症児施設										3	67%	33%	7	57%	29%	7	57%	29%			
知的障害児通園施設				28	89%	7%	96	78%	19%	217	58%	42%	215	51%	48%	230	43%	56%	240	42%	58%
盲児施設	50	46%	6%	32	50%	31%	32	41%	38%	29	41%	38%	20	45%	45%	16	50%	57%	13	31%	62%
ろうあ児施設				41	49%	29%	47	46%	41%	29	41%	45%	18	44%	50%	15	47%	47%	15	47%	47%
難聴幼児通園施設										13	23%	62%	29	21%	82%	30	20%	85%	34	24%	65%
虚弱児施設	17	47%	12%	29	28%	41%	34	24%	65%	42	12%	82%	33	9%	85%						
肢体不自由児施設	8	38%	50%	45	53%	33%	75	49%	43%	75	45%	43%	72	42%	50%	83	57%	43%	88	53%	47%
肢体不自由児通園施設							13	92%	8%	57	70%	28%	73	66%	34%	83	57%	43%	88	53%	48%
肢体不自由児療護施設										7	14%	86%	8	13%	88%	6	0%	100%	6	0%	100%
重症心身障害児施設							25	12%	72%	49	10%	90%	65	8%	92%	88	7%	91%	101	7%	91%
情緒障害児短期治療施設							6	83%	17%	11	64%	36%	13	54%	46%	17	35%	65%	20	30%	70%
児童自立支援施設（教護院）	54	93%	6%	57	95%	5%	57	98%	2%	57	98%	0%	57	96%	4%	57	96%	4%	57	96%	4%
児童家庭支援センター																			34		94%
児童館				151	16%	8%	1417	80%	12%	2815	84%	13%	3840	82%	16%	4368	75%	23%	4611	70%	23%
児童遊園							2141	93%	0%	4237	97%	0%	4103	96%	1%	4143	96%	0%	3985	95%	0%
知的障害者援護施設																					
知的障害者ディサービスセンター																198	5%	88%			
知的障害者更生施設（入所）							169	21%	76%	476	11%	89%	862	8%	92%	1250	6%	94%	1389	5%	95%
知的障害者更生施設（通所）										39	35%	64%	137	26%	94%	339	15%	85%	384	13%	87%
知的障害者授産施設（入所）							35	20%	80%	120	17%	81%	181	7%	93%	227	6%	93%	227	6%	94%
知的障害者授産施設（通所）										107	25%	75%	396	12%	87%	839	7%	93%	1058	6%	94%
知的障害者小規模通所授産施設																			141	0%	92%
知的障害者通勤寮										63	2%	95%	106	0%	98%	119	0%	97%	124	0%	98%
知的障害者福祉ホーム													46	2%	98%	68	0%	99%	84	0%	96%
知的障害者福祉工場													4	0%	100%	11	0%	100%	57	0%	0%
母子福祉施設																					
母子福祉センター							35	29%	17%	49	24%	31%	68	26%	31%	74	14%	39%	74	14%	39%
母子休養ホーム							17	24%	24%	26	15%	46%	29	21%	56%	17	18%	53%	17	18%	47%

第13章——社会福祉施設・事業の経営と運営　195

▶表13-1 （続き）　経営主体別にみた社会福祉施設等数の推移（1952〜2002）

	1952(昭和27)年			1960(昭和35)年			1970(昭和45)年			1980(昭和55)年			1990(平成2)年			1999(平成11)年			2002(平成14)年		
	総数	公営	社福	総数	公営	社福	総数	公営	社福	総数	公営	社福	総数	公営	社福	総数	公営	社福	総数	公営	社福
精神障害者社会復帰施設																					
精神障害者生活訓練施設													31	16%	29%	182	5%	26%	246	3%	25%
精神障害者福祉ホーム													33	0%	15%	111	1%	26%	159	1%	23%
精神障害者入所授産施設																21	0%	38%	28	0%	39%
精神障害者通所授産施設													26	8%	69%	150	5%	75%	206	4%	76%
精神障害者小規模通所授産施設																			109	1%	83%
精神障害者福祉工場																			14	1%	64%
精神障害者地域生活支援センター																9	0%	67%	318	3%	43%
その他の社会福祉施設等																					
授産施設	439	69%	21%	180	47%	34%	157	55%	33%	145	59%	37%	156	63%	31%	138	64%	32%	154	68%	30%
宿所提供施設	13379	100%	0%	94	39%	41%	107	27%	61%	48	29%	54%	55	7%	56%	49	3%	17%	149	3%	17%
盲人ホーム							34	21%	62%	33	12%	76%	29	7%	72%	30	7%	77%	28	7%	79%
無料低額診療所							219	0%	56%				243	0%	57%	237	0%	62%	231	0%	61%
隣保館	35	49%	34%	75	69%	0%	599	93%	4%	1076	97%	2%	1266	98%	2%	1276	97%	2%	1216	97%	2%
へき地保健福祉館							92	100%	0%	242	97%	2%	232	100%	0%	169	99%	0%	151	98%	0%
へき地保育所										1584	94%	2%	1246	90%	1%	1246	90%	1%	846	86%	5%
地域福祉センター																222	34%	64%	419	19%	38%
老人憩いの家										2800	79%	5%	4171	77%	5%	4631	63%	7%	4383	64%	8%
老人休養ホーム				1	0%	0%	71	39%	41%	71	35%	37%	64	23%	45%	65	23%	45%			
有料老人ホーム				50	0%	0%	173	0%	14%	113	0%	11%	298	0%	10%	508	0%	7%			
結核回復者後保護施設				20	80%	15%															

（出典）　「社会福祉施設等調査」および「平成14年介護サービス施設・事業所調査」の数値により作成。
注1)　1970年までの数値は12月末日の施設数であり，1980年以降は10月末日時点での施設数を表す。公営の施設と社会福祉法人経営の施設の比率を足しても100%とならないのは他の経営主体分を省略しているため。
注2)　2002（平成14）年の数値のうち，「特別養護老人ホーム」「在宅老人デイサービスセンター」「老人短期入所施設」は介護保険事業における「介護老人福祉施設」「通所介護」「短期入所生活介護」の数値をあてている。
注3)　「公営」の欄は経営主体が国，地方公共団体である公営施設の比率であり50%をこえるものに下線を引いている。「社福」の欄は経営主体が社会福祉法人の施設の比率であり，50%をこえるものを斜体で示している。

老朽施設の建て替え促進などが進められました。1972年度から国は「民間施設経営調整費」（1966年創設）を「民間施設給与等改善費」に改め，民間社会福祉施設職員の平均勤続年数に応じて人件費を加算する制度にし，職員の定期昇給や身分安定につながるようにしました。1970年から80年までの間に増えた施設のうち公営が多いのは，養護老人ホーム，児童自立支援施設（教護院）のほか，老人福祉センターや身体障害者福祉センター，障害児通園施設，児童館，児童公園，隣保館，へき地保健福祉館などです。しかし特別養護老人ホーム，経費老人ホーム，乳児院や児童養護施設や障害児施設や知的障害者援護施設などでは，公営の施設よりも社会福祉法人経営の比率が圧倒的に高くなっていきました。また，市民・当事者による障害者作業所づくり運動を背景に，通所授産施設を制度化し社会福祉法人格を取得していく例も増えていきました[*2]。

　1980年以降，1990年代は臨調行革による補助金削減と公務員削減の中で公営施設の民営化が進み，社会福祉法人が経営する施設が多数となっていきました。▶表13-1では1999年と2002年の数値をあげていますが，2000年の介護保険制度の施行

---

*2)　全国の16の障害者作業所の全国連絡会として「きょうされん」が結成されたのは1977年です。

を契機に，特別養護老人ホームや在宅老人デイサービスセンターが大きく増えました。また，「精神保健及び精神障害者福祉に関する法律等の一部を改正する法律」が2000年に施行され精神障害者の在宅福祉事業が市町村を中心に実施されるようになったことにより，医療法人や（表には出ていない）や社会福祉法人の関連施設が増えていきました。

▶2＿＿社会福祉法人制度と民間施設等給与改善費の制度化

　社会福祉施設・事業の経営主体は地方自治体直営の場合と，社会福祉法人経営によるものとが併存してきましたが，上にみたように社会福祉法人が量的に主要な役割を担うようになっていきました。この社会福祉法人は一般の営利企業とも異なり，営利を目的としない公益法人です。このようなしくみが制度化されたのは，1951年制定の社会福祉事業法によります。この法律では，社会福祉事業を，「援護を要する人を収容して生活の大部分を営ませるなど，個人の人格の尊重に重大な関係を持つ」とされる「第1種社会福祉事業」と，「第1種社会福祉事業以外の社会福祉事業で，社会福祉の増進に貢献する」とされた事業「第2種社会福祉事業」に分類されました。

　第1種社会福祉事業は，国，地方公共団体又は社会福祉法人が経営することを原則（第60条）としました。その上で，国，地方公共団体，社会福祉法人その他社会福祉事業を経営する者は，次に掲げるところに従い，それぞれの責任を明確にしなければならないと規定しています。

　　1　国及び地方公共団体は，法律に基づくその責任を他の社会福祉事業を経営する者に転化し，又はこれらの者の財政援助を求めないこと。

　　2　国及び地方公共団体は，他の社会福祉事業を経営する者に対し，その自主性を重んじ不当な関与を行わないこと。

　　3　社会福祉事業を経営する者は，不当に国及び地方公共団体の財政的，管理的援助を仰がないこと（第61条）。

　そして，厚生労働大臣（発足当時は厚生大臣）は社会福祉施設の設備の規模及び構造並びに，福祉サービスの提供の方法，利用者等からの苦情への対応その他の社会福祉施設の運営について，必要とされる最低の基準を定めなければならない（第65条）と規定されています。

　また，社会福祉法人は，その経営する社会福祉事業に支障がない限り，公益を目的とする事業又はその収益を社会福祉事業若しくは公益事業の経営に充てることを目的とする事業を行うことができる（第26条第1項）とされています。

　社会福祉法人を設立する場合には，当初は土地建物の所有を義務づけられました（その後は後述のようにこの要件は緩和される）。そして，①所有財産処分の禁止，②抵

当権，担保に供する場合は所轄庁の承認がなければならないこと，③資産の時価評価及び減価償却制度は認めないこと，④そのため施設の建物の建て替えや修繕費に対しては一定の公的補助を受けることができる，⑤法人の解散時には関係者間の財産分与は認めず残余財産は経営を引き継ぐ社会福祉法人もしくは国庫に帰するという制限がある，⑥さらに，施設運営の費用は「措置費」と言われる公費負担によること，等によって社会福祉事業における資産の経済的価値を減少させない仕組みとともに，剰余金・引当金等を必要としない制度の下で公益性，非営利性が確保されてきました。措置費による事業収入はすべて利用者処遇に費消することが前提とされていました。また，施設運営に対し行政指導が細かく行われていました。

　措置制度の下では，社会福祉を必要とする人は直接行政機関に申し込み，行政機関はニーズの認定を行い，認定されたニーズに応じたサービスを提供することを社会福祉法人に委託することになっていたのです。委託された社会福祉法人には，措置委託費によって公的責任による「最低基準」を満たす水準のサービスの現物給付が行われるようチェックされました。

　公的機関から措置委託をうけた事業に携わる社会福祉法人の職員は，公務員に準ずるとみなされ，行政の直営施設と比較して遜色ない職員処遇をすることが，法の前の平等を担保するものだ，との主張が民間の社会福祉事業者や労働組合が当事者・市民団体の支持を得てなされました。社会福祉事業は職員の対面的な人的サービスが中心となります。したがって，法に定められた職員配置基準を満たした職員数を有し，経験年数のある職員の定着と昇給が補償されるよう職員給与の水準は公務員の水準に準じることが求められました。この要求は当初は革新自治体で積極的に受け止められましたが，やがて国もこの要求正当性をみとめ「民間施設給与等改善費」（公私間格差是正制度）として制度化されていきました。

§2 ＿＿ 社会福祉基礎構造改革で何が変わったのか

▶1 ＿＿＿ 「措置制度」の「購入制度」化

　「措置・措置費制度」は次のような仕組みになっていました。社会福祉に必要とする人が，福祉サービスの利用申請を市町村行政に行います。行政により福祉に欠けるという判定を受けた場合に，必要な福祉サービスが行政から現物給付されます。その際，行政直営の施設・事業所，もしくは社会福祉法人施設・事業者が行政に代わってサービスの現物給付を行います。社会福祉法人施設・事業者と行政とは委託契約が結ばれ，事業に必要な費用は行政から措置費として給付されます。児童養護施設，母子生活支援施設，生活保護関係施設，婦人保護施設等では今日でもこのよ

うな関係が維持されています。

しかし，社会福祉基礎構造改革に伴い，当初の措置制度にあったいくつかの要件の規制が緩和されました。①土地の自己所有制が緩和され，特例として借地・借家でも可とされました。②常備すべき基本金は１千万円を原則としつつも，国・地方公共団体から土地建物の貸与又は使用許可を受けている場合は100万円でも可とされました。③また，退職給与や修繕改築新築などの各種積立金が容認されました。④資産の時価評価，減価償却制度など企業会計基準が導入されました。⑤施設整備費は積立金で用意することが前提とされ，施設整備補助金の縮小や福祉医療機構からの借入金によって確保する方向が推進されていきました，⑥また職員配置基準や保育園の園庭確保などの施設要件の最低基準の規制も緩和されていきました。こうして，公的責任を土台とした「手厚い施設整備費補助」「措置費による裁量の余地の小さい運営」という基本的仕組みが縮小し，事業費の剰余から積立金を確保し金利返済を伴う借入金依存による施設整備手法が容認され，処遇に充てられるべき費用から恒常的に積立金や金利返済を行っていくという企業経営的な経営に転換されていきました。

また，2000年の介護保険法と2006年の障害者自立支援法および認定こども園などによって導入された，いわゆる「利用契約制度」によって，社会福祉を必要とする人のサービス利用関係は，従来の現物給付の措置制度から大きく変えられました。社会福祉を必要とする利用者は，まず行政機関によりサービス利用限度の認定を受ける必要があります。そして，認定された限度内でのサービス利用プランを立て，それに基づいてサービス利用契約を直接事業者と結ぶことになりました。この仕組みの大きな変更点は，行政が必要とされる支援の現物給付責任を負う主体から，認定されたサービスの費用の一部負担者に大きく後退したことです。行政が負担する費用の一部は，事業者にではなく利用者に給付し，事業者はそれを代理受領するという形式がとられます。このため，サービスの利用者は事業者からサービスを購入することになります。サービス提供に関わる事故等が生じた場合や，労働者の雇用条件に関する対応は，サービスを販売した事業者に一義的責任が問われる関係となってしまいました。このような関係を「利用契約制度」というのは不正確で，むしろ「購入制度」というのが正確です。なぜなら，措置制度の下でも行政との契約による利用者選択権を保障することは可能であったからです。また，行政は利用者のサービスの購入代金の一部を負担するだけという行政責任の後退を選択という形式で隠蔽する面をもつからです[*3)]。

*3)　介護保険制度や障害福祉分野で2003年度に施行される「支援費制度」を「福祉サービスの購入制度」として特徴付けたのは田村和之氏です。田村和之（2000a），および田村和之（2000b）。

▶表13-2　介護保険施設の経営主体別構成（2002年・2017年）

| | | 施設数 | 構成割合（%） | | | | | | | | | | |
			総数	国・都道府県	市区町村	広域連合・一部事務組合	日本赤十字社・社会保険関係団体	社会福祉協議会	社会福祉法人	医療法人	社団・財団法人	その他の法人	その他
2002年	介護老人福祉施設	4870	100.0	0.2	4.1	1	-	0.1	93.8	-	0.2	-	-
	介護老人保健施設	2872	100.0	0.2	4.1	1	2.1	0.1	15.8	72.8	3.1	0.7	-
	介護療養型医療施設	3903	100.0	0.2	4.5		1.2		0.2	73.2	2.6	1.6	16.5
2017年	介護老人福祉施設	7891	100.0	0.5	3.1	1.3	0.1		94.8	·	·	·	-
	介護老人保健施設	4322	100.0	-	3.6	0.5	1.7	-	15.0	75.3	2.8	1.0	0.1
	介護療養型医療施設	1196	100.0	-	4.7		1.1	-	1.1	83.4	2.3	0.6	6.6

（出典）「介護サービス施設・事業所調査」2002（平成14）年および2017（平成29）年。

▶表13-3　介護保険サービス事業所の経営主体別構成(2002年)

| | 事業所数 | 構成割合（%） | | | | | | | | | |
		総数	地方公共団体	公的・社会保険関係団体	社会福祉法人	医療法人	社団・財団法人	協同組合	営利法人（会社）	特定非営利活動法人（NPO）	その他
居宅サービス事業所											
訪問介護	12,346	100.0	2.1	…	39.3	10.1	2.1	4.8	36.1	3.9	1.5
訪問入浴介護	2,316	100.0	2.1	…	67.3	2.5	1.1	1.1	25.0	0.6	0.2
訪問看護ステーション	4,991	100.0	4.9	2.3	10.1	50.7	16.8	5.1	9.2	0.5	0.5
通所介護	10,485	100.0	4.6	…	69.2	7.0	1.1	1.5	12.7	3.0	0.9
通所リハビリテーション	5,568	100.0	3.5	1.4	8.1	72.3	3.2	·	·	·	11.4
介護老人保健施設	2,832	100.0	5.3	2.2	15.7	72.9	3.2	·	·	·	0.7
医療施設	2,736	100.0	1.7	0.6	·	71.6	3.2	·	0.1	·	22.4
短期入所生活介護	5,149	100.0	6.5	…	91.6	1.0	0.1	·	0.1	0.1	0.2
短期入所療養介護	5,655	100.0	5.1	1.7	7.9	73.8	2.9	·	0.1	·	8.5
介護老人保健施設	2,838	100.0	5.3	2.1	15.5	73.2	3.2	·	·	·	0.7
医療施設	2,817	100.0	5.0	1.2	·	74.5	2.6	·	0.1	·	16.3
痴呆対応型共同生活介護	2,210	100.0	0.8	·	32.9	24.8	0.7	0.1	34.1	6.4	0.3
福祉用具貸与	4,099	100.0	1.0	·	5.6	2.6	0.4	4.0	84.7	0.5	1.2
居宅介護支援事業所	20,694	100.0	5.7	…	36.3	25.4	5.3	3.6	20.6	1.5	1.6

（出典）2002（平成14年）「介護サービス施設・事業所調査」。

　サービス提供事業者は「指定基準」を満たすことでサービス提供業者として参入できるようになりました。こうして「第2種社会福祉事業」分野に，社会福祉法人以外の，営利法人をはじめ協同組合，NPO法人等の多様な事業主体の参入が進んでいったのです。

　指定事業者が受け取るサービス提供に必要な費用は，行政により支払われる報酬額（「介護報酬」，「障害福祉サービス等報酬」，「保育等の公定価格」と称される）と，利用者負担金とによって賄われます。この額は介護保険と障害福祉の場合は日割りの利用状況，保育の場合は月々の利用保育児童数，といった利用実績に応じた報酬のみが支払われることになります。しかも利用契約事務や報酬請求実務，利用者負担金（給食・日用品費やホテルコストを含む）の徴収事務が，行政機関に代わって行うことになります。こうして，事業者には膨大な事務負担と利用者負担金の回収ができない場合の対応も必要となるのです。この仕組みは，利用者と事業者とのあいだに新

▶表13-4　介護保険サービス事業所（2017年）

	事業所数	構成割合（%）									
		総数	地方公共団体	日本赤十字社・社会保険関係団体・独立行政法人	社会福祉法人	医療法人	社団・財団法人	協同組合	営利法人（会社）	特定非営利活動法人（NPO）	その他
居宅サービス事業所											
訪問介護	35,311	100.0	0.3	…	18.2	6.2	1.4	2.3	66.2	5.0	0.4
訪問入浴介護	1,993	100.0	0.1	…	34.8	1.9	0.6	0.6	61.6	0.4	-
訪問看護ステーション	10,305	100.0	2.1	2.0	6.7	27.3	8.2	1.9	49.6	1.6	0.6
通所介護	23,597	100.0	0.5	…	38.8	8.3	0.6	1.6	48.5	1.6	0.1
通所リハビリテーション	7,915	100.0	2.7	1.3	8.3	77.3	2.7	…	0.1	…	7.6
短期入所生活介護	11,205	100.0	1.7	…	83.4	3.5	0.1	0.4	10.3	0.4	0.2
短期入所療養介護	5,359	100.0	3.8	1.6	11.9	77.6	2.9	…	-	-	2.1
特定施設入居者生活介護	5,010	100.0	0.8	…	23.8	6.2	0.6	0.4	67.4	0.4	0.6
福祉用具貸与	8,012	100.0	…	…	2.3	1.3	0.4	1.5	93.5	0.7	0.3
特定福祉用具販売	8,072	100.0	-	…	1.8	1.0	0.4	1.5	94.5	0.7	0.3
居宅介護支援事業所	41,273	100.0	0.8	…	25.1	16.0	2.4	2.2	49.9	3.2	0.6
介護予防支援事業所（地域包括支援センター）	5,020	100.0	24.5	…	55.2	13.6	3.4	1.1	1.5	0.6	0.3
地域密着型介護老人福祉施設	2,158	100.0	4.1	…	95.9	・	・	・	・	・	・
地域密着型サービス											
定期巡回・随時対応型訪問介護看護	861	100.0	-	…	30.6	17.1	2.0	3.4	45.0	1.5	0.4
夜間対応型訪問介護	217	100.0	0.6	…	36.7	8.9	2.2	2.8	46.7	2.2	-
地域密着型通所介護	20,492	100.0	0.3	…	11.7	3.9	0.9	1.1	75.3	6.3	0.5
認知症対応型通所介護	4,146	100.0	0.3	…	44.3	11.9	0.6	1.4	35.3	5.7	0.2
小規模多機能型居宅介護	5,342	100.0	0.1	…	31.9	12.8	0.7	2.1	46.1	5.9	0.4
認知症対応型共同生活介護	13,346	100.0	0.1	…	24.4	16.5	0.4	0.6	53.6	4.3	0.2
地域密着型特定施設入居者生活介護	320	100.0	-	…	31.2	16.4	0.7	0.7	48.3	2.4	0.2
複合型サービス（看護小規模多機能型居宅介護）	390	100.0	-	…	18.1	20.3	4.9	3.2	50.1	3.4	-

（出典）　2017（平成29）年「介護サービス施設・事業所調査」。

たな壁を生み，福祉サービスの提供者と利用者との共同の関係の成立を妨げることにもなりました。2020年のコロナ禍で緊急事態宣言後，介護保険や障害福祉の通所サービスの利用者数の激減が事業収入である報酬減に直結し，多くの事業所が経営難に追い込まれました。更にこれらの事業所で働く非正規労働者にも雇用カットや時間短縮や休業や雇い止めがひろがりました。

▶2　　社会福祉基礎構造改革後の経営主体別事業数の変化

　社会福祉基礎構造改革が先行した介護保険施設・サービス，それに次いで障害福祉サービス，さらに保育所を含む社会福祉施設・事業所数の実際の動向をみておきます。

【1】　介護保険施設・サービス事業所

　介護保険法により都道府県知事の指定を受けた介護保険施設には，三つの種類があります（▶表13-2）。一つは老人福祉法に規定される特別養護老人ホームで，介護保険上は「介護老人福祉施設」と呼ばれます。社会福祉法人による経営が圧

---

*4)　医療保険による医療型療養病床も別に存在します。介護保険の成立により二分化しました。

倒的で，残りは公営のものです。二つめは「介護老人保健施設」で，この施設は
1986年に医療と福祉の中間的機能をもったリハビリ機能を重視した施設として老
人保健法にもとづいて制度化されました。医療法人経営が70％以上を占め，残り
はほとんどが社会福祉法人経営と公営によるものです。三つめは「介護療養型医療
施設」は，1992年の医療法改正で長期療養患者向けの療養型病床群として制度化
されたものを継承したものです。[*4] ただし2012年から新設が認められなくなり施設
数は減少傾向にあります。医療法人経営がほとんどで公営のものが若干あります。
これらの三つの施設には営利法人の参入はありません。

　介護保険には，三つの施設以外には，様々な「居宅サービス」があります。この
事業分野では，営利法人の参入が進んでいます。

　介護保険が始まって２年経た2002年では（▶表13-3），営利法人の経営する事業
所は訪問介護の36.1％，訪問入浴介護の25.0％，痴呆症対応型共同生活介護（認知症
対応型グループホームの旧称）の34.1％，福祉用具貸与の場合は84.7％，ケアプランを
立てる居宅介護支援事業所の20.6％の進出で，営利法人がトップの事業は福祉用具
貸与に限られていました。ところが2017年になりますと（▶表13-4），営利法人に
よる経営がトップを占めるのは，訪問介護（66.2％），訪問入浴介護（61.6％），訪問
看護ステーション（49.6％），通所介護（48.5％），特定施設入居者生活介護（67.4％），
福祉用具貸与（94.5％），居宅介護支援事業所（49.9％），定期巡回・随時対応型訪問
介護看護（45.0％），夜間対応型訪問介護（46.7％），地域密着型通所介護（75.3％），
小規模多機能型居宅介護（46.1％），認知症対応型共同生活介護（53.6％），地域密着
型特定施設入所か生活介護（48.3％），看護小規模多機能型居宅介護（50.1％）と広がっ
ていきました。

【2】　障害福祉サービス・児童通所支援等事業所

　次に，介護保険の次に利用契約制度化された，2006年の障害者自立支援法に基
づく障害福祉サービス事業所の推移をみます。2006年の時点では（▶表13-5），営
利法人の進出は居宅介護事業での47.2％，外出介護事業での44.7％が事業所の半数
近くに上っていました。

　2012年になりますと（▶表13-6），事業内容と数が大きく広がりました。営利
法人の進出は居宅介護事業が63.3％，重度訪問介護事業が64.4％，同行援護事業が
67.5％と60％以上をしめるようになりました。これ以外でも重度障害者等包括支
援事業が35.1％，就労継続支援（A型）事業で37.3％と相対的に高い比率となって
きています。2018年にはこの傾向がさらに進みます（▶表13-7）。営利法人の進出
は，居宅介護事業68.5％，重度訪問介護事業69.7％，行動援護事業68.2％と70％ち
かくとなりました。これ以外でも行動援護事業で44.9％，自立訓練（機能訓練）事業
38.1％，就労移行支援事業が34.5％，就労継続支援（A型）事業は58.9％，児童発達

▶表13-5　障害福祉サービス事業所の経営主体別構成（2006年）

	事業所数	構成割合（%）										
		総数	国	地方公共団体	社会福祉協議会	社会福祉法人（社会福祉協議会以外）	医療法人	社団・財団法人	協同組合	営利法人	特定非営利活動法人（NPO）	その他
総　　数	32,328	100.0	0.2	3.3	11.2	39.9	4.4	1.2	1.3	28.4	8.1	2.0
居宅介護事業	11,672	100.0	…	1.3	15.8	17.0	4.4	1.4	2.0	47.2	8.0	2.8
外出介護事業	7,555	100.0	…	1.2	17.5	17.2	3.8	1.3	2.1	44.7	8.9	3.3
行動援護事業	282	100.0	…	1.1	13.5	50.4	1.1	…	…	14.9	18.4	0.7
障害者デイサービス事業所	2,133	100.0	0.1	9.2	12.0	56.5	1.4	1.4	0.5	5.8	10.8	1.9
児童デイサービス事業所	1,092	100.0	0.1	30.1	5.8	32.2	1.4	0.3	0.2	9.2	18.4	2.3
短期入所事業所	3,849	100.0	1.6	5.7	0.8	86.8	2.9	0.5	0.1	0.3	1.1	0.2
共同生活援助事業所	5,745	100.0	…	1.2	1.0	79.7	7.7	1.4	0.0	0.3	8.5	0.2

（出典）　「社会福祉施設等調査」。

▶表13-6　介護保険サービス事業所（2017年）

	事業所数	構成割合（%）											
		総数	公営	社会福祉協議会	社会福祉法人（社会福祉協議会以外）	医療法人	公益法人	農業協同組合及び連合会	消費生活協同組合及び連合会	営利法人（会社）	特定非営利活動法人（NPO）	その他の法人	その他
総　　数	98,764	100.0	2.1	6.3	33.7	3.6	0.5	0.1	0.8	36.1	15.5	1.1	0.2
居宅介護事業	19,872	100.0	0.3	8.5	11.7	3.0	0.5	0.3	1.4	63.3	9.8	0.9	0.3
重度訪問介護事業	18,547	100.0	0.2	8.3	11.1	2.8	0.5	0.4	1.4	64.4	9.7	1.0	0.3
同行援護事業	8,527	100.0	0.1	8.4	9.2	1.4	0.5	0.4	1.5	67.5	10.0	1.0	0.0
行動援護事業	2,161	100.0	0.5	11.4	26.2	1.7	0.4	0.4	0.2	37.1	20.7	0.7	0.1
療養介護事業	230	100.0	51.7	0.0	45.7	…	…	0.4	…	…	…	2.2	…
生活介護事業	5,538	100.0	4.9	5.6	65.9	0.8	0.2	…	0.1	7.3	14.6	0.5	0.1
重度障害者等包括支援事業	57	100.0	1.8	5.3	38.6	…	…	0.0	…	35.1	19.3	…	…
計画相談支援事業	3,086	100.0	2.5	7.8	58.0	6.0	1.0	…	0.2	7.1	16.1	0.9	0.3
地域相談支援（地域移行支援）事業	3,277	100.0	1.9	8.2	55.4	6.9	1.1	0.1	0.2	7.2	17.7	1.1	0.2
地域相談支援（地域定着支援）事業	3,218	100.0	1.9	8.5	55.4	6.9	1.0	0.1	0.1	6.8	17.8	1.1	0.3
短期入所事業	4,043	100.0	6.3	0.9	79.9	3.7	0.4	…	0.1	3.1	5.0	0.5	0.1
共同生活介護事業	4,385	100.0	0.5	0.8	67.3	5.0	0.3	…	0.1	3.6	21.7	0.6	0.1
共同生活援助事業	4,568	100.0	0.6	0.7	58.3	12.6	1.2	…	0.0	3.9	21.7	0.8	0.1
自立訓練（機能訓練）事業	425	100.0	5.9	13.2	35.8	4.0	0.2	…	0.2	27.1	11.8	1.4	…
自立訓練（生活訓練）事業	1,314	100.0	2.3	5.1	47.6	4.0	0.4	…	0.2	11.0	20.6	2.1	…
宿泊型自立訓練事業	199	100.0	5.5	1.0	41.7	47.2	2.0	…	0.0	…	1.0	1.5	…
就労移行支援事業	2,518	100.0	2.3	1.7	59.4	3.0	0.6	0.0	0.0	10.1	20.4	2.3	0.2
就労継続支援（A型）事業	1,374	100.0	0.1	0.4	31.4	0.6	0.1	…	0.0	37.3	25.9	4.1	0.1
就労継続支援（B型）事業	7,360	100.0	2.4	3.8	53.0	2.1	0.4	…	0.0	4.5	32.5	1.3	0.1
児童発達支援事業	2,804	100.0	15.4	3.7	28.2	1.3	0.2	…	0.2	???	26.1	1.9	0.7
放課後等デイサービス事業	3,107	100.0	8.6	3.5	27.7	1.4	0.2	…	0.0	26.1	29.6	2.3	0.4
保育所等訪問支援事業	240	100.0	17.5	3.8	50.0	1.4	0.2	…	0.0	7.5	16.3	1.7	1.3
障害児相談支援事業	1,914	100.0	3.1	9.4	55.7	4.1	0.4	…	0.0	8.0	17.6	1.5	0.3

（出典）　「社会福祉施設等調査」第26表障害福祉サービス等事業所数・障害児通所支援等事業所数・経営主体別より作成。
（注）　障害者支援施設の昼間実施サービス（生活介護，自立訓練（機能・生活），就労移行支援及び就労継続支援）を除く。

| | 事業所数 | 構成割合（%） | | | | | | | | | | | |
		総数	公営	社会福祉協議会	社会福祉法人（社会福祉協議会以外）	医療法人	公益法人	農業協同組合及び連合会	消費生活協同組合及び連合会	営利法人（会社）	特定非営利活動法人（NPO）	その他の法人	その他
総　　数	142,118	100.0	1.7	4.2	27.7	2.9	0.4	0.1	0.6	43.6	14.8	3.9	0.1
居宅介護事業	22,936	100.0	0.1	6.3	10.2	2.7	0.3	0.2	1.3	68.5	8.4	1.9	0.1
重度訪問介護事業	20,793	100.0	0.1	6.0	9.6	2.5	0.3	0.2	1.3	69.7	8.2	1.9	0.2
同行援護事業	9,084	100.0	0.1	7.7	9.1	1.4	0.3	0.2	1.5	68.2	9.6	2.0	0.1
行動援護事業	2,483	100.0	0.3	7.7	23.3	1.2	0.3	0.1	0.7	44.9	20.0	2.5	0.0
療養介護事業	224	100.0	50.4	…	45.1	0.9	…	0.4	0.0	…	…	3.1	…
生活介護事業	7,630	100.0	3.0	4.6	56.2	1.0	0.2	0.0	0.1	14.3	18.5	2.1	0.0
重度障害者等包括支援事業	23	100.0	4.3	…	43.5	…	…	…	…	30.4	21.7	…	…
計画相談支援事業	9,737	100.0	3.4	5.8	41.4	4.3	0.5	…	0.0	23.0	17.2	4.1	0.0
地域相談支援（地域移行支援）事業	3,400	100.0	1.2	5.6	52.4	7.6	0.9	0.0	0.0	13.1	15.4	3.6	0.0
地域相談支援（地域定着支援）事業	3,261	100.0	1.2	5.6	52.2	7.5	0.8	0.0	0.1	13.4	15.7	3.5	0.0
短期入所事業	5,621	100.0	4.8	0.7	73.7	4.0	0.4	0.1	0.0	7.6	7.0	1.6	0.1
共同生活援助事業	8,087	100.0	0.4	0.5	52.1	1.0	0.1	…	0.0	12.7	22.5	3.8	0.0
自立訓練（機能訓練）事業	402	100.0	5.2	11.9	29.4	3.5	…	…	1.2	38.1	9.0	1.5	0.0
自立訓練（生活訓練）事業	1,341	100.0	2.0	3.7	34.8	9.5	0.5	…	0.0	21.0	21.2	7.0	0.1
宿泊型自立訓練事業	224	100.0	1.8	0.4	39.7	44.6	3.1	…	0.0	2.2	2.7	4.9	…
就労移行支援事業	3,503	100.0	1.1	0.8	36.1	2.6	0.5	…	0.0	34.5	17.7	6.6	0.1
就労継続支援（A型）事業	3,839	100.0	0.0	0.2	15.0	0.3	0.1	…	0.0	58.9	15.4	10.0	0.0
就労継続支援（B型）事業	11,835	100.0	1.0	2.6	40.1	0.9	0.4	0.0	0.0	18.0	30.2	5.6	0.0
自立生活援助事業	116	100.0	0.9	3.4	36.2	9.5	1.7	0.0	0.0	13.8	22.4	12.1	…
就労定着支援事業	308	100.0	3.2	…	39.9	3.9	1.3	0.0	0.0	24.0	21.4	5.8	0.3
児童発達支援事業	6,756	100.0	6.6	1.2	16.4	1.4	0.3	0.0	0.0	51.7	17.7	4.3	0.3
居宅訪問型児童発達支援事業	50	100.0	14.0	…	24.0	2.0	…	…	…	36.0	14.0	10.0	…
放課後等デイサービス事業	12,734	100.0	1.3	0.7	14.0	1.0	0.2	0.0	0.0	57.3	17.7	7.6	0.1
保育所等訪問支援事業	1,149	100.0	17.0	1.5	37.4	2.4	0.3	0.0	0.0	19.8	15.8	5.7	…
障害児相談支援事業	6,582	100.0	4.6	6.1	39.7	2.8	0.2	0.0	0.2	25.2	16.6	4.6	0.0

（出典）「社会福祉施設等調査」第22表79表障害福祉サービス等事業所数・障害児通所支援等事業所数・経営主体別より作成。
（注）障害者支援施設の昼間実施サービス（生活介護，自立訓練（機能・生活），就労移行支援及び就労継続支援）を除く自立生活援助事業，就労定着支援事業，居宅訪問型児童発達支援事業は2018年4月施行の「障害者総合支援法」で制度化された。

支援事業が51.7%，居宅訪問型児童発達支援事業が36.0%と比率が高まり，放課後児童デイサービスは事業所数が大幅に増えるとともに営利法人が57.3%と占有率を大きく拡大しました。

【3】　地域型保育所と有料老人ホームへの営利法人の参入

　上記の，「利用契約制度化（購入制度）」が先行した介護保険施設・サービス事業所や障害福祉サービス事業所を除く社会福祉施設の2012年と2018年の動向を見るために▶表13-8を作成しました。

　これをみると，社会福祉施設総数の中での社会福祉法人経営が占める割合は，2012年では43.1%，公営施設が34.5%でしたが，2018年になりますと，事業所数が全体では増えていますが，その中で公営は21.0%に低下し，社会福祉法人経営も

▶表13-8　社会福祉施設の経営主体別構成（2012年，2018年）

| 施設の種類 | 2012（平成24）年 | | | | | 2018（平成30）年 | | | | |
| | 事業所数 | 構成割合（%） | | | | 事業所数 | 構成割合（%） | | | |
		公営	社会福祉法人	営利法人	その他の法人		公営	社会福祉法人	営利法人	その他の法人
総　　　数	55,881	34.5	43.1	12.3	7.2	77,040	21.0	37.2	26.8	8.5
保護施設	295	9.8	89.8	0.0	0.3	286	7.7	92.3	0.0	0.0
救護施設	184	9.2	90.2	0.0	0.0	182	7.7	92.3	0.0	0.0
更生施設	20	15.0	85.0	0.0	0.0	20	10.0	90.0	0.0	0.0
医療保護施設	60	3.3	96.7	0.0	0.0	58	3.4	96.6	0.0	0.0
授産施設	20	30.0	70.0	0.0	0.0	16	18.8	81.3	0.0	0.0
宿所提供施設	11	9.1	90.9	0.0	0.0	10	10.0	90.0	0.0	0.0
老人福祉施設	5,323	20.0	74.5	1.3	2.1	5,251	5.1	77.0	2.5	1.4
養護老人ホーム	953	21.0	78.6	0.2	0.1	953	13.2	86.6	0.1	0.0
軽費老人ホーム	2,182	0.9	97.0	0.2	0.1	2,306	0.6	95.4	1.8	0.4
老人福祉センター	2,188	38.5	50.3	2.8	5.1	1,992	34.3	51.2	4.4	3.6
障害者支援施設等	5,962	3.7	63.9	0.7	27.6	5,619	2.6	65.9	1.0	25.5
障害者支援施設	2,660	3.5	96.3	0.0	0.2	2,544	2.3	97.4	0.0	0.2
地域活動支援センター	3,135	4.0	35.7	1.3	52.0	2,935	3.0	38.0	1.9	48.7
福祉ホーム	167	0.6	75.4	0.6	6.6	140	0.7	77.9	0.7	5.0
身体障害者社会参加支援施設	308	15.9	64.6	0.3	12.3	317	11.4	66.6	0.6	8.8
身体障害者福祉センター	152	25.0	65.8	7.9	3.3	152	16.4	69.1	0.0	4.6
障害者更生センター	5	20.0	80.0	0.0	0.0	5		80.0	20.0	
補装具製作施設	18	33.3	44.4	5.6	11.1	15	20.0	53.3	6.7	6.7
盲導犬訓練施設	11	0.0	18.2	0.0	9.1	13	0.0	23.1	0.0	7.7
点字図書館	72	12.5	69.4	0.0	12.5	73	11.0	72.6	0.0	8.2
点字出版施設	11	0.0	90.9	0.0	9.1	10	0.0	100.0	0.0	0.0
聴覚障害者情報提供施設	39	5.1	64.1	0.0	23.1	49	0.0	57.1	0.0	26.5
婦人保護施設	46	47.8	52.2	0.0	0.0	46	47.8	52.2	0.0	0.0
児童福祉施設等	33,873	48.1	44.4	1.5	4.4	43,203	32.5	43.5	10.4	8.3
助産施設	411	48.4	10.7	0.5	14.6	385	50.1	10.1	0.5	9.9
乳児院	130	4.6	89.2	0.0	0.0	138	3.6	90.6	0.0	0.0
母子生活支援施設（旧称：母子寮）	259	23.6	73.4	0.0	3.1	222	13.1	83.8	0.0	0.5
保育所等	23,740	41.3	51.7	1.9	4.3	27,951	30.4	53.4	7.4	8.2
地域型保育事業所	…	…	…	…	…	5,753	2.0	15.3	40.0	16.9
児童養護施設	589	2.9	95.9	0.0	0.8	611	1.6	97.4	0.0	0.0
障害児入所施設（福祉型）	264	18.9	78.4	0.0	2.7	258	15.1	84.1	0.0	0.0
障害児入所施設（医療型）	187	32.1	64.7	0.0	1.1	218	35.3	61.0	0.0	0.0
児童発達支援センター（福祉型）	316	31.6	64.9	0.0	2.8	571	23.6	66.2	0.0	6.8
児童発達支援センター（医療型）	109	53.2	45.0	0.0	0.0	100	51.0	47.0	0.0	0.0
児童心理治療施設（旧称：情緒障害児短期治療施設）	38	13.2	86.8	0.0	0.0	47	10.6	89.4	0.0	0.0
児童自立支援施設（旧称：教護院）	58	96.6	3.4	0.0	0.0	58	96.6	3.4	0.0	0.0
児童家庭支援センター	90	2.2	95.6	0.0	2.2	121	0.0	95.9	0.0	4.1
児童館	4,617	62.1	24.9	1.1	7.3	4,477	58.0	24.6	2.9	5.7
児童遊園	3,065	97.8	0.2	0.0	0.9	2,293	97.8	0.3	0.1	0.3
母子・父子福祉施設	61	13.1	50.8	0.0	36.1	56	14.3	48.2	0.0	26.8
母子・父子福祉センター	57	12.3	49.1	0.0	38.6	54	13.0	48.1	0.0	27.8
母子・父子休養ホーム	4	25.0	75.0	0.0	0.0	2	50.0	50.0	0.0	0.0
その他の社会福祉施設等	10,013	16.2	7.3	62.5	7.4	22,262	4.9	7.0	71.9	6.1
授産施設	69	56.5	34.8	0.0	4.3	62	45.2	38.7	0.0	9.7
宿所提供施設	282	1.1	7.1	3.2	81.9	403	0.5	6.5	12.9	75.9
盲人ホーム	19	0.0	84.2	0.0	15.8	19	0.0	84.2	0.0	15.8
無料低額診療施設	416	0.5	41.3	0.0	35.3	636	0.0	28.8	0.0	31.3
隣保館	1,101	97.2	1.9	0.0	1.8	1,072	95.6	2.2	0.1	1.8
へき地保健福祉館	62	93.5	1.6	0.0	0.0	31	100.0			
へき地保育所	545	82.4	10.3	0.0	2.9	…	…	…	…	…
有料老人ホーム（サービス付き高齢者向け住宅以外）[3]	7,519	0.0	5.6	83.1	4.5	14,454	0.0	5.5	82.4	4.0
有料老人ホーム（サービス付き高齢者向け住宅であるもの）	…	…	…	…	…	5,585	0.1	8.9	72.4	4.3

（出典）　厚生労働省「社会福祉施設等調査　基本票」より作成。
（注）都道府県・指定都市・中核市が把握する施設について，活動中の施設を集計している。
　　1）　障害者支援施設とは障害者の施設入所支援を行うとともに，施設入所支援以外の施設障害
　　　　福祉サービスを行う施設。
　　2）　保育所等は，幼保連携型認定こども園，保育所型認定こども園及び保育所である。
　　3）　2012年にはサービス付き高齢者向け住宅であるものを一部含む。
　　4）　その他の法人には一般社団法人及び一般財団法人，協同組合，特定非営利活動法人，学校
　　　　法人，宗教法人などが含まれる。

37.2％と比率を下げ，営利法人による経営が2012年の12.3％から2018年には26.8％に増加しています。この営利法人経営で増えているのは2015年の子ども・子育て支援制度によって制度化された，地域型保育所が顕著です。また，老人福祉施設には含まれない，有料老人ホーム，サービス付き高齢者住宅で営利法人の経営が大きく増えています。障害者支援施設のうちの地域活動支援センターでは，特定非営利活動法人（NPO法人）を含む「その他の法人」の進出が広がっています。それでもなお，営利法人の参入は事業分野が限られており，全体として社会福祉法人が社会福祉事業経営の中軸を担っていることには変わりありません。

§3 ___ 社会福祉事業体の経営

　社会福祉事業の「経営」と「運営」は区別されるものです。ここでは，一定の社会福祉制度のものとでサービスや施設を提供する個々の事業体の経営責任が問題となる「経営」レベルと，社会福祉事業分野で都道府県市町村行政や国の責任が問われる社会福祉事業の「運営」責任のレベルとを区別する必要があります。「措置制度」の下では，社会福祉事業運営の行政責任が中心問題でした。しかし，「購入制度」に変わった，介護保険事業所や障害福祉サービス，子ども子育て支援事業所においては，主として行政に責任ある社会福祉事業の「運営」とは区別される社会福祉事業体の「経営」という相対的に独自な領域が浮かびあがってきました。

▶1 ___ 社会福祉事業体の経営の特質

　スイミングスクールはひとつの営利事業として成り立っています。そして，お客さんを多く確保し，お客さんに満足してもらえるサービスを提供して料金を支払ってもらい，その料金収入で働いている人の賃金や家賃や機材等の経費をまかない，その後に残った収益が利潤となります。お客さんが集まらなければ，収入が支出をまかなえず赤字経営となります。多くの一般企業も同様です。

　株式市場に上場しているような大企業の経営は単純化して言えば，株を発行して資金を集め，その資金を元手に事業として成功しそうな分野に投資し，その結果得た収益金を人件費や諸経費に支払い，投資を上回る収益が出た場合にそれが利潤となります。利潤のなかから，新たな拡大再生産の投資資金確保し，残りを株主に利益配当金として支払います。

　同じ株式会社でも，銀行や投資会社のような金融業となれば，個人や団体から預かった資金を，大きな収益を見込まれる分野に投資し，投資額以上の収益を回収することで成り立ちます。資金を何に投資するかは多様で，製造業，小売り・卸売業，

サービス業，不動産業，予備校などの教育系企業，有料老人ホームやヘルパー派遣事業などの福祉系企業，サラ金業，農産物の先物取引業，貿易業等々，その時々に投資した以上の収益を回収できると判断しうるものなら何でも投資先になるのです。目的は投資先の業種ではなくお金を増やせるかどうかが基本となります。近年では，軍需産業や環境汚染や気候温暖化を助長する企業には投資しないといった，投資家のモラルが働くようになっては来ていますが，それさえも資金集めのための宣伝手段として機能している側面も否定し得ません。また，他方で地域に役立つ仕事をしようと経営努力をしている小規模企業もあります。そのような企業は法人格は株式会社であっても株式上場企業と同列にはできないことも確かです。

　社会福祉事業分野の事業を担っている経営体は，行政の直営や社会福祉法人経営の場合，出資者や株主への配当金の確保を必要とせず，営利を主要目的とはしていません。しかし，前節で確認したように，現実には，営利法人が社会福祉事業の一定分野に参入をしてきています。しかし，その営利法人が単なる形式的なものではなく，株主や経営者に一定の利益配当を不可欠とする営利企業であるならば，利益を確保するために，人件費を削ったり，サービスの質を押さえたり，利用者の選別をする動機から解放されるのは困難です。しかし，それを露骨に行うと利用者や労働者の確保を困難にさせる恐れもあり，内部に解決不能の矛盾をかかえこむことになります。大規模化によるスケールメリットを追求するのも避けられませんが，利用者との距離感が問題になります。社会福祉事業は福祉を必要とする人に，相互了解に基づき適切なサービスを提供して，その人の生存権を保障し，発達を支援するものであり，本来非営利の公共的な目的を有するからです。

　ならば，それがなぜ経営と言われるのでしょうか。非営利の公共図書館や博物館の経営があるように，社会福祉事業体にも経営があります。利用者のニーズに的確に対応したサービスの提供が出来るよう，事業の運転資金を確保する。従事者を労働市場で確保し，経験年数の長い職員を含め厚みのある職員集団を維持し，経験年数の少ない職員を事業を通して育成していく。また事業に必要な建物や資材を維持・更新していく。これらを赤字経営で破綻をまねくことのないようにしていくという意味においての経営なのだと言えるでしょう。その意味での経営は，営利を目的としない医療法人や学校法人などの非営利の公益法人の経営とも相通ずるものです。

▶2＿＿＿社会福祉事業体の経営を貫く四つの力

　介護保険制度施行前後に設立された特別養護老人ホームを経営する社会福祉法人の中には，建設業者や住宅の建設・設備関連の一般企業が出資して作られた社会福祉法人が一部にはあります。しかし，その事業は母体の営利企業の営利活動に寄与するものであっても，社会福祉法人である限り非営利の公益法人としての規制に従

わなければなりません。戦前の明治憲法下で公的社会福祉制度がない時代から，先駆的に市民や篤志家や宗教者など市民社会内部の力によって，様々な社会問題の受難者の救済に独自に取り組んできたという伝統を持つ社会福祉法人もあります。戦後に設立されたものでは，篤志家や宗教法人が出資してできた社会福祉法人のほかに，住民が共同で出資し多くの寄付を募って設立した住民立的な社会福祉法人も増えています。そのような社会福祉法人の中には，自らの資金で社会福祉制度の谷間に置かれた人の救済に取り組んだり，日本国憲法が示す個人の尊厳等の理念を実現するために利用者の権利を意識した福祉労働の質の向上に意識的に取り組むというような社会福祉法人もありました[5]。これらは社会福祉を必要とし生存権を有する権利主体である国民の立場にたった社会福祉事業を展開する専門家としての強いミッション（使命感）の自覚に支えられたものです。近年介護保険事業分野で増えてきたNPO法人や協同組合法人も同様の使命感に支えられたものが少なくありません。

　このような独自的な実践力を発揮している社会福祉事業体の経営は，公的社会福祉制度の担い手として，国や地方自治体から支給される公費，社会福祉施設や法人の伝統とミッションに共感した市民によって提供された寄付金，ボランティア的労力によって支えられています。

　これらの事実を総括すれば，社会福祉事業体の経営には四つの力が働いていることが確認できます。それは，①生存権や発達権を保障するサービスと実践を求める利用者・住民・市民の力，②社会福祉制度・政策のねらいを実行させる国や地方自治体の制度に従うことをもとめる権力の力，③事業体で働く労働者の生活を維持し再生産ができるような労働条件を求め，さらに専門的力量の発揮と向上を求める労働者の集団的力，そして④経営体として赤字に陥らず，住民の願いに応える経営を維持・拡大していく経営力です。①は利用者の会や家族会，住民組織や自治体によって体現され，②は政策主体が体現しています。③は従業員の組織や労働組合が体現し，④は理事会や評議員会や法人の幹部職員がその力を代表しています。社会福祉事業体の経営の神髄は，この四つの力のうち，①の権利を守ることを事業目標の基本理念とし，②の政策に対応しつつ，③の労働者の力に依拠して，④の経営力を発揮していくことがあります。これら四つの力を統合していく力量が，社会福祉事業体に求められる「経営力」だと言えるでしょう。

▶3　社会福祉法人の経営にかかわるあらたな課題の浮上

　「購入制度化」された，社会福祉事業分野での社会福祉法人の経営において，次

---

[5]　児童養護施設では家庭に近い小舎化の実践にとりくんだり。特別養護老人ホームでの「おむつ外し」の実践や，個室化，あるいは利用者の自治会づくり，そのほか地域住民に向けた社会福祉講座を開催したりして，独自の創造的な実践に取り組む事業体もありました。

のような細かな課題や矛盾が浮かび上がってきています。

それを前項の四つの力に即して整理してみます。

① 生存権や発達権を保障するサービスと実践を求める利用者・住民・市民の力に依拠する経営課題
　・社会福祉の本体事業だけでなく，公益事業，収益事業を総合的に展開して，制度の対象となる住民のニーズだけではなく，制度の谷間となるニーズに対応していく。
　・第三者委員を中心に苦情等に真摯に対応するとともに，第三者評価や情報公開など運営の透明性の確保につとめる。
　・利用者負担（食費・居住費・給食費等を含む）の増大と低所得者への社会福祉法人減免制度への対応。
　・社会福祉法人の評議員会や家族会，利用者自治会等を活用した地域住民や利用者の経営参加の仕組みの強化。

② 社会福祉制度・政策のねらいを実行させる国や地方自治体の制度に従うことをもとめる権力の力に対応する経営課題
　・施設整備費補助金の縮小・廃止による，施設の改修や新設のための資金調達の確保。
　・収入構造・支出構造の変化，新会計基準（減価償却・損益概念の導入）による各種積立金や徴収不能引当金の確保。
　・事業報酬や公定価格改訂や事業費の出来高払い制日額払い制度等による減収や収入の不安定化への対応。国・自治体の職員人件費補助の縮小・廃止への対応。
　・定員枠の緩和（最低基準の形骸化，120％収容の施設整備），職員配置・利用者サービス基準の形骸化（廊下も生活スペースとする，家族支援の希薄化）への対応。
　・国・地方自治体の諸政策の自主的な検討と共有。

③ 事業体で働く労働者の生活を維持し再生産ができていけるような労働条件を求め，さらに専門的力量の発揮と向上を求める労働者の集団的力に対応する経営課題
　・雇用形態の変化（常勤・非常勤の混在）と人件費の見直しのもとでの労使関係の調整。
　・経営環境が厳しくなっているなかで，利用者の権利を守る福祉活動を労使共同で推進できるよう，利用者・労働者・経営の立場を尊重した，緊張感ある共同の構築[6]。
　・労働市場の中で，社会福祉専門性が錬磨され，職員集団の共同が進化していくような職場集団作りや労務管理のあり方の追究。
　・コロナ禍のような緊急事態にも安心して働けるような条件を整えことに努め，必要な行政支援を要請する。

④ 経営体として赤字に陥らず，住民の願いに応える経営を維持・拡大していく経営力にかかわる課題
　・資金運用の弾力化（投資的部分に回すことも可，土地購入等）への対応と経営基盤強化のための経営者団体の確立と法人間連携，社会福祉協議会の場の活用，国・自治体への働きかけの追求。

---

*6) 障害者福祉に取り組む鹿児島の麦の芽福祉会では，「なかま権利宣言」「親の権利宣言」「職員の権利宣言」を定め，ボトムアップの経営組織作りをしています。深谷弘和・申佳弥・石倉康次（2019）。

・制度が多様化する中で高齢，障害，児童にまたがる施設を運営している大規模法人では異なる制度的基盤の事業を一法人に抱えることにより，運営手法や人件費を中心に法人全体としての統一性を維持するための方策。

以上が対応を迫られている諸課題です。[*7)]

これらの諸課題の解決は，経営体の内部努力で可能な部分もあり，利用者や地域住民の理解の必要性もあります。社会福祉協議会の場を活用したり，[*8)]国や地方自治体に要請すべきこともあります。このため四つの力を組み合わせる経営方針の確立と経営実践の習熟が必要となっているのです。

▶4 ___ コロナ禍で露わになった矛盾

2020年に厚生労働省は新型コロナの感染が広がる下でも，「社会福祉施設等が提供する各種サービスは，利用者の方々はその家族の生活を継続する上で欠かせないものであり，十分な感染防止対策を前提として，利用者への各種サービスが継続的に提供されることが重要である[*9)]」と強調しました。小学校への休校要請がなされた際にも，保育所や学童保育所の開所継続が強調されました。

高齢者や障害者，子ども達を支援する社会福祉の仕事は，対人が基本であり，コロナ対策の三密（密閉，密集，密接）のリスクを避けることが不可能です。他方，サージカルマスクや消毒液あるいは防護服と過重労働を避けるための代替要員の確保は不十分でした。しかも介護保険や障害者福祉の通所や訪問介護の事業所の場合は，社会福祉基礎構造改革によって利用契約制度にされ，事業所に支払われる運営費は，日々の利用者数による日割り計算です。このため利用者減や休業が事業所の収入源に直結します。労働者は嘱託職員やパートなど非正規労働者が少なくありません。雇用主の休業が失業につながります。このようにコロナ禍のもとで，社会の基本的なインフラとも言える社会福祉の経営基盤が脆弱な実態にあるということが露わになりました。「社会・経済の基本的インフラ」にふさわしい，運営費の補償や給与保障，リスクの多い現場で働く人への特別手当などの，利用者負担増にしない制度改善の必要性が明らかとなり政府も一定の対応を行いました。

2000年の介護保険導入以降は，社会福祉事業に営利法人の参入を誘導し，保育・

---

*7) 福祉の公的責任と社会福祉法人等のあり方に関する検討会（2008）『福祉の公的責任と社会福祉法人等のあり方に関する「中間のまとめ」』社会福祉施設経営者同友会

*8) 都道府県社会福祉協議会レベルで，社会福祉法人が共同して，貧困対策に先駆的に取り組む事例も出てきています。これは公的制度の拡充をもとめる先駆的な実践であり，公的制度を補完したり，公的責任を不問にする実践であってはならないでしょう。

*9) 令和2年4月7日厚労省事務連絡「社会福祉施設等における感染症拡大防止のための留意点について（その2）参考「社会福祉施設等における新型コロナウイルスへの対応にかかる事務連絡等」」

▶表13-9　第2種社会福祉事業

生活保護法	①無料低額宿泊事業，②宿所提供施設
生活困窮者自立支援法	①認定生活困窮者就労訓練事業
児童福祉法	①障害児通所支援事業，②障害児相談支援事業，③児童自立生活援助事業，④放課後児童健全育成事業，⑤子育て短期支援事業，⑥乳児家庭全戸訪問事業，⑦養育支援訪問事業，⑧地域子育て支援拠点事業，⑨一時預かり事業，⑩小規模住居型児童養育事業，⑪小規模保育事業，⑫病児保育事業，⑬子育て援助活動支援事業，⑭助産施設，⑮保育所，⑯児童厚生施設，⑰児童家庭支援センター，⑱児童の福祉の増進について相談に応じる事業
子ども・子育て支援法	幼保連携型認定こども園を経営する事業
母子・父子・寡婦福祉法	①母子家庭日常生活支援事業，②父子家庭日常生活支援事業，③寡婦日常生活支援事業，③母子・父子福祉施設
老人福祉法	①老人居宅介護等事業（訪問介護），②老人デイサービス事業（通所介護），③老人短期入所事業（短期入所生活介護），④小規模多機能型居宅介護事業，⑤認知症対応型老人共同生活援助事業（グループホーム），⑥複合型サービス福祉事業，⑦老人デイサービスセンター，⑧老人短期入所施設，⑨老人福祉センター，⑩老人介護支援センター
障害者総合支援法	①障害福祉サービス事業（居宅介護，重度訪問介護，同行援護，行動援護，療養介護，生活介護，短期入所，重度障害者等包括支援，共同生活介護，自立訓練，就労移行支援，就労継続支援，共同生活援助，多機能型，一体型指定共同生活介護事業所等，特定基準該当障害福祉サービス），②一般相談支援事業，③特定相談支援事業，④移動支援事業，⑤地域活動支援センター，⑥福祉ホーム
身体障害者福祉法	①身体障害者生活訓練等事業，②手話通訳事業，③介助犬訓練事業，④聴導犬訓練事業，⑤身体障害者福祉センター，⑥補装具製作施設，⑦盲導犬訓練施設，⑧視聴覚障害者情報提供施設，⑨身体障害者の更生相談事業
知的障害者福祉法	①知的障害者の更生相談事業
社会福祉法	生計困難者のために，無料又は低額な料金で，簡易住宅を貸し付け，又は宿泊所その他の施設を利用させる事業
	生計困難者のために，無料又は低額な料金で診療を行う事業
	生計困難者に対して，無料又は低額な費用で介護保険法に規定する介護老人保健施設を利用させる事業
	隣保館等の施設を設け，無料又は低額な料金でこれを利用させることその他その近隣地域における住民の生活の改善及び向上を図るための各種の事業を行うもの
	福祉サービス利用援助事業（日常生活自立支援事業）

学童保育や障害福祉の分野にも広げてきました。営利企業の至上命題は，事業から利益を生むことです。人件費抑制のため非正規雇用化を積極的に促進し，施設の整備基準も緩和しました。その下で参入してきた事業者の多くは経営基盤が弱く，収益が見込めなければ撤退します。コロナ禍で介護や障害福祉の現場で事業の自主的休業が広がっている背景には，このような要因もあったのです。

　これは，個々の社会福祉事業体の経営を超える問題であり，国と地方自治体が責任を持っている社会福祉事業の運営の課題となります。

§4 ＿ 社会福祉事業の運営

　つぎに，個々の社会福祉事業の個々の経営体での経営問題ではなく，直接には市町村が，そして最終的には国が責任を負っている社会福祉事業の運営問題について，その基本点を整理します。この領域課題は，イギリスの伝統では「ソーシャル・アドミニストレーション」と言われてきました。日本の社会福祉法第6条には，「国及び地方公共団体は，社会福祉を目的とする事業を経営する者と協力して，社会福祉を目的とする事業の広範かつ計画的な実施が図られるよう，福祉サービスを提供する体制の確保に関する施策，福祉サービスの適切な利用の推進に関する施策その他の必要な各般の措置を講じなければならない」とあります。社会福祉事業の運営の基本的な内容がここにあらわされています。

▶1 ＿＿社会福祉事業分野の公的責任のスペクトラム構造

　先述のように社会福祉事業には，§1の▶2で述べたように，公的責任が明白な第1種社会福祉事業が限定され，その運営主体は国・地方自治体の直営や事業団によるもしくは社会福祉法人による経営が原則となっている施設・事業の領域があります。

　さらにそれ以外の第2種社会福祉事業とされる事業分野があります（▶表13-9）。この事業分野には，生活困窮者支援など社会福祉協議会に委ねられている事業があります。これ以外に介護保険サービス事業や，障害福祉サービス事業，子ども子育て支援法による事業など「購入制度（利用契約制度）」化されている事業が多数含まれます。それらの事業の経営主体は営利法人を含め制限はないですが，施設整備や人員配置の最低基準や指定基準によって規制され，運営に問題があれば指定が取り消されることもあります。

　さらに，この他に「有料老人ホーム」や「サービス付き高齢者住宅」などの，設置主体に制限がなく都道府県知事への届出によって設置できる「届出施設」があります。この施設には，介護保険制度による「特定施設入居者生活介護」のサービス提供ができますが，その場合は都道府県知事の指定を受けなければなりません。

　ここに分類した施設・事業は，公的責任に基づく規制のレベルが異なります。つまり，①公的規制が強く働く第1種社会福祉事業，②第1種社会福祉事業のうち介護保険施設となっている特別養護老人ホーム，③第2種社会福祉事業のうち「購入制度」化されていない事業，④第2種社会福祉事業の内「購入制度」化された事業，⑤有料老人ホームやサービス付き高齢者住宅のような届出施設というように，公的

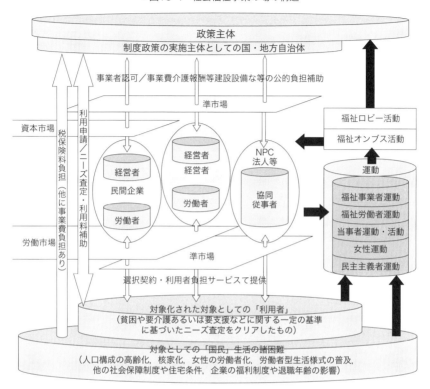

▶図13-1　社会福祉事業の場の構造

機関の関与や責任の度合いが徐々に薄まっていくスペクトラム構造となっています。

▶2＿＿スペクトラム構造を捉える場の概念と社会福祉事業運営の基本課題

　このような構造をとらえるためには，社会福祉の「領域」という境界領域が明確な概念では足りず，社会福祉事業の「場」という把握も必要なように思います[10]。

　この「場」では社会的弱者や公的サービスを生活のために必要不可欠とする人たちがユーザーであり，その人たちの生存権を守るための公的責任が果たされる場であり，一般市場とは異なった規制を必要とする特別な「場」でもあります。公的責任の度合いに違いはあっても，政策意図にこめられた力，参入している営利法人等の経営の圧力，生存権保障をもとめる当事者・市民の力，またそこで働く労働者の利害にもとづく交渉力，などが複合的に作用している場であることに変わりありま

---

*10)　石倉康次（2002）参照。

せん。この場は，第05章で明らかにした「社会福祉の三元構造」を基礎に図示すれば▶図13-1のようになるでしょう。

　①まず，社会福祉の対象となる「国民」生活の諸困難があります。②これを基盤に，社会福祉事業者や福祉労働者の運動，当事者運動が成立しています。またこれらの社会福祉運動は女性運動や民主主義や人権に関わる諸運動を含みます。やがて，これらの諸運動は，議会でのロビー活動を生み出したり，現に実施されている社会福祉行政に対する市民の苦情を受け止めチェックする福祉オンブズパーソン活動を要請します。社会福祉事業体の提供するサービスへの苦情をうけとめる第三者委員会の設置も制度化されてきています。③福祉運動や活動に押された政策主体によって，必要で可能な制度・政策が打ち出され，これらの制度・政策が対象とする利用者が明確にされます。そして④制度化された制度政策を対象者に届ける媒介となる，個々の社会福祉事業体とそこで働く社会福祉労働者が登場します。これらの事業体は第1種社会福祉事業，第2種社会福祉事業，購入制度化された事業，有料老人ホームのような届出事業など，公的責任の度合いの異なる事業分野にたずさわります。ここにおいては，自治体の直営施設，社会福祉法人，社会福祉協議会，医療法人，協同組合，営利法人，NPO法人等が相互に競争し，棲み分けながら併存しています。⑤これらの事業体が展開する事業内容は行政のチェックを受けるだけでなく，利用者・市民，第三者による評価やチェックを常に受けています。時には福祉オンブズパーソン活動の対象にもなります。社会福祉業分野に参入した大手の営利法人は外部に広がる資本市場の中で投資効果を勘案しながら事業展開しています。⑥各事業体ではたらく従事者の身分は正規から非正規労働者まであり，専門資格による規制はゆるやかです。このため福祉労働者の確保は，広い労働市場に広がっており，社会福祉分野の処遇条件が相対的に低位であれば，労働者確保は困難となります。逆に，措置制度が中心であった1990年頃までは，社会福祉労働者の処遇条件は公務員基準で，労働市場の中で相対的に安定していたために，労働者確保難という事態は起きにくかったのです。

　ここにあげた①～⑥にわたるポイントをいかにコントロールしていくのかが，社会福祉事業の運営における基本的な課題となります。このように「運営問題」を捉えなおしますと，この節の冒頭で示した，社会福祉法の第6条の規定だけでは十分ではないと言えます。ソーシャル・アドミニストレーションは，社会福祉事業の場に影響を及ぼす市場原理のコントロールや，市民・当事者・そして事業者の社会福祉運動やロビー活動，福祉オンブズパーソンの活動の役割なども含めた捉え直しが必要となってくるのです。

▶3＿＿社会福祉事業の場の「民主的規制の構築」の課題

　社会福祉事業の場が，行政責任が明確な領域だけではなく，行政責任の度合いの濃淡があるスペクトラム構造となっている下では，市場の論理や営利法人の行動様式によって社会福祉利用者の権利保障がないがしろにされない運営がとりわけ重要となります。スペクトラム構造のそれぞれに即した「民主的規制の構築」が必要なのです。そのポイントを前項の①〜⑥に即して整理しておきます。

① 　国民の生活と労働の現実の中から生み出されてくる，社会福祉の対象となる課題について，社会福祉分野の研究団体や研究者，社会福祉従事者や当事者も含んだ研究運動によって変化する社会問題の実態を科学的に把握する研究活動を活発にする。

② 　行政は，独自にニーズ調査や，社会福祉事業者からの業務報告によって社会福祉の対象となる生活困難とそれに対する政策的対応の実態を定期的に分析・把握すると共に，社会福祉分野の諸運動によって提起される要望や制度改善課題が，議会に提起されていくチャンネルを活発にする必要がある。また，福祉オンブズパーソンもしくは「第三者委員会」[*11]に市民当事者や社会福祉従事者などステイクホルダーの立場を反映できるよう自治体レベルで制度化することが必要である。

③ 　議会に提起されてくる要望や制度改善課題を新たな制度に具体化する政策主体の活動に，現場の社会福祉従事者の代表や当事者団体や住民の意見が反映されるようにする。これに関わって，地域福祉計画，介護保険事業計画，障害福祉計画，子ども子育て支援事業計画などの，諸計画の評価・点検・立案・進行管理の過程に，社会福祉従事者，当事者，福祉関係団体の能動的な参加ができるようにする。

④ 　社会福祉事業者同士の競争や市町村ごとの格差が拡大したり，質の確保のために利用者負担を課すということにはならないよう規制を設ける。他方，先駆的な活動を積極的に推進している事業者が評価され，その成果が業界全体に広がるような行政支援を行う。

⑤ 　営利法人が参入している「購入制度」化された事業や，届出制度となっている領域においては，市場原理が強く作用し，利用者主体の専門的サポートが弱くなりがちです。「社会福祉事業の場」を支配する基本原埋が市場原理ではなく，生存権と発達権が基本原理として作動する場にしなければなりません。営利法人であっても社会福祉分野に参入している限り，安易な撤退を認めず，福祉労働の質を維持・継承しうるために身分が不安定な非正規職員によってカバーす

第13章——社会福祉施設・事業の経営と運営 | 215

る職員比率を制限すること。措置制度として残されている施設や，第1種社会福祉事業にふくまれる特別養護老人ホームなどの入所施設の整備については，施設建設費や用地確保に関わる国や自治体による補助金制度を再構築することが重要でしょう。

⑥　社会福祉サービスの質を充実するために福祉労働者が専門性を発揮し，感染症リスクの下でも安心して働ける処遇条件の水準を確保する。このため国や地方自治体単位で職員配置比率を拡充し，措置費や介護報酬，公定価格等に含まれる社会福祉労働者の賃金水準は国家公務員の福祉職俸給表を最低ラインとする。またさらに専門内容やリスクに応じた特別手当が上乗せされるようにする。さらにこれにたいするチェック機能として全国的レベルでの国・地方自治体と労使及び利用者代表の共同テーブルを制度化することも考えられるべきでしょう。

　　これは社会保障審議会や社会福祉審議会他の各部会の民主的運営の課題でもあります。

私の社会福祉研究へのかかわり

　私が社会福祉の研究へどのように関わってきたのかを最後に紹介をしておきます。これまで述べてきた各章での考察の背景を読者の皆さんに理解していただくのに役立つと考えたからです。私は1952年生まれで，いわゆる団塊世代に続く世代に含まれます。小さい頃は，水道は井戸水，道路の舗装はなく，自家用車もなく，家には牛が同居し，飛び交うハエを捕るためのハエ取り紙が店には売っていました。電話はもちろんなく，テレビ放送が始まりはじめ，村の商家の家に行ってテレビの相撲やプロレス放送を観せてもらっていました。家は兼業農家で私は保育所に預けられていました。小学校では眼の伝染病トラホームの予防検査や寄生虫検査が行われていました。戦後の貧しく質素な雰囲気がまだ，そこここに漂っていたのです。1960年代の日本は急速に高度経済成長を遂げ，その一方で大気汚染や，大阪湾の海水浴場の汚染が進み毎夏の学校からの海水浴の行き先は，年々大阪湾の南へ移っていきました。反公害の運動や訴訟も起きはじめていました。学校にはプールはなく，ため池で先生に隠れて泳いでいた小学生が水死する事故もありました。義務教育の教科書を無償にする先生達の運動が地域で広がっていったように，農村部では学校の先生達が地域社会を民主化する先達でもありました。都市部では保育所づくり運動が広がっていました。やがてそれらの運動は沖縄の施政権返還運動にも刺激されて革新自治体づくりの運動に合流していきました。高度経済成長の象徴とされた大阪万国博覧会が開催された1970年に私は大学に入学しました。

§1　私の研究者としてのはじまり

▶1　修士論文での課題設定

　私は，1970年に立命館大学産業社会学部に入学し，その後大学院社会学研究科に進み，1981年3月に博士課程を満期退学いたしました。大学院進学の直接のきっかけは，学術系サークル活動（部落問題研究会の子供会活動）を通して，貧困・差別の問題や貧困家庭で育つ子ども達の発達支援についての社会科学的な探求に強く興味を持ったからです。

貧困問題への関心は，小さいころ父に連れられて行った，大阪日本橋で目にした光景が原点にあります。私の父は大工をしていた祖父の次男でしたが，大工の腕が良かった長男が戦死し，子どもの頃から胃腸が弱く大工を継ぐのをあきらめ，鉄道学校を卒業して吹田にあった国鉄（現JR）の信号所に務めていました。戦後は国鉄で発生した三大事件のショックで国鉄を退職し，電気・水道工事業を自営で始めました。母は祖母と一緒にいつも農作業に携わっていました。父は資材の仕入れの時に，大阪日本橋へ小さかった私をよく連れて行ってくれました。兼業農家で育っていた私にとっては，帰りに近鉄上本町駅の近くにあるレストランで，生卵が乗った「ライスカレー」を父と一緒に食べるのが大きな楽しみでした。ある年末のクリスマスに近い日に父に連れられて行った帰りに夕暮れの駅近くのお店で，クリスマスケーキを買うために並んでいた会社帰りの人たちの列の前を，初老の男性がリヤカー（大八車）に段ボールをいっぱいに積み込んで前かがみになって引いていく場面に遭遇したのです。その対照的な一場面が強く印象に残り，今でもその光景を思い浮かべることができます。それは，幼い私が世の中にある貧富の差というものをはっきりと見せつけられた瞬間でした。

　差別問題への着目は，家計を助けるために家業の野球グローブの縫製を手伝うために学校をしばしば休んでいた中学校の同級生A君の存在がありました。彼はスポーツ万能で，バスケットボール部の主力的存在であり，また声もよく通る高い声が出るので，合唱クラブにも入っていました。彼の家は近所だったので，学期初めの家庭訪問の日に担任の先生を彼の家に案内しました。両親との面談を終えて彼の家から出てきた担任の先生は，「お前は，テストの結果が良かったので天体望遠鏡を買ってもらったそうだけれど，○○君は家の仕事を手伝っていたよ。この違いをどう思うかのう」と私に言いました。その時私は恥ずかしくて何も答えられませんでした。高校生時代に進路の相談に行き「社会科の先生になるのに適した進学先はないですか」とたずねた時に，新設されて間のない立命館大学産業社会学部がユニークだと紹介してくれたのもこの先生でした。

　私が修士論文のテーマを『部落の資本主義的解体──1920年代30年代及び戦後「高度成長期」の特質』とすることになったのは，それらの出来事が結果的に影響していました。論文では，大学の研究所に所蔵されていた古い調査データを使って，近世封建社会の「旧身分集団」としての性格を残している「部落」が資本主義経済の下で解体していく過程をとらえようとしました。分析の視角と方法は①「旧身分集団としての部落住民の資本主義的諸階級への再編過程」をたどる。その際に②資本主義経済化による「生産・流通圏域の拡大」にともない，社会的分業の広い網の目に組み込まれていくことで「旧身分集団」という閉鎖性な関係性がどのように解体されたり，温存されたりするのかを分析する。③立地する地域類型によって異な

る経済変動による「人口移動」が，住民の「混住化」や「流出」を通して，居住地の閉鎖性をどのように突き崩していくのか。これら三つの視角から，遺されたいくつかの調査データを分析し明らかにしていこうとするものでした。この研究によって，第二次世界大戦前からすでに「解体」過程が始まっていたこと，高度経済成長期にはそれが一層大きく進んだことなどを実証的に明らかにすることができました。

▶2＿＿社会問題としての部落問題

　社会問題としての部落問題は，1871（明治4）年の太政官布告で「穢多非人ノ称ヲ廃シ身分職業共平民同様トス」とされたにもかかわらず，①旧下層身分集団の居住地とされた地域に暮らす人々の多くが居住環境や職業や子どもたちの義務教育において低位なまま公的支援策がほとんどなく地域社会での対応に委ねられたため格差が温存・拡大していきました（＝貧困）。そして②その居住地域の人々が地方の行政区域や地域社会の圏域における日常の労働や生活の場において排除されたり，下位に置かれる（＝差別）状態が存続しました。「平民同様」という公的規範と現実の社会関係との間に，著しいギャップがあり問題とされはじめたのです。身分制社会においては，そのような貧困と排除は社会秩序の基本として当然視され社会的には問題にされにくい状態にあった時期から比較すれば一つの前進ではありました。1933年（昭和8）6月高松地裁は，いわゆる被差別部落の出身であることを相手に告げずに結婚したことが誘拐にあたるという検事の論告を認めて，2人の被告に有罪の判決を下してしまったときには，これを不当とする社会運動が広い支持を得てひろがったことに，社会の進展があらわれていました。

　第二次世界大戦後は，①人々の基本的人権の国家による保障を明記した日本国憲法の下での社会的・政治的民主主義の前進，②義務教育の場における教育基本法に基づく民主主義教育への転換と義務教育の無償化の前進，③高度経済成長による人々の階級・階層間移動や地域間移動の巨大な進行，④1969年の同和対策特別措置法から2003年まで実施され33年間で15兆円の予算が投入された「同和地区」と指定された地域での住宅整備や上下水道，生活道路の整備など，巨額の公費を投じた環境改善，そして現業公務員職の幹旋をはじめとした就労安定への取り組み，など総合的な同和行政施策が一挙に進みました。⑤また，同和行政施策の実施の後半では，一部の地域で発生した施策の肥大化や窓口一本化によって，地域や個人を指定した同和行政施策が地区内外の逆差別や新たな隔離を生み出したり，同和行政への依存による自立意欲の後退を生み出しているのではないかと，地区内外から問題にされるようになりました。この結果，行政施策の実施手法において地区内外の新たな差異を生み出さず融合を促進すること，同和行政からの自立をめざすことが，新たな施策の理念として軌道修正されていきました。[*1]

これら五つの要素が相互に作用しあって部落問題解決の歩みを大きく前進させる条件となりました。政府も総務省地域改善対策室が2002年1月に発表した通達「今後の同和行政について」で，「同和地区・同和関係者」に対象を限定した「特別施策を終了し一般対策に移行する」と，同和行政施策の終結を宣言しました。その根拠は，対象地域や住民を特定した「特別対策は，本来時限的なもの」であり，「特別対策をなお続けていくことは，差別解消に必ずしも有効ではない」，「人口移動が激しい状況の中で，同和地区・同和関係者に対象を限定した施策を続けることは実務上困難」というものでした。[*2)] 地区内外の格差の解消が進み，社会的な交流が広がっている中で，地区や住民を特定した特別施策を続けることは行政施策が差別を再生産し，有害な利権あさりを生み出しかねないことを憂慮する関係者からは，上記の政府の判断は概ね妥当なものとして受け入れられました。[*3)] 国の同和行政施策は2002年度をもって終結しましたが，地方自治体レベルでの終結に向けた取り組みは，すでに終結したところ，意識的に存続させようとしたところ，国の施策の終結に伴い終結の準備を進めたところ，などの違いがありました。

　私の大学院修了と研究者生活の開始はこの後半期に重なっており，修士論文は，部落問題解決の基礎過程の解明を試みるものでした。論文を書き上げた後の院生・教員の懇親会で，学部創設時からの教員であった細野武男先生や野久尾徳美先生から「研究者として進むのなら社会福祉研究をせよ」と助言されました。当時の私には，部落問題を社会福祉の中に位置づけて研究せよとの意味に受け留めました。でもこの問題は，社会福祉に入りきらないのではないかとの疑問を抱きながらも，大きな宿題を課せられたように思いました。

§2＿＿ ハードとソフトの結合と自立助長の総合的プロジェクト

▶1＿＿「ドーン計画」のインパクト

　私の学部生・大学院生時代は，同和行政施策が本格的に開始され大きな変化がはじまりつつある時期でした。また，部落問題解決を目指す運動の中でも，同和行政に伴う利権あさりに翻弄され，研究運動内の論争も先鋭化していきました。そんな

---

*1)　1986年に地域改善対策協議会が内閣総理大臣に提出した意見書では「行政の主体性の欠如」「同和関係者の自立，向上の精神のかん養の視点の軽視」「えせ同和行為の横行」「同和問題についての自由な意見の潜在化傾向」が問題解決を妨げる新たな要因として挙げられました。

*2)　総務省大臣官房地域改善対策室（2002.1.26.）「今後の同和行政について」。

*3)　1990年代には，地方自治体と住民や運動団体が共同して，国の法律の廃止を待たずに同和事業の完了宣言を行う自治体が滋賀県，和歌山県，広島県，福岡県などで広がっていきました。

中で，和歌山県吉備町の30億余を投じた同和地域の総合的な環境改善・住宅改善施策「ドーン計画」（1970年請願，1976年竣工）は，貧困と差別とが絡まったこの問題の解決に役立つ実際の行政施策とは何か，を示す先駆的提起となりました。私にとっては，地域の住環境の改善というハードな施策が，人々の日常的な社会関係や意識といったソフトな次元の転換に大きなインパクトを与える可能性があることを教えてくれたように思えたのです。この計画には四つの特徴があったとされています[*4]。一つは，道路整備は周辺地域と調和し，周辺地域住民にも役立ち交流を促進する道路になるよう計画されたことです。二つめに，住宅は同じかたち同じ大きさの画一的な高層住宅整備方式ではなく，二戸連の住宅二棟を一団地とし，しかも団地を離して配置して，その間の空間に持ち家も散在させ，特異な街区として農村部で目立つ存在にならないように計画されたことです。三つめは，対象地域の住民の自立意欲を引き出す効果があるとして，持ち家や分譲住宅を確保しようとする人への融資制度を設け，同時に古い住宅の除却費用が改善意欲の妨げにならないように町行政が負担するようにしたことです。四つめは，これらの事業の遂行過程で生じかねない「利権アサリや，ボス交渉，ごね得」を排除するために，住民による監視が働くよう住民参加の「ガラス張りの組織体」を作って進めたことなどです。

　この時期の全国での部落問題解決へのとりくみは，住環境整備が金額的にも大きく視覚的にも目立ちます。しかし住環境の整備だけが単独で進められても，あらたな特異な目立つ建築物を作り上げることになります。また巨大土木建築事業に寄生する利権に群がる勢力を生み出しかねません。事業が部落問題の解決のために有効に機能するためには，義務教育での教科書無償化や「どの子も伸びる」教育実践，子ども会活動を通じた児童・青年の自主意識のかん養，本人の力量以外のことで青年たちの就職先が閉ざされることを予防する就職の際の統一応募用紙の制定，高齢者や女性のための失業対策事業，公務部門での職員採用枠の拡大，地区関係業者の公共事業への入札促進等，市民と学校・行政との連携した総合的な取り組みが必要でした。さらに，利権や紹介窓口斡旋を介した住民や業界内の支配従属関係や排除の関係が発生することを許さない仕組の構築や自主的な運動の発展も問題の解決に大きく影響したのです。

　このような総合的な取り組みによって，部落問題解決の大きな画期を作ったという経験は，イギリスの労働党政権時代（1997-2010）の「コミュニティーのためのニューディール（NDC）[*5]」や，開発途上国での地域開発の経験との比較に値しうる，貧困・

---

*4)　岩上豊顕（2013）pp.38-44。
　　（https://www.d-library.jp/aridagawa_lib/g0102/libcontentsinfo/?conid=144992，2020年5月20日　閲覧）
*5)　山本隆（2011）pp.15-30。

差別地域にまつわる問題へのハードとソフトを結合し，自立助長を図っていく総合的プロジェクトとして国際的意義のある経験だと言えるでしょう。あるいは，開発型分断支配を乗り越えた歴史的経験であったと評価できるかも知れません。

▶2＿＿行政主導の都市計画・地域開発に公衆衛生や福祉・教育の視点を導入する

　私は，これらの実践に刺激をうけて，1982年に院生時代にアルバイトとして働いていた建築設計事務所の設計士さんたちと，建設・都市計画コンサルタント会社を独立開所し，1988年まで社会学者として共同経営に参加しました。新会社の社会的な認知を得るために取り組んだ助成研究『低質密集住宅の改善策と保健医療計画』（関西計画技術研究所・NIRA，1984）においては西山夘三（建築学），早川和男（居住福祉），朝倉新太郎（公衆衛生学），伊藤晃（地方行財政論）らの諸先生の指導を受けました。この研究は，高度経済成長期に地方から関西に仕事を求めてやってきた勤労者のための低家賃住宅供給地として大阪市の外縁部に形成された，木造賃貸住宅地域に光をあてました。そして，その老朽化に伴う住環境の改善方策を住民や子どもたちの健康保持の視点から推進する方向を提示したものでした。この研究成果は，工学的視点を超えた，住民の健康や福祉の観点を結合させた調査や建築設計ができる建築設計コンサルタントとして，私たちの会社の存在を公的諸機関に示し社会的認知を得る上で大いに役立ちました。[6]

§3＿＿当事者・住民の地方自治体行政関与の視点の獲得と認知症の人の人権に着目

▶1＿＿当事者・住民の地方自治体行政関与の視点の獲得

　コンサルタント業務は，委託者である行政当局側の意向を強く反映しなければなりません。専門外のスキー場の基本構想をまとめ補助金獲得の基礎資料作成の業務を請け負ったこともあります。行政目線に学ぶことも少なくはないのですが，当事者・住民の立場から遊離する面も内包していました。そのような限界を意識しだしていた頃に，学部・大学院の指導教員の真田是先生から，新設される総合社会福祉研究所の研究員のポストを紹介され1988年から1993年まで従事しました。民間・公務員の福祉労働者，社会福祉法人・施設経営者，社会福祉の当事者団体，社会保障・福祉研究者等により，会員組織として設立された民間研究所でした。そこでは，月刊雑誌と研究紀要の刊行，教育・研修，市民向け講座の実施，調査・研究活動な

---

*6)　石倉康次（1990）pp.158〜186。

どに取り組みました。この研究所での研究員としての仕事を通して社会福祉に関連する諸実践の現場をリアルに認識できるようになりました。

　その後，1993年に広島大学総合科学部で非常勤講師担当科目であった「福祉社会学」を受講者増に対応して，専任教員の担当科目にする新規人事枠で採用され，2005年まで勤務しました。この枠は，芝田進午先生が担当されていた「社会思想」枠を活用したものでした。芝田先生は福祉労働の理論にも強い関心をお持ちで，認識の組織論の提起が斬新でした。[*7] その頃は，二つの行政計画，1989年の「高齢者保健福祉推進十か年戦略」と，1995年の「障害者プラン～ノーマライゼーション7か年戦略」に基く計画の策定が，国および全国の市町村で進められる時期でした。これらの行政計画の策定には当事者・住民の参加が法的に位置づけられるようになっていました。当時の市町村自治体の多くは同和行政の経験を有しており，そこでの当事者団体を装った，利権集団への警戒感が強くありました。しかし他方で，財政抑制のための民間委託の傾向も強まってきており，住民の側からの主体的な関与と監視が重要になっていました。広島市は，人口約百万で地方自治体の規模としては，大きすぎず，議会の多様な政治勢力の存在，職員組合の存在，自主的な住民運動団体の存在，複数の地元マスメディアなどは，私たちの手の届く範囲にありました。私たち大学人もこの活動に能動的に参加していきました。[*8]

▶2＿＿＿「障害者プラン」と認知症ケアの中身の解明

　広島では，三つの分野の活動に研究者・大学人として関与しました。一つは障害をもつ当事者が集まって，広島市の障害者プランに盛り込まれるべき課題とその方向性について，広島市の行政当局に提案する内容を練り上げるフォーラム運動に取り組んだことです。[*9] 一口に障害者といっても，障害の部位によって，また障害者の当事者団体によって，かかえている困難やニーズやそれを訴える声の大きさは多様で，必ずしも当事者団体が相互に理解しあっているのでもないこともわかりました。そのつながりから，知的障害者のための共同作業所づくり，その事業の母体となる社会福祉法人を地域住民や町行政の理解と協力を得て設立する運動にも参加させていただきました。

　二つめは，認知症になった人のケアの課題を介護者視点ではなく本人視点からとらえなおす必要性を，当時の先進的な実践事例から社会学の手法を使って明らかにすることでした。この課題は，2000年からの実施準備が進んでいた介護保険制度

---

*7)　日本のグラムシ研究の画期を開いた竹村英輔さんは，芝田進午さんを，組織論に優れていると評されていました。
*8)　石倉康次（1993）pp.117-139。石倉康次（1995）pp.138-149。
*9)　石倉康次（1997）pp.212～220。石倉康次，鈴木勉，平野由子，松田泰編（1998）。

の仕組みには，医療費抑制を意識した寝たきり予防の視点はあっても，手間のかかる認知症ケアをサポートする視点がないために緊急性を帯びていました。認知症をかかえる人の場合，必要とされるサポート内容は，身体介護よりも見守りや寄り添いやコミュニケーションに重点を置く必要があり，当時試案として提示されていた要介護認定審査では評価されにくいものでした。私はこのことを問題視して調査研究を実施しました。当時まだごく少数であった宅老所と精神科デイケアで認知症本人の立場や思いを基本にすえて，手探りで形成されてきつつある実践の内容を言語化しようとしました。[*10)]

　三つめは，障害の当事者の中でも当事者としての声を上げることが遅れ，その人権が軽視されてきた，認知症による障害をもつ本人の声に耳を傾けることについての社会的合意をひろげる運動への参加です。この運動の先駆者である，オーストラリアの若年認知症の当事者であり，国際アルツハイマー協会（ADI）の最初の当事者理事もつとめるクリスティーンさんの著書を日本に翻訳・紹介する活動にとりくみました。彼女は2冊目の著書を日本語で最初に発表した年に，京都の国際会議場で開催されたADI国際会議で，「私たちを抜きにして，私たちについて語らないで」と発信しました。この来日時にNHKのクローズアップ現代にも出演し，BS放送では彼女のオーストラリアでの生活ぶりがドキュメンタリーとして放映されました。[*11)]

§4 __ 部落問題解決と「差別解消法」の提起した問題

▶1 ___部落問題解決に関する調査への関与

　先述したように，自治体での対応の多様性は残しながらも，国策としての同和行政施策は2002年度末をもって終結しました。それにともない，戦後の部落問題解決の歩みとその到達段階について評価することが社会的にも必要となりました。年限と対象地域を限定した特別施策の必要性が乏しくなってくる終結段階の評価を行うためには，対象地域と非対象地域との比較研究が不可欠となります。私は，広島のいくつかの地域での調査に関わりました。その一つが，第09章で紹介した1994年の広島県T町での調査です。

▶2 ___二つの差別解消推進法の違いに関わって

　2016年12月9日に参議院で「部落差別の解消の推進に関する法律」が議員立法

---

*10)　石倉康次編（1999）。
*11)　石倉康次pp.193-223。ブライデン（2012）。ブライデン（2017）pp.206-236。生井久美子（2017）pp.25-57。

として自民党と公明党の与党と野党である民進党の賛成多数で可決されました。この法律案の成立にあたっては和歌山県選出の代議士である当時の自民党二階堂幹事長が中心になって動いたとされています。[12] 共産党はこの法案に反対しましたが，部落解放同盟を支持母体のひとつにもつ民進党が賛成しました。同和対策に関わる国の特別法が廃止された2002年度末から14年も経過した2016年になって，このような法律案がなぜ提起されたのか，私には違和感がありました。2015年9月19日安全保障関連法が自民党公明党賛成多数で成立し，これに反対する野党共同が進み，2016年7月の参院選で全国32の1人区で野党が候補を1本化し，11選挙区で勝利したことへの，政権党としての鋭敏な政治的危機意識が二階堂幹事長の行動の背景にはあったと推定されるのです。つまり，民進党と共産党の差異を政治舞台できわだたせ分断を図る作戦に新法が位置づけられたのではないかと思えたのです。部落問題解決の最終段階にあっても，部落問題の政治的利用はなおありうることをこの事例は示したと思っています。

▶3＿＿「部落差別の解消の推進に関する法律」と「障害を理由とする差別の解消の推進に関する法律」との対比

さて，この法律の目的を規定する第一条は次のような条文となっています。

> 第一条　この法律は，現在もなお部落差別が存在するとともに，情報化の進展に伴って部落差別に関する状況の変化が生じていることを踏まえ，全ての国民に基本的人権の享有を保障する日本国憲法の理念にのっとり，部落差別は許されないものであるとの認識の下にこれを解消することが重要な課題であることに鑑み，部落差別の解消に関し，基本理念を定め，並びに国及び地方公共団体の責務を明らかにするとともに，相談体制の充実等について定めることにより，部落差別の解消を推進し，もって部落差別のない社会を実現することを目的とする。

この法律には，「部落差別の解消」と言いながら，何をもって「部落差別」とするのかの定義がないのです。その特異性は，2013年に成立した「障害を理由とする差別の解消の推進に関する法律」と対比するとよくわかります。障害者差別解消法は目的を述べた第一条は次のような条文となっています。

> 第一条　この法律は，障害者基本法（昭和四十五年法律第八十四号）の基本的な理念にのっとり，全ての障害者が，障害者でない者と等しく，基本的人権を享有する個人としてその尊厳が重んぜられ，その尊厳にふさわしい生活を保障される権利を有することを踏まえ，障害を理由とする差別の解消の推進に関する基本的な事項，行政機関等及び事業者における障害を理由とする差別を解消するための措置等を定めることにより，障害を理由とする

---

*12)　わかやま新報2016年12月12日版。

差別の解消を推進し，もって全ての国民が，障害の有無によって分け隔てられることなく，相互に人格と個性を尊重し合いながら共生する社会の実現に資することを目的とする。

そして第二条で差別に関連して次のように用語の定義がなされています。

第二条　この法律において，次の各号に掲げる用語の意義は，それぞれ当該各号に定めるところによる。
一　障害者
身体障害，知的障害，精神障害（発達障害を含む。）その他の心身の機能の障害（以下「障害」と総称する。）がある者であって，障害及び社会的障壁により継続的に日常生活又は社会生活に相当な制限を受ける状態にあるものをいう。
二　社会的障壁
　障害がある者にとって日常生活又は社会生活を営む上で障壁となるような社会における事物，制度，慣行，観念その他一切のものをいう。（以下省略）

「部落差別の解消の推進に関する法律」には障害者差別解消法第二条にあるような定義の規定がないのです。結局，「部落差別の解消の推進に関する法律」には種々の慎重論や反対論がだされたことを踏まえて，参議院においては付帯決議付で採択されました。付帯決議には，「運動団体の行き過ぎた言動」や，「教育及び啓発により新たな差別を生むこと」，「調査により新たな差別を生むこと」がないようにすることが強調されたのでした。

▶4＿＿両者の違いが提起していること

「部落差別」と「障害者差別」の解消を推進する法律に，このような違いが認められることは新たな検討課題を提起しました。まず，第一に，被差別の対象となる個人を特定することが，「部落差別解消法」ではできないのはなぜかという点です。第09章でみたように，かつての「同和地区」は多様な系譜を持つ人が混住する地域に変わる一方で，出身や地区や地域を超えた通婚が進む中で，対象となる人を特定することが困難で無意味でありかつ有害となってきています。障害者の場合は障がい者手帳の所持者として特定されます。もちろん手帳を取得していなくても障害を有している人もあります。それでも障害があることを客観的に確認することで，支援を必要とする人も課題も鮮明になるという性格をもっています。

第二に，部落問題解決のために人や地域を特定して施策を実施することは，その対象者を社会的に際立たせ，それ自体が差別や逆差別を生み出す可能性があり，子どもの成長期間も考慮すれば，施策は期間を限定して大胆に一気に実施される必要がありました。東日本大震災や福島の原発事故被災者への支援も類似の必要性を持ちますが，科学的に異論のある基準で補償対象地域を指定し特定したことが，住民のなかで支援を受けられる人と受けられない人の差を生み出し，支援対象となった

人でも被災補償額や補償期間の差異を生み，被災者のあいだに溝を作ってしまいま した。[*13] 放射線への対応は長期にわたりなされるべきなのに，法の前の平等に反する おそれが生じています。障害者差別の解消は，時限的な特別施策で対応できるもの ではなく，一般施策のもとでの「アファーマティブアクション」（積極的差別政策） や「合理的配慮」としてなされるべきものです。

「差別の解消」に関わって第三に考慮されるべきことは，国家や行政機関が負う べき課題，企業やメディアなどの社会的権力が負うべき課題や，市民社会が負うべ き課題の区別をあいまいにしないことです。「部落差別の解消」のために，国家や 行政機関の責任による同和行政施策はほぼ終結し，市民社会レベルでも垣根の解消 が相当に進んでいる段階で，文化資本の個別的差異に関わる格差や慣習の世代継承 など，慎重に検討されるべき問題があります。他方，「障害者差別の解消」のため には，国や行政機関の責任，企業やメディアなどの社会的権力にかかわる課題はな お大きいものがあります。この検討にあたって考慮に入れられなければないのは， 市民の自己責任や就労自立のみが強調され，福祉行政への依存が揶揄されたり，攻 撃されたりすることです。また，福祉サービス現場で事故が発生した場合に直接利 用者に対面する従事者に責任が押しつけられることがあり，「徘徊する」認知症高 齢者が事故を起こしたときに家族に賠償責任が問われたりすることもあります。市 民・国民の生存権の保障に責任を負うべき国家や行政の責任が後景に退いてしまっ ているのです。新自由主義的施策の進行の下で，市場原理が優勢となっているから にほかなりません。

非正規雇用の若者，女性，高齢者が多数存在し，コロナ禍がその困難を深め，社 会的分断の実態にあることを際立たせました。このような新自由主義型分断を乗り 越え，人の命と暮らし，人間としての尊厳を基本に据えた社会と国家の秩序の再構 築の方途を，根源から問い直さなければならないときではないでしょうか。

---

*13)　佐藤八郎（2017）pp.40-41。

あとがき

　最後まで通読していただいた読者の皆さん。社会福祉に必要な「蟻の眼」「鳥の眼」「見えないものを見る力」とは，どのようなものであるか，その大枠は理解いただけたでしょうか。また，社会福祉が，人と社会の歩みを理解する通路になる，という意味をご理解いただけたでしょうか。

　本書の執筆は，私が大学院生の頃からお付き合いをさせて頂いた，編集者秋山泰さんの勧めによるものです。出版をさせていただいた北大路書房は老人保健福祉計画や障害者プラン，認知症ケアにかかわる出版でお世話になった京都の老舗の出版社です。私が理事をさせていただいている部落問題研究所が1948年に創立された際の出版物の刊行を担っていたのも北大路書房であったことに最近気づきました。偶然とは言えない，人から人への縁をひそかに感じているところです。

　かつて，中国広州市にある中山大学を訪問した際に，社会学の先生から「あなたの顔は，福建省でよく見かけるタイプですね」と言われたことがあります。私の母は奈良県北葛城郡の生まれで，父は生駒郡の生まれでした。古代史に遡れば，葛城氏や平群氏の影響力の強い地域で，渡来人の職人や技術者が棲みついた地域だとも言われています。遠いどこかで福建省の人とつながっているのかもしれません。

　広島大学と立命館大学で教員生活を送らせていただいたお陰で，在外研究でスウェーデンやスコットランドの人たちの経験を身近に知ることができ，中国や台湾，韓国の留学生やそのご家族とも交流を深めることができました。経済のグローバル化がコロナ禍を招きましたが，中国に帰国した大学院の卒業生が福祉施設に大量のサージカルマスクを贈ってきてくれました。国境を越えた市民同士の連帯をリアルに感じられる経験でした。とは言え各国では，拡大していく非正規労働者と，ますます富を蓄えていく一部の人との社会的分断が露わになってきています。これを乗り越える連帯の道を探求することが，部落問題解決後の新自由主義型分断を乗り越える新たな課題であると考えています。その道筋も社会福祉を通して見えてくるのではないかと期待しています。

　本書が，読者の皆さんとそんな未来のことにも思いをめぐらす手がかりやヒントを少しでも示すことができていたとするなら嬉しいです。名前は省略しますが，若い研究仲間のみなさんから下書き原稿に対してもらった率直なアドバイスにも大いに助けられました。

　さいごに，私の研究者生活の遅々とした歩みを励まし本書の出版を喜んでいただいた飯田哲也先生に心よりの感謝の気持ちを記しておきます。また，学部生の頃から身近で

御指導いただいた故真田是先生の学恩を心に留めて歩んでいきたいと思っています。

　2021年3月26日

石倉　康次

引用・参考文献

▶▶第01章
阿部義平（2001）「縄文時代の路と記念墓列の研究」『特別史跡三内丸山遺跡年報5』
フランス・ドゥ・ヴァール（2014）（柴田裕之訳）『道徳性の起源：ボノボが教えてくれること』紀伊国屋書店（原著 The Bonobo and the Atheist In Search of Humanism Among the Primates,2013）
江馬三枝子（1975）『新装版 飛騨白川村』未来社
河村望（1992）「家族と共同体」（歴史科学協議会編『歴史における家族と共同体』青木書店
古市剛史（2013）『あなたはボノボそれともチンパンジー：類人猿に学ぶ融和の処方箋』朝日新聞出版
横田昌子（1984）『子育ての大地を耕す』あゆみ出版
スー・サベージ・ランバウ／ロジャー・ルーウィン（1997）（石館康平訳）『人と話すサル「カンジ」』講談社，（原著 The Ape at the Brink of Human Mind,1994）
森浩一編（1987）『日本の古代12 女性の力』中央公論社

▶▶第02章
阿部敦（2019）「社会保障は学校で，どう教授されているのか──新しい社会保障教育政策の展開とその本質──」『人権と部落問題』2019年9月号
阿部敦（2019）『日本の若者たちは社会保障をどう見ているのか』関西学院大学出版会
アーネ・リンドクウィスト／ヤン・ウェステル（1997）『あなた自身の社会：スウェーデンの中学教科書』，新評論

▶▶第03章
相澤與一（2020）『生活の「自立・自助」と社会的保障』創風社
石倉康次（2016）「日本における社会福祉制度・政策の変遷」『総合社会福祉研究』第46号
真田是（2005）「社会保障をめぐる論点から」『日本改革と社会保障』かもがわ出版，（『真田是著作集第2巻』福祉のひろば社，2012年）所収
清水まり子（2012）「鈴木義男と生存権規定成立への関与－研究ノート・その2」『仁昌寺正一他『キリスト教教育と近代日本の知識人形成(2)』東北学院大学
社会保障制度審議会勧告（1950）「社会保障制度に関する勧告」1950年10月16日
社会保障制度審議会勧告（1995）「社会保障体制の再構築（勧告）──安心して暮らせる21世紀の社会をめざして」1995年7月4日
ベアテ・シロタ・ゴードン（2016）『1945年のクリスマス 日本国憲法に「男女平等」を書いた女性の自伝』朝日文庫
鈴木昭典（1995）『日本国憲法を生んだ密室の九日間』創元社
中村哲（2013）『天，共に在り』HNK出版
イアン・ファーガソン（石倉康次／市井吉興監訳）（2012）『ソーシャルワークの復権─新自由主義への挑戦と社会正義の確立』クリエイツかもがわ
ウィリアム・ベヴァリッジ（2014）『ベヴァリッジ報告：社会保険および関連サービス』法律文化社

▶▶第04章
相澤與一（1996）『社会保障の保険主義化と「公的介護保険」』あけび書房
相澤與一（2003）『日本社会保険の成立』山川出版社
大河内一男（1950）『社会政策（各論）』有斐閣
木村敦（2011）『社会政策と「社会保障・社会福祉」』学文社
真田是（1966）「社会政策論」『社会保障　その政治と経済』汐文社（『真田是著作集第2巻』福祉
　　のひろば社，2012年，12－47頁）
真田是（1996）『民間社会福祉論』かもがわ出版（『真田是著作集第4巻』福祉のひろば社2012年）
三塚武男（1997）『生活問題と地域福祉——ライフの視点から』ミネルヴァ書房

▶▶第05章
石倉康次（2012）「社会福祉施設・事業の経営をめぐる論点と課題」河合克義編著『福祉論研究の
　　地平』法律文化社
Gøsta Esping-Andersen（1990）"*The Three Worlds of Welfare Capitalism*"（Polity Press, 1990）．エス
　　ピン・アンデルセン（2001）岡沢憲芙・宮本太郎監訳（2001）『福祉資本主義の三つの世界—
　　——比較福祉国家の理論と動態』ミネルヴァ書房
Gøsta Esping-Andersen（1999）"*Social Foundations of Postindustrial Economies*"（Oxford
　　University Press, 1999）．エスピン・アンデルセン（2000）渡辺雅男・渡辺景子訳（2000）『ポ
　　スト工業経済の社会的基礎——市場・福祉国家・家族の政治経済学』桜井書店
大澤真理（2007）『現代日本の生活保障システム　座標とゆくえ』岩波書店，2007年
真田是『現代民主主義と社会保障』汐文社1971年（『真田是著作集第2巻』福祉のひろば社，2012
　　年，50－89頁）
篠崎次男編著（2006）『21世紀に語りつぐ社会保障運動』あけび書房
副田義也（2014）『生活保護制度の社会史』東京大学出版会
母親運動三十年史編纂委員会編（1987）『母親がかわれば社会がかわる——母親運動三十年史』
　　日本母親大会連合会
村山佑一他編（2014）『保育運動と保育団体論』栄光教育文化研究所
吉本哲夫（2007）『権利を紡ぐ障害者運動——出会いとたたかいの60年』かもがわ出版

▶▶第06章
石倉康次（2021）「自助・共助，デジタル化と特異な『社会保障観』」『経済』2021年2月号
梅原英治（2018）「消費税は社会保障に使われているか？」『経済』2018年6月号
公益財団法人全国法人会総連合（2019）「社会保険制度と社会保険料事業負担の国際比較に係
　　る報告書」
障害者生活支援システム研究会編（2005）『障害者自立支援法と応益負担——これを福祉と呼
　　べるのか』かもがわ出版
日経連（1995）「高齢者介護についての基本的考え方」
原清一（2010）「介護保険制度の導入をめぐる政治過程」志學館法学第8巻1号
不公平な税制をただす会（2018）『消費税を上げずに社会保障財源38兆円を生む税制』大月書店
山家悠紀夫（2019）『日本経済30年史』岩波新書

▶▶第07章
エスピン・アンデルセン（2000）（第05章文献参照）
エヴァ＝フェーダー・キティ（1999）岡野八代／牟田和恵訳（2010）『愛の労働あるいは依存と
　　ケアの正義論』現代書館
前田健太郎（2009）『女性のいない民主主義』岩波新書
神尾真知子（2007）「フランスの子育て支援」『海外社会保障研究』No.160，『諸外国における保
　　育の質の捉え方・示し方に関する研究会報告書』株式会社SEED・プランニング（2019）

山本陽大（2014）「産業別労働協約システムの国際比較」日本労働研究雑誌No.652

脇田滋（2019）「民主労総が韓国の『第一労組』になったニュースに思う」NPO法人働き方ASU-NETのwebページ

▶▶第08章

岩田正美（2004）「デフレ不況下の『貧困の経験』」太田清・樋口美雄・家計経済研究所編『女性たちの平成不況』日本経済新聞社

神里博武（1986）『米国統治下の沖縄の社会保障と社会福祉協議会活動——沖縄社会福祉協議会の医療保険運動を中心に』自費出版

NPO法人いっぽいっぽの会（2013）『貧困の連鎖を解消する「現代の寺子屋」プロジェクト調査報告書』

繁澤多美・高木博史編著（2015）『いっぽいっぽの挑戦』福祉のひろば社

西本裕輝（2012）『どうする「最下位」沖縄の学力』琉球新報社

日経連（1995）『新時代の日本的経営——挑戦すべき方向とその具体策』

荻原園子・黒川奈緒・池田さおり（2015）「貧困の世代連鎖の実態と支援・克服の課題《歴史編》《実態編》《実践編》」『部落問題研究』第214号，部落問題研究所

浜井浩一（2009）『2円で刑務所，5億で執行猶予』光文社新書

保坂渉・池谷孝司（2012）『ルポ子どもの貧困連鎖』光文社

正木健雄（1985）『子どもの体力』国民文庫

道中隆（2007）「保護受給層の貧困の様相——保護受給世帯における貧困の固定化と世代的連鎖」『生活経済政策』生活経済政策研究所，No.127，August2007

道中隆（2009）『生活保護と日本型ワーキングプア』ミネルヴァ書房

メリルリンチ・グローバル・ウェルスマネジメントとキャップジェミニ（2011）「ワールド・ウエルス・レポート」

山内優子（2020）『誰がこの子らを救うのか』沖縄タイムス社

▶▶第09章

尼崎市（2019）『人権についての市民意識調査結果報告書』

生駒市（2018）『生駒市人権に関する市民意識調査結果報告書』

石倉康次受託調査（1995）『地域のくらしと民主主義に関する調査報告書』（広島県T町）

石倉康次（2004）「地域における民主主義と福祉の課題を考える」『部落問題研究』，第168輯，部落問題研究所，pp.154-171

石倉康次（2014）「部落問題の解決過程と社会調査」（2014）『部落問題解決過程の研究 第3巻』部落問題研究所，pp.17-92

石倉康次（2017）「社会調査から見た部落問題の解決過程」部落問題研究所編『ここまできた部落問題の解決「部落差別解消推進法」は何が問題か』部落問題研究所

石倉康次（2020）「『人権意識調査』の視点と方法——何が問題か」『部落問題の解決に逆行する「部落差別解消推進法」』部落問題研究所

大阪府（2001）『同和問題の解決に向けた実態等調査報告書（生活実態調査）』

京都市（2019）『人権に関する市民意識調査報告書』

真田是（1995）『部落問題の解決と行政・住民』部落問題研究所

杉之原寿一他（1975）『京都市C地区実態調査報告書』部落問題研究所

杉之原寿一（1990）「全国調査にみる同和行政の実態」『杉之原寿一・部落問題著作集第9巻 現代同和行政の研究』兵庫部落問題研究所

鈴木良（2010）「日本社会の変動と同和行政の動向」『部落問題解決過程の研究 第1巻』部落問題研究所

東上高志他（1992）『南部からのレポート——同和行政の終結と新しい町づくり』部落問題研究所

富山県（2019）『人権に関する県民意識調査報告書』
内閣府（2017）『人権擁護に関する世論調査』
名古屋市（2019）『人権についての市民意識調査報告書』
成澤榮壽他（1958）「武蔵野の部落　埼玉県Y市X町実態調査概要」『早稲田大学部落問題研究会
　　会報第10号』
兵庫県・公益財団法人兵庫県人権啓発協会（2019）『人権に関する県民意識調査——調査結果
　　報告書』
和歌山県同和問題研究委員会と和歌山大学山本正治研究室（1954）『調査その1』
和歌山県（2019）『和歌山県人権に関する県民意識調査——調査結果報告書』

▶▶第10章
有吉佐和子（1972）『恍惚の人』新潮社
石倉康次編著（1999）『形成期の痴呆老人ケア——福祉社会学と精神医療・看護・介護現場と
　　の対話』北大路書房
石倉康次・石橋典子・竹﨑摩由（1999）「痴呆老人ケアの思想と技法——小山のおうちの場合
　　——」石倉編著（1999）第13章
石倉康次（2007）「アルツハイマー病者の自助グループ活動及び支援活動に関する比較研究」科
　　学研究補助金（基盤研究C）研究成果報告書
石橋典子（2007）『「仕舞」としての呆け』中央法規
大國康夫（2014）『人間力回復——地域包括ケア時代の「10の基本ケア」と実践100』クリエイツ
　　かもがわ
小澤勲（2003）『痴呆を生きるということ』岩波新書
ジェーン・キャッシュ/ベアタ・テルシス編著，訓覇法子訳（2018）『認知機能障害がある人の
　　支援ハンドブック』クリエイツかもがわ
高橋幸男（1999）「痴呆老人の心と精神医療への反省」石倉編（1999）240頁
高橋幸男（2006）『輝くいのちを抱きしめて−「小山のおうち」の認知症ケア』日本放送出版協会
早川一光（1979）『わらじ医者京日記：ボケをみつめて』ミネルヴァ書房
早川一光編（1983）『ボケの周辺』現代出版
東悦子「痴呆性高齢者のくらしを豊に——グループホームでの自治会活動を通して」『福祉のひ
　　ろば』2004年10月号
クリスティーン・ボーデン，檜垣陽子訳（2003）『私は誰になっていくの？』クリエイツかもがわ，
呆け老人をかかえる家族の会（2000）『ぼけてもあんしんして暮らせる社会を——呆け老人を
　　かかえる家族の会20年誌』
クリスティーン・ブライデン，馬籠久美子・檜垣陽子訳（2004）『私は私になっていく』クリエ
　　イツかもがわ

▶▶第11章
河野喬（2016）「障がい者福祉と触法障がい者の社会復帰支援」『総合社会福祉研究』第47号
アーヴィング・ゴッフマン（1963）石黒毅訳（2001）『スティグマの社会学』せりか書房
Albert K. Cohen（1971）"Delinquent Boys", Free Press.
佐々木嬉代三（1998）『社会病理学と社会的現実』学文社
エミール・デュルケーム（1897）宮島喬訳（2018）『自殺論』中公文庫
ハワード・S.ベッカー（1963）村上直之訳（1993）『アウトサイダーズ——ラベリング理論とは
　　何か』新泉社，
ロバート・K.マートン（1949）森東吾他訳（1961）『社会理論と社会構造』みすず書房
G.H.ミード，河村望訳（2017）『精神・自我・社会』人間の科学新社
望月衣塑子・前川喜平・マーティン・ファクラー（2019）『同調圧力』角川新書
Edwin M. Lemert（1972）*"Human Deviance, Social Problems and Social Control"*, Prentice Hall

Edwin M. Lemert（2000）*"Crime and Deviance: Essays and Innovations of Edwin M. Lemert（Legacies of Social Thought）"* Rowman & Little Pub Inc.

▶▶第12章

石倉康次（1988）「社会・人間・行為——社会学と社会的行為論への示唆」『グラムシを読む——現代社会像への接近』法律文化社
伊藤博義編（2002）『福祉労働の法Q＆A』有斐閣選書
アントニオ・グラムシ，松田博編訳（2013）『知識人とヘゲモニー』明石書店
黒川奈緒（2020）「これからの福祉人材育成を考える——介護職員が学び育ちゆく場とは」『総合社会福祉研究』N.49，総合社会福祉研究所
真田是編（1975）『社会福祉労働——労働と技術の発展のために』法律文化社
『総合社会福祉研究』第2号（1990）「特集：社会福祉研究運動の現状と課題」
二宮厚美（2005）『発達保障と教育・福祉労働コミュニケーション労働の視点から』全障研出版部
ユルゲン・ハーバーマス（1981），藤沢賢一郎他訳『コミュニケイション的行為の理論』中，未来社
サラ・バンクス，石倉康次・児島亜紀子・伊藤文人監訳（2016）『ソーシャルワークの倫理と価値』法律文化社
イアン・ファーガソン，石倉康次・市井吉興監訳（2012）『ソーシャルワークの復権』（第7章，第8章）クリエイツかもがわ
ピエール・ブルデュー，加藤晴久訳（1990）「現代世界における知識人の役割」『ピエール・ブルデュー－超領域の人間学』藤原書店
アーリー・ラッセル・ホックシールド（1983）石川准・室伏亜希訳（2000）『管理される心－感情が商品になるとき』世界思想社
松田博（2003）『グラムシ研究の新展開』御茶の水書房
水谷英夫（2013）『感情労働とは何か』信山社
Mary Ellen Richmond（1922）"What is social case work?" An introductory description" Russell Sage Foundation. 小松源助訳（1991）『ソーシャル・ケース・ワークとは何か』中央法規出版
鷲谷善教（1968）『社会福祉従事者』ミネルヴァ書房
マックス・ヴェーバー（1922），清水幾太郎訳（1972）『社会学の根本概念』岩波文庫

▶▶第13章

石倉康次（2002）「社会福祉事業の場の再構築と社会福祉事業体」（第1章）石倉康次・玉置弘道編『転換期の社会福祉事業と経営』かもがわ出版，2002年
深谷弘和・申佳弥・石倉康次（2015）「非営利・協同体における若手職員の育成および主体形成に関する研究」『いのちとくらし』2015年度研究助成報告書
佐々木さつみ（2015）『子育て期にみる女性のライフコース選択の困難』クリエイツかもがわ
田村和之（2000a）「社会福祉基礎構造改革の法的問題点——保育制度にかかわって」『保育白書2000年版』，草土文化
田村和之（2000b）「1997年児童福祉法改正について——保育所入所制度改革を中心に」『総合社会福祉研究』第17号
八田進二（2020）『「第三者委員会」の欺瞞』中公新書ラクレ

▶▶終章

石倉康次（1990）「地域福祉計画の論理と可能性」（『家族政策と地域政策』飯田哲也・遠藤晃編）多賀出版
石倉康次（1993）「地域保健福祉計画づくりのポイントと実際」（『住民主体の地域保健福祉計

画』河合克義編）あけび書房

石倉康次（1995）「老人保健福祉計画と地方自治」（『高齢時代の地域福祉プラン』鈴木勉・佐藤
　　卓利・松田泰編）北大路書房

石倉康次（1997）「住民参加の計画づくりをすすめるために」（『福祉行政と市町村障害者計画』
　　小川政亮編）群青社

石倉康次・鈴木勉・平野由子・松田泰編（1998）『市民がつくった障害者プラン』北大路書房

石倉康次編（1999）『形成期の痴呆老人ケア』北大路書房（第10章参照）

石倉康次（2003）「クリスティーンさん訪問の記録」（クリスティーン・ボーデン『私は誰になっ
　　ていくの』クリエイツかもがわ，所収）

石倉康次（2021）「コロナ禍による社会福祉の危機と課題」『部落問題研究』237輯

岩上豊顕（2013）『ドーン計画』有田川町

佐々木隆爾（2010）「戦争世界史の展開と日本における民主主義の成長過程」『部落問題解決過
　　程の研究　第１巻』部落問題研究所

佐藤八郎（2017）「村に戻っても安心して暮らせない」『福祉のひろば』2017年５月号

生井久美子（2017）『ルポ　希望の人びと』朝日新聞出版

クリスティーン・ブライデン（2012）『私は私になっていく（改訂新版）』クリエイツかもがわ

クリスティーン・ブライデン（2017）『私の記憶が確かなうちに』クリエイツかもがわ

山本隆（2011）「イギリスにおける貧困への視座と対策──労働党政権時代の貧困・地域再生
　　政策の検証」『海外社会保障研究』No.177

人名・事項索引

◆著者紹介

石倉 康次 (いしくら・やすじ)

1952年生まれ
立命館大学社会学研究科博士課程単位修得満期退学
総合社会福祉研究所研究員，広島大学総合科学部助教授
立命館大学産業社会学部教授を経て
現在　立命館大学産業社会学部特別任用教授
　　　総合社会福祉研究所　理事長

【主要著作】
編著『形成期の痴呆老人ケア』北大路書房，1999年
編著『転換期の社会福祉事業と経営』かもがわ出版，2002年
監訳　イアン・ファーガソン『ソーシャルワークの復権』クリエイツかもがわ，2012年
監訳　サラ・バンクス『ソーシャルワークの倫理と価値』法律文化社，2016年

まなざしとしての社会福祉
Three Perspectives on Social Welfare and Social Work

2021年4月10日　初版第1刷印刷	定価はカバーに
2021年4月20日　初版第1刷発行	表示してあります。

著　者　石倉　　康次

発行所　（株）北大路書房
　　　　〒603-8303　京都市北区紫野十二坊町12-8
　　　　電　話　(075)431-0361(代)
　　　　ＦＡＸ　(075)431-9393
　　　　振　替　01050-4-2083

企画・編集　秋山　泰（出版工房ひうち：燧）
装　丁　　　上瀬奈緒子（綴水社）
印刷・製本　創栄図書印刷（株）

ISBN 978-4-7628-3158-4　C3036　Printed in Japan ©2021
検印省略　落丁・乱丁本はお取替えいたします。